国家社科基金项目成果经管文库

Research on the Management Theory and Methods of C2B Personalized Customization Driven by Big Data

大数据驱动的C2B个性化定制管理理论与方法研究

孟炯　郭春霞／著

中国财经出版传媒集团
经济科学出版社
Economic Science Press
·北 京·

图书在版编目（CIP）数据

大数据驱动的 C2B 个性化定制管理理论与方法研究/孟炯等著. -- 北京：经济科学出版社，2024. 1
（国家社科基金项目成果经管文库）
ISBN 978 -7 -5218 -5602 -6

Ⅰ. ①大… Ⅱ. ①孟… Ⅲ. ①电子商务 - 商业模式 - 研究 Ⅳ. ①F713. 36

中国国家版本馆 CIP 数据核字（2024）第 039758 号

责任编辑：梁含依　胡成洁
责任校对：王京宁
责任印制：范　艳

大数据驱动的 C2B 个性化定制管理理论与方法研究
DASHUJU QUDONG DE C2B GEXINGHUA DINGZHI GUANLI LILUN YU FANGFA YANJIU
孟　炯　郭春霞　著
经济科学出版社出版、发行　新华书店经销
社址：北京市海淀区阜成路甲 28 号　邮编：100142
经管中心电话：010 -88191335　发行部电话：010 -88191522
网址：www. esp. com. cn
电子邮箱：espcxy@ 126. com
天猫网店：经济科学出版社旗舰店
网址：http：//jjkxcbs. tmall. com
北京季蜂印刷有限公司印装
710 × 1000　16 开　12. 75 印张　230000 字
2024 年 1 月第 1 版　2024 年 1 月第 1 次印刷
ISBN 978 -7 -5218 -5602 -6　定价：57. 00 元
（图书出现印装问题，本社负责调换。电话：010 -88191545）

国家社科基金项目成果经管文库

出版说明

经济科学出版社自1983年建社以来一直重视集纳国内外优秀学术成果予以出版。诞生于改革开放发轫时期的经济科学出版社，天然地与改革开放脉搏相通，天然地具有密切关注经济领域前沿成果、倾心展示学界翘楚深刻思想的基因。

2018年恰逢改革开放40周年，40年中，我国不仅在经济建设领域取得了举世瞩目的成就，而且在经济学、管理学相关研究领域也有了长足发展。国家社会科学基金项目无疑在引领各学科向纵深研究方面起到重要作用。国家社会科学基金项目自1991年设立以来，不断征集、遴选优秀的前瞻性课题予以资助，经济科学出版社出版了其中经济学科相关的诸多成果，但这些成果过去仅以单行本出版发行，难见系统。为更加体系化地展示经济、管理学界多年来躬耕的成果，在改革开放40周年之际，我们推出"国家社科基金项目成果经管文库"，将组织一批国家社科基金经济类、管理类及其他相关或交叉学科的成果纳入，以期各成果相得益彰，蔚为大观，既有利于学科成果积累传承，又有利于研究者研读查考。

本文库中的图书将陆续与读者见面，欢迎相关领域研究者的成果在此文库中呈现，亦仰赖学界前辈、专家学者大力推荐，并敬请经济学界、管理学界给予我们批评、建议，帮助我们出好这套文库。

经济科学出版社经管编辑中心

2018年12月

本书为国家社会科学基金一般项目“大数据驱动的C2B个性化定制平台价值共创协同机制研究”（项目编号：19BGL006）研究成果。本书出版同时受重庆英才创新领军人才支持计划项目“大数据环境下C2B数智定制管理：机理、模型与路径”（项目编号：cstc2021ycjh－bgzxm0140）、成渝地区双城经济圈建设科技创新专项项目“大数据驱动的成渝旅游C2B个性化定制平台运营模式创新研究”（项目编号：KJCX2020033）和重庆工商大学专著出版基金（项目编号：631915008）联合资助。

前言

Preface

当前我们正经历第四次工业革命，大数据已经成为企业获取竞争优势的关键因素之一，而C2B个性化定制作为一种新兴的商业模式，也逐渐成为制造企业满足客户个性化需求、提升企业竞争力的重要手段。

个性化定制最早来源于法国高级时装定制，其发展大致经历了如下三个阶段。二战前，受信息技术和制造技术的限制，企业采用单件手工制造的方式来实现客户的个性化定制需求。例如将生活用品手工制作成含姓名、图片等个性化特征的礼品送给朋友、家人，以满足不同客户对产品的个性化需求。由于信息沟通不便和产量非常有限，企业将产品定位在有限数量的个性化定制需求上，因此单件手工定制的生产方式很难完全满足大众消费者的个性化定制需求。二战后至20世纪末，随着信息技术和先进制造技术的不断发展，市场逐步由卖方市场向买方市场过渡，客户对产品的个性化定制需求急剧增加。在这种背景下，大规模定制应运而生，例如戴尔公司的大规模定制模式在一定程度上满足了计算机客户的个性化需求。与单件手工制造的方式相比，大规模定制模式能够在更广泛的范围内满足客户的个性定制需求，客户可以实时在线定制符合自身需求的独特创意类产品，如服装、台历、计算机、画册等。然而，大规模定制模式虽然能在较大范围内满足客户的个性化定制需求，但其产品设计依然是以企业为中心的自上而下的专业设计师主导模式，在产品设计环节难以融入客户的个性化创意。因此，大规模定制模式同样难以真正满足客户的个性化定制需求。进入21世纪，随着大数据技术的不断发展、价值共创理论与协同治理理论的提出，C2B个性化定制模式应运而生。C2B个性化定制的驱动力来源于大数据赋能，价值共创是C2B个性化定制模式的核心功能，C2B个性化定制模式是价值共创的重要载体。制造企业向C2B个性化定制转型是从价值提供向价值共创转变，实现价值共创的协同治理决定了转型的成败。制造企业借助大数据赋能，创新C2B个性化定制协同治理模式，协同C2B个性化定制的多元参与主体价值共创，实现制造工厂数智化柔性制造、供应链数智化韧性和敏捷性运营、产业生态数智化协同共生，既可促进制造企业向C2B个性化定制转型，又可深度满足客户的个性化需求。

本书基于大数据赋能、协同治理、价值共创等理论，采用理论分析与实证应用相结合的研究思路，探索大数据驱动的C2B个性化定制管理理论与方法。本书以C2B个性化定制模式为研究对象，既涵盖C2B个性化定制的大数据驱动原理、大数据驱动的C2B个性化定制管理模型构建与优化，也涉及针对相关产业的实证应用研究，还包括微观对策与宏观政策研究。研究结论拓展了大数据管理理论，完善了个性化定制理论，发展了协同治理与价值共创理论。研究结论系统建立了大数据驱动的C2B个性化定制管理理论与方法，对推动大数据与制造业深度融合、加快我国现代化产业体系建设具有重要的理论意义和实践价值。

我们相信通过对本书的阅读，您将对大数据驱动的C2B个性化定制管理有更深入的认识和理解。我们期待未来有更多的学者能够深入研究C2B个性化定制管理领域的相关问题，为该领域的发展作出贡献。

目　录

Contents

第1章 绪　　论

1.1 研究背景与动机

我国制造业正面临个性化需求大于供给的结构性矛盾（Gilje，2010；孟炯，2019）。在需求端，消费者不但追求产品基础性价比，而且希望更多个性化、多样化的需求得到关注和满足（Hayes et al.，2021；王飞跃，2012；肖迪和侯书勤，2017）。在供给端，以企业为主导的大规模定制模式仍被我国众多制造企业所采用，这种模式通过简单模块化组合半定制产品，消费者的个性化需求不能得到真正满足（Theilmann and Hukauf，2014；吴义爽等，2016）。党的十九大报告指出，要推动互联网、大数据、人工智能和实体经济深度融合。党的二十大报告强调，要加快发展数字经济，促进数字经济与实体经济深度融合。酷特智能、尚品宅配等领军企业率先践行了这一宗旨，实现了顾客到企业（Customer－to－Business，C2B）个性化定制转型（张路娜等，2021），小米和海尔均已实现大数据驱动的 C2B 个性化定制运营，阿里巴巴也拟联合 vivo 向大数据驱动的 C2B 个性化定制转型。大数据驱动的 C2B 个性化定制成为理论者和实践者关注的焦点。

在实践中，成功实现 C2B 个性化定制转型的企业凤毛麟角，众多定制企业尚处于基于价值提供的半定制阶段（吴义爽等，2016）。在前期研究中，我们对 3D 打印个性化定制进行了研究，初步探索了“C2B 个性化定制”模式，通过对时尚、家居、医疗、餐饮等更多产业的广泛观察和追溯分析，我们发现，随着大数据赋能、价值共创与协同治理等理论的发展，C2B 个性化定制在这些产业中将越来越普及。进一步，通过与业内人士的交流和研讨，特别结合对卢秉恒院士与李伯虎院士的成果与新闻访谈跟踪，验证了大数据驱动的 C2B 个性化定制管理理论与方法的缺位，是 C2B 个性化定制转型受挫、个性化定制行业迟迟不火的主要原因。在理论上，从传统大规模制造向 C2B 个性化定制转型升级绝非易事，一些关键性障碍尚需突破（吴义爽等，2016）。第一，满足个性化需求的高效用与大规模制造的低成本难以同时实现，基于大数据赋能视角构建成本与效用兼容的大数据驱动机制，是从传统大规模制造向 C2B 个性化定制转型升级需要解决的首要问题。第二，产品标准化提供与个性化需求难以匹配，基于运营视角构建需求与供给路径贯通的 C2B 运营机制，是从传统大规模制造向 C2B 个性化定制转型升级需要解决的核心问题。第三，大规模生产的规模经济与个性化生产的范围经济之间存在冲突，基于价值共创视角构建范围经济与规模经济协调的价值共创协同机制，是从传统大规模制造向 C2B 个性化定制转型升级需要解决的根本问题。因此，迫切需要系统研究大数据驱动的 C2B 个性化定制管理理论与方法。

综上所述，本书将探索大数据驱动的 C2B 个性化定制管理理论与方法，以引领企业实践，从而推动我国数字经济与实体经济深度融合，促进我国现代化产业体系建设。

1.2 研究目的与意义

1.2.1 研究目的

随着经济社会的持续发展和科技的不断进步，我国传统制造业将面临新的挑战，同质化产品因供大于求造成积压，个性化需求则因供不应求而无法得到满足（李廉水等，2019）。面对需求升级与制造业滞后发展的困境（张路娜等，2021），酷特智能、尚品宅配等制造企业践行 C2B 个性化定制模式，为传统制造企业转型指明了方向。C2B 个性化定制是指制造企业为响应顾客的个性化需求，借助大数据赋能构建协同治理机制，实现多元主体价值共创，促进产品个性化定制的一种智能制造模式（Ban and Rudin，2019；胡海波和卢海涛，2018；张明超等，2018）。价值共创是 C2B 个性化定制的核心功能（Thierry et al.，2015），C2B 个性化定制是实现价值共创的重要载体（Zhan et al.，2018）。传统制造企业向 C2B 个性化定制转型，是从价值提供向价值共创转变，实现价值共创的 C2B 个性化定制管理决定了转型的成败（吴瑶等，2017）。

在大数据驱动的 C2B 个性化定制管理相关研究领域，现有文献呈现出如下特征。第一，大数据可有效连接企业和消费者，并对二者产生深刻影响

(Schweisfurth, 2017; Sena et al., 2019)。一方面，大数据为消费者参与企业创新提供了条件（Cui and Wu, 2016），主要表现为可极大降低消费者参与价值共创的成本、便于消费者提交个性化需求与个性化解决方案、便于消费者行为特征数据的自动生成；另一方面，大数据有助于企业吸收和整合消费者的创新知识（George et al., 2016; Chan et al., 2016; Erevelles et al., 2016; Hilbert, 2016），主要表现为企业可根据消费者行为特征大数据预测个性化需求、捕捉个性化解决方案，可促进企业由单向提供价值向双向互动共创价值转变，便于企业响应个性化需求、整合消费者的创新知识。既有研究揭示了大数据正成为价值共创的新基础，向C2B个性化定制转型是大数据时代企业变革的显著趋势，但罕有文献分析C2B个性化定制的大数据驱动原理。第二，大数据时代，随着消费者个性化需求和价值共创意愿的不断升级，C2B个性化定制平台成为制造企业转型的重要方向（Prescott, 2016；吴义爽等，2016；周文辉等，2016；张凯等，2017），这是制造企业应对市场环境变化的一种适应性调整（吴瑶等，2017）。在实践中，C2B个性化定制平台作为价值共创的重要载体，核心功能是为参与价值共创的主体提供价值共创管理规则（Thierry et al., 2015），这些规则是推动大数据和制造业深度融合的关键因素（Vargo et al., 2015）。现有文献从互动、资源整合与关系治理三个方面入手，对价值共创管理进行了初步探索（Sara and Chang, 2016；邓春平等，2018；肖静华等，2018），但是尚未系统构建大数据驱动的C2B个性化定制管理模型。第三，既有研究运用定性分析的方法探索了价值共创的利益分享和激励、冲突缓解（刘颖等，2017；寿柯炎和魏江，2018）等问题，但应用博弈分析法研究大数据驱动的C2B个性化定制管理模型优化的文献较为罕见。

综上所述，本书基于大数据赋能、价值共创与协同治理等理论，采用专家小组讨论法、调查问卷法和深度访谈法、案例研究法、博弈分析法等方法，系统研究大数据驱动的C2B个性化定制管理理论与方法，以期实现以下研究目的：揭示C2B个性化定制的大数据驱动原理，构建大数据驱动的C2B个性化定制管理模型，提出C2B个性化定制管理模型的优化策略，并给出微观层面的对策、宏观层面的政策与建议。

1.2.2 研究意义

制造企业向C2B个性化定制转型，是从价值提供向价值共创的转变，实现价值共创的C2B个性化定制管理是转型的决定性因素（吴瑶等，2017）。探索大数据驱动的 C2B 个性化定制管理理论与方法，促进 C2B 个性化定制参与主体价值共创，对推动我国数字经济与实体经济深度融合、加快我国现代化产业体系建设具有重要的理论和实践意义。

研究“大数据驱动的 C2B 个性化定制管理理论与方法”的理论意义主要体现在以下三个方面。第一，针对 C2B 个性化定制的大数据驱动原理尚未明确的现状，基于大数据赋能、价值共创等理论，采用专家小组讨论法、调查问卷法和深度访谈法、案例研究法和博弈分析法等研究方法，通过探索“大数据赋能的 C2B 个性化定制决策范式”和“C2B 个性化定制价值共创的大数据赋能机制创新”两个问题，揭示 C2B 个性化定制的大数据驱动原理，值得探索。第二，针对大数据驱动的 C2B 个性化定制管理模型尚未构建的现实，以 C2B 个性化定制的大数据驱动原理为基础，基于大数据赋能、价值共创与协同治理等理论，采用专家小组讨论法、调查问卷法和深度访谈法、案例研究法和博弈分析法等研究方法，通过研究“基于价值共创的 C2B 个性化定制运营模式创新”“数智化技术赋能 C2B 个性化定制平台运营机制创新”与“大数据赋能 C2B 个性化定制价值共创协同机制创新”三个问题，构建大数据驱动的 C2B 个性化定制管理模型，是对现有研究的深化和完善。第三，以大数据驱动的 C2B 个性化定制管理模型为基础，通过建立和求解博弈模型，在分析“产品竞争市场分离下的 C2B 个性化定制策略”“竞争状态下在线 C2B 个性化定制互动博弈”与“大数据赋能的 C2B 个性化定制价值共创策略”等问题的基础上，给出 C2B 个性化定制管理模型的优化策略，是一种全新的尝试。

研究“大数据驱动的 C2B 个性化定制管理理论与方法”的实践意义主要体现在以下三个方面。第一，研究大数据驱动的 C2B 个性化定制管理理论与方法，可帮助企业构建大数据赋能 C2B 个性化定制协同治理机制，指导我国智能制造业的商业模式选择，推动大数据和制造业深度融合，加快先进制造业发展。第二，研究大数据驱动的 C2B 个性化定制管理理论与方法，可为我国传统制造业转型升级提供个性化对策，产生经济效益和社会效益。第三，研究大数据驱动的 C2B 个性化定制管理理论与方法，可为政府制定政策和决策提供参考，从而推动我国数字经济与实体经济深度融合，加快我国现代化产业体系建设。

1.3 文献综述

大数据是一个新兴领域，C2B个性化定制同样是一种相对较新的商业模式，现有文献较少涉及对大数据驱动的C2B个性化定制管理理论与方法的研究，但如下几方面研究具有启发意义。

1.3.1 C2B个性化定制模式

1. C2B个性化定制的概念与内涵

C2B个性化定制，是指为响应顾客个性化需求，制造企业在大数据赋能下创新协同治理模式来促进多元主体价值共创，以大规模生产的成本和效率优势向顾客提供个性化产品的一种智能制造模式（Thirumalai and Senthilkumar，2017；Ban and Rudin，2019；吴义爽等，2016；胡海波和卢海涛，2018；张明超等，2018；周文辉等，2018）。C2B个性化定制的前身是大规模定制（黄丽华等，2021），随着市场供给日益丰富，用户需求呈现出个性化、多样化的特征，大规模定制所提供的有限模块化组合已无法适应用户需求的升级变化。为破解这一难题，研究者提出了以用户需求主导为特征、以用户与企业价值共创为核心的C2B个性化定制（Tiihonen and Felfernig，2017；吴义爽等，2016；吴瑶等，2017；孙新波等，2019）。在C2B个性化定制模式下，制造企业以用户个性化需求为主导（Wang et al.，2017），在推动多元主体价值共创的过程中获取独特竞争优势（吴义爽等，2016）。C2B个性化定制具有三个重要内涵：C2B个性化定制的关键活动是协同治理（吴瑶等，2017）；C2B个性化定制的核心功能是价值共创（Thierry et al.，2015；杨学成和涂科，2016）；C2B个性化定制的动力来源于大数据赋能（Erevelles et al.，2016；Ban and Rudin，2019；张明超等，2018；肖静华等，2021；王立夏等，2022）。C2B个性化定制模式可分为两种类型：由制造商发起的直接服务于顾客的品牌型（张明超等，2018）和由电商平台发起、依靠互联网平台连接制造商与顾客的平台型（汪旭晖和张其林，2017）。

C2B个性化定制是制造企业转型的重要方向（Sena et al.，2019；吴瑶等，2017），但要实现C2B个性化定制尚存如下几个方面的困难。第一，在产品设计方面，C2B个性化定制要求企业能够精准捕捉与获取消费者的个性化需求

（张路娜等，2021），然而众多消费者参与产品设计的积极性不高，导致企业获取消费者个性化需求的难度加大、成本增加（Erevelles et al.，2016）。即使部分消费者愿意参与个性化产品设计，也会因为知识和能力的缺乏，导致企业与消费者难以实现充分沟通和良好交流，企业无法有效获取消费者个性化需求（Tiihonen and Felfernig，2017）。针对这一困难，学者们进行了积极探索，例如通过构建C2B个性化定制平台协同管理需求与产品（王伟等，2018）；利用"大数据+互联网"匹配产品需求与产品设计（肖静华等，2018），有助于打破用户和企业信息资源的交互障碍，使产品设计与用户需求高度契合（陈冬梅等，2020；陈剑等，2020）。第二，在产品制造方面，个性化定制与大规模生产在流程动态化与标准化方面存在矛盾，产品大批量个性化定制难以实现（Tseng et al.，2010）。即便依据个性化定制流程对制造企业实施智能化和柔性化改造，制造企业也难以承受巨大的智能化改造成本（Yan and Chiou，2020）。针对这一问题，现有研究显示：制造企业应用同质化解构、标准化生产与个性化加总可无缝衔接大规模标准化生产与个性化定制（吴义爽等，2016）；大数据赋予企业信息分析能力，可加快信息技术与工业制造系统融合（王永贵和洪傲然，2020；刘业政等，2020），从而柔性、敏捷地制造个性化产品（孙新波等，2019）。第三，在供应链管理方面。去中间商、产品零库存是C2B个性化定制的基本特征，这对供应链管理提出了更严苛的要求（Xu，2017）。因此，制造企业从B2C（Business To Customer）大规模制造模式向C2B个性化定制模式转型，增加了供应链整合难度（吴宇琦，2021）。针对这一问题，已有研究认为，承诺契约可协调C2B个性化定制供应链产能决策（肖迪和侯书勤，2017），合作是C2B个性化定制供应链的占优选择（Baines and Lightfoot，2013）。

综上所述，现有文献提出了C2B个性化定制的概念与类型，分析了C2B个性化定制的基本内涵，指出了C2B个性化定制的实现障碍。现有研究还指出，大数据赋能、协同治理与价值共创三者在逻辑上统一于C2B个性化定制框架，但罕有文献将三者纳入这一框架进行系统研究。

2. C2B个性化定制运营机制

B2C大众化制造难以针对每一位消费者的个性化需求自动配以最优化的个性化定制方案，先制后售的流程安排与个性化定制不相适应，组织结构的科层设置难以为消费者提供有效的服务（Lipson and Kurman，2013；孟炯等，2019）。因此，C2B个性化定制成为制造企业转型的重要方向，但供求路径上个性化需求与标准化生产的矛盾需要化解，C2B个性化定制可破解低成本与高效用难以兼容的难题（Sena et al.，2019；吴瑶等，2017），这一制造模式的实现步骤包括消费者需求获取与产品设计、订单管理、产品模块化与柔性制造（Tseng and Hu，2014），需要具备面向消费终端完美体验的产品设计能力、连接供需的订单管理能力、高效提供个性化产品的拆单排产能力（王峰，2016）。现有文献从产品设计、订单管理与产品生产等流程入手，探索了数智化技术赋能C2B个性化定制运营机制。

第一，需求获取的产品设计运营。传统制造企业由于无法真正做到以消费者为中心，即使加强研发设计投入也难以将研发成果转化为产品来满足市场需求（Doi，2021）。而C2B个性化定制企业通过运用数智化技术搭建大数据平台，对消费者需求偏好、购买决策等关键数据进行采集提取，能快速准确地识别消费者个性化需求，提高供需匹配度（She et al.，2018）。现有研究从以下三个方面入手对这一领域进行了探索：在个性化需求分析环节，企业运用物联网技术建设各类信息采集监测终端，对消费者信息进行监测采集，将原本分散独立的需求端与供应端连接起来，然后借助大数据技术挖掘消费者个性化数据的价值，并对有效数据进行筛选处理，分析消费者的购买意向（Wiener et al.，2020）；在生成设计方案环节，基于对物联网技术的运用，制造商可实现精准识别、定位跟踪、实时监管等功能（Novikov and Milovanov，2020），快速应对消费者个性化需求的动态变化，并通过对产品设计方案的组合创新，高效满足消费者的个性化需求，提升消费者满意度（Yerpude and Singhal，2022）；在设计方案优化环节，企业借助大数据技术实现线上线下数据资源互通，通过定制平台整合资源，利用客户数据更好地服务于消费者，促进消费者参与价值共创，提升消费者的产品设计体验（Malik et al.，2021）。

第二，需求传递的订单管理运营。订单管理是制造企业管理能力的体现，良好的订单管理能有效提高运营效率、降低生产成本（Schuh et al.，2020）。但在消费者需求数据流通不畅的传统制造模式下，产品积压、供需不匹配的问题十分突出，而以数智化技术为基础的C2B个性化定制模式能很好地解决此类问题，在该模式下个性化订单数据汇聚到大数据平台，经大数据技术处理转化为生产数据，制造端按需安排生产，能有效解决高库存、原材料供应不足等问题（刘汕等，2022）。现有文献主要从两个方面对该领域进行了研究。一方面，在订单信息传递上，众多制造商由于缺乏数智化技术的支撑，产品销售环节与生产环节无法准确衔接，导致制造商难以在约定时间内向客户提供产品（Perez et al.，2022）。然而，能否按时交货是检验大规模个性化生产是否高效的重要指标（Ahuett and Kurfess，2018），制造商须借助大数据技术打通数据流，促进数据在 C2B 个性化定制流程中流动互通，从而提升订单数据传递效率（Pinochet et al.，2021），实现高效生产。另一方面，在拆单排产上，传统制造企业在处理差异较大的个性化产品订单时，通常只能采用独立生产单个产品这种效率低下的生产方式，这显然无法满足庞大且多样的个性化需求（Gueler and Schneider，2021）。依托大数据技术对个性化订单进行分析处理和智能拆分，不仅能将个性化定制产品拆分成标准化零部件进行生产，也能实现个性化订单的数字化管理（Sena et al.，2019）。

第三，需求实现的产品生产运营。大规模生产的“低成本、低效用”与个性化定制的“高成本、高效用”难以兼容的问题一直存在，如何同时兼顾大规模生产的低成本与个性化定制的高效用是传统制造企业向 C2B 个性化定制模式转型所面临的严峻考验（Ding et al.，2022）。大规模 C2B 个性化定制作为一种新型的智能制造模式，为解决该问题创造了条件（张明超等，2021），制造企业可以借助数智化技术搭建智能化生产线，对解构的零部件进行模块化生产，待生产完成后将模块逆向组装成符合消费者需求的个性化定制产品（孙新波等，2019）。现有研究探索了大规模 C2B 个性化定制的生产能力与数字化管理。在生产能力方面，物联网将信息传感设备作为桥梁，连接生产设备和互联网并进行信息交换和共享，能对生产数据和设备运行数据进行统一监测，使产品生产的各环节透明可视（Moghaddam and Deshmukh，2019；孟凡生和宋鹏，2022），促进生产资源与生产设备协同，从而大幅提高生产效率和质量，促进大规模生产与个性化定制融合（Malik and Sarkar，2020）。在数字化管理方面，数据作为一种新的生产要素，在智能制造中发挥着至关重要的作用（Archana，2021），但一般意义上的数据即使是经过加工的统计数据也不能称为生产要素，只有通过大数据技术分析处理并运用到生产过程中，才能体现数据的价值（尚晏莹等，2022）。制造企业利用大数据技术对生产数据进行收集、处理、分析和利用，并借助人工智能技术将数据作为基础进行智能决策，实现“经验驱动”向“智能驱动”的转变。数智化技术为数据的有效管理提供了支持（Lee et al.，2019），驱动生产端产出低成本、高质量、个性化的产品，实现全生产流程的数字化与智能化升级（Lee and Oh，2020）。

综上所述，现有研究指出了 C2B 个性化定制企业在物联网和大数据技术的辅助下能快速准确地识别消费者个性化需求并提高供需匹配度，揭示了借助大数据技术可实现订单数据在 C2B 个性化定制流程中流动互通、提升个性化需求传递效率，探索了通过运用数智化技术构建大规模智能生产系统来化解个性化定制与大规模低成本生产之间的矛盾。但是，尚无文献关注在物联网、大数据和人工智能三种数智化技术共同作用下如何实现 C2B 个性化定制平台运营机制创新。

1.3.2　大数据赋能

21 世纪初，随着电商的崛起，企业数据爆炸式增长，这类大规模（volume）、多样性（variety）、高速度（velocity）的数据被学者们定义为大数据（Laney，2001；Ylijoki and Porras，2016）。大规模是指数据规模大（涂新莉等，2014），多样性是指数据的类型与广度多样（李国杰和程学旗，2012），高速度是数据的收集或处理速度高（郝淑玲等，2020）。从大数据的 3V 特征可知，分析处理大数据可对制造企业管理决策形成有力支持（Davenport，2014）。学术界尚未形成统一的大数据定义，现有研究聚焦于以下三个视角：从数据视角来看，随着社会主体数据化和信息处理能力升级，数据的规模及生成速度呈现出大数据的态势（李文莲和夏健明，2013）；从能力视角来看，大数据是一种包含获取、分析和配置数字资源的一种特殊能力（Johnson et al.，2017）；从技术视角来看，大数据主要指大数据技术，包括存储、处理、可视化、分析以及构建决策模型等技术（Chen et al.，2021）。

赋能源于组织内权力管理，是指将某一资源或技术应用于某类个体或群体，以帮助其建立社会政策和社会变革关系的一种行为，这一概念强调权力与能力的赋予（刘平峰和张旺，2021）。赋能包含心理赋能、结构赋能和资源赋能三个维度（Carmen et al.，2015），心理赋能和结构赋能被纳入员工赋能范畴，强调消费者积极主动参与企业价值共创的前提是消费者获得主动权（周文辉和何奇松，2021）。大数据赋能是指在设计、生产、竞争和创新等方面为主体赋予能力（张明超等，2021），主要体现在：用户数据化参与企业价值共创的行为，便于个性化需求的表达（Erevelles et al.，2016；肖静华等，2018）；帮助员工整合分析用户大数据、挖掘隐性知识，精准解读用户个性化需求，促进价值共创（Kedar，2015；Cheema，2015）；通过搭建大数据平台，促进合作伙伴与用户间价值共创，合作伙伴针对个性化需求配置资源的速度得以提升（孙琦，2019）。在生产制造与运营管理领域，大数据赋能是指将数据挖掘与分析技术应用于某一方面，实现产品与服务创新的过程（王立夏等，2022）。大数据赋能是通过获取和处理大规模多样化的数据实现数据价值的过程（孙新波等，2019），关键是通过创新数据使用场景、技能与方法来实现数据价值

(Erevelles et al. , 2016)。在这一领域，研究者认为：在传统制造系统的绩效和风险管理方面，大数据分析能够发挥主要作用（Kozjek et al. , 2020）；企业竞争不局限于资本竞争和人力资源竞争，大数据能力正成为企业竞争的焦点（Wells and Chiang，2017）。

在 C2B 个性化定制的大数据赋能方面，现有文献主要聚焦于五个方面。第一，对常规能力、双元能力与动态能力的探索。在常规能力方面，研究者认为“大数据 + 互联网”的运用能够赋予用户对产品需求进行标准化传述的能力，从而促进个性化定制产品与用户需求达到高度契合（陈剑等，2020）；在双元能力方面，研究者认为，C2B 个性化定制存在大规模生产成本与个性化定制效用难以兼容的矛盾，通过激活大数据属性，赋予企业能有效追求同时存在却又互相矛盾目标的双元能力，可推动大规模个性化定制的实现（张明超等，2018）；在动态能力方面，研究者针对个性化产品设计和生产的实现，提出大数据赋予企业流程再造、协同合作、需求响应等动态能力，是个性化定制设计和生产实现的核心能力基础（孙新波等，2019）。第二，大数据对管理决策的影响。大数据的快速发展对传统管理决策过程和方式造成了冲击，并孕育和重塑着新的管理决策范式（Buxton et al. , 2008；Hilbert and Lopez，2011；Einav and Levin，2014；Adams，2015；Athey，2017；Fregnac，2017），传统管理决策范式正向大数据赋能的管理决策范式演变（陈国青等，2018），进而推动了制造模式和商业模式创新（陈国青等，2020）。第三，传统 B2C 大众化制造相对于大数据赋能的 C2B 个性化定制存在的不足。在工业 4.0 进程下，传统 B2C 大众化制造模式在解决方案、业务流程、组织结构等方面无法有效支撑产品个性化定制，迫切需要向大数据赋能的 C2B 个性化定制转型（张曙，2014）。第四，大数据赋能的 C2B 个性化定制发展趋势。分析现有文献对企业 C2B 个性化定制的战略选择、基于 C2B 个性化定制的传统企业再造、基于 C2B 个性化定制的供应链结构选择（Porter，2001；孟炯等，2019）等问题的研究显示，大数据赋能的 C2B 个性化定制必将成为制造业未来的主流发展方向（黄阳华，2015）。第五，大数据赋能的 C2B 个性化定制模式创新。在这一领域，研究者主要探索了消费者视角的个性化定制模式创新（Franke et al. , 2010）、厂商视角的个性化定制模式创新（Hunt et al. , 2013）、基于互联网 + 的个性化定制模式创新（吴义爽等，2016）和 3D 打印个性化定制模式创新（Thierry et al. , 2015）等问题。

在产品定制上，成本与效用难以兼容的难题需要破解。B2C 大众化制造系统简单机械，而 C2B 个性化定制系统复杂智能，由 B2C 大众化制造向 C2B 个性化定制转型升级，整个制造系统的不确定性大幅提高，满足个性化需求的“高效用”和大规模标准化生产的“低成本”一直难以兼容（吴义爽等，2016），大数据技术的发展为破解这一难题提供了可能（Sena et al.，2019；Schweisfurth，2017；Lenka et al.，2017）。现有研究主要从两个方面对这一领域进行了探索：一方面，依托大数据赋能，消费者可轻松进入价值共创活动，而不仅局限于交易权（Labrecque et al.，2015），显著提升了消费者参与企业价值共创的能力（Cheema，2015）；另一方面，大数据为员工赋能，员工获得了信息分享权和资源配置权（Barner，1994），有助于员工获取工作技能、改善工作信念、提升自我管理能力，激发内在潜力（Spreitzer，1995）。

综上所述，既有研究关注了大数据的内涵、特征与定义，揭示了大数据赋能的含义与作用，考察了大数据赋能对价值共创的影响，并从赋能能力、决策影响、比较优势、发展趋势、模式创新五个方面入手探索了 C2B 个性化定制的大数据赋能，为本书的研究奠定了坚实的基础。但是，鲜有文献探索制造企业采用大数据赋能的 C2B 个性化定制的动机和大数据赋能对 C2B 个性化定制的作用机理，C2B 个性化定制的大数据驱动黑箱未能打开，C2B 个性化定制价值共创策略的大数据作用机理也尚未涉及。

1.3.3 价值共创

价值共创源自营销领域的“共同生产”思想，是指企业、顾客和其他利益相关者通过构建企业与顾客间交互的平台实施互动与资源整合，从而实现任何一方单独行动所不能实现的互惠目标和价值，获得独特体验的过程（Prahalad and Ramaswamy，2000；杨学成和涂科，2017；邓春平，2018；肖静华等，2018），可细分为观念共识、价值共生与价值共赢三个阶段（周文辉等，2015）。价值共创理论提出之前，学者们普遍认为用户仅是价值使用者，不是价值创造者，价值是由企业创造出来的，之后通过某种交互方式给予广大用户（Prahalad and Ramaswamy，2004；武文珍和陈启杰，2012）。因此，从价值创造的主体来看，对价值创造的认识经历了从企业独创价值到企业与用户共创价值的转变（吴瑶等，2017）。在大数据技术不断发展的背景下，消费者的知识和能力不断提升，这为消费者积极参与企业价值共创创造了条件（张婧和邓卉，2013）。消费者获得产品或服务的消费体验后，可以通过不同渠道向其他消费者分享自己的知识（罗珉和李亮宇，2015）。因此，企业不是价值的唯一源泉，消费者也可以参与企业价值共创。

现有文献对价值共创内涵的解释主要包括以下两种视角。第一，基于用户体验视角。基于用户体验的价值共创理论认为，随着大数据技术的发展，消费者开始具备与企业积极互动创造消费体验的能力，企业可以通过构建与消费者不断互动的服务网络，由价值提供向价值共创升级（Prahalad and Ramaswamy, 2000）。因此，消费者和企业共同创造有价值的体验是价值共创的出发点与最终结果，这种消费体验是一个连续的过程，在产品的设计、生产或是售后服务等阶段均有可能出现（Prahalad and Ramaswamy，2010）。第二，基于服务主导逻辑视角。基于服务主导逻辑的价值共创理论认为，一切交换的基础都是服务，企业通过交互平台为顾客提供服务，顾客作为共同生产者参与企业主导的价值共创过程，价值共创即为各市场主体通过互相服务为自己和对方创造利益的过程（Vargo and Lusch，2006）。在使用产品或服务的过程中用户和企业共同创造价值（Vargo and Lusch，2008），用户将其所拥有的知识投入价值共创过程（Vargo and Lusch，2010）。互动与资源整合是价值共创的两个过程（吴瑶等，2017；杨学成和涂科，2017），互动有助于企业深入了解用户的偏好，也有助于用户顺利完成价值共创过程，互动合作越深，资源整合越强，主体间价值共创强度越高（周文辉等，2019；Haken，1984）。

价值共创是 C2B 个性化定制的核心功能（Thierry et al.，2015），C2B 个性化定制是实现价值共创的重要载体（Zhan et al.，2018）。传统大规模制造属于规模经济范畴，而 C2B 个性化定制属于范围经济范畴。企业由 B2C 大众化制造转型为 C2B 个性化定制，生产的规模经济与范围经济之间存在冲突。基于此，现有研究探索了价值共创的实现过程与协同能力。在实现过程方面，现有研究将价值共创界定为消费者为获取特殊体验参与互动与资源整合的过程（杨学成和涂科，2017），互动有助于企业深入了解消费者的偏好，也有助于消费者顺利完成价值共创，互动水平越高，企业整合消费者资源的能力就越强，价值共创的效果越好，从而促进企业利润长期稳定增长（Gummesson and Mele，2010）；在协同能力方面，现有研究认为，C2B 动态协同演化能力是指在不稳定的市场环境下，消费者（C）与企业（B）之间彼此交互信息、相互学习形成的协同能力（肖静华等，2014），该能力将单向资源获取拓展至双向资源交互，强调企业端应对消费者端变化的适应性调整能力（吴瑶等，2017），这种适应性调整能力可有效促进消费者与企业的价值共创（肖静华等，2015）。

进一步，现有文献重点关注了价值共创的应用场景，例如，在大数据广泛应用的情形下，消费者能够借助大数据赋能参与企业价值共创，从而贡献自身力量，发挥自身价值（Du，2010）；产业生态系统价值共创拓展和深化了大数据赋能的形式和影响广度，进一步增加了社会价值（胡海波和卢海涛，2018）。开放创新生态价值共创行为演化、服务创新生态价值共创行为演化、产品服务系统价值共创行为演化等问题也成了学者们关注的重点（Barari et al.，2012；王发明和朱美娟，2019；胡有林和韩庆兰，2021），不同主体经过长期反复博弈，价值共创行为互动才可达到稳定（Zhang et al.，2022）。

综上所述，既有研究关注了价值共创的概念、内涵与定义，考察了价值共创实现过程与协同能力，初步探索了价值共创的应用场景，这为本书的研究奠定了坚实的基础。但是，尚无文献研究C2B个性化定制情境下的价值共创实现过程与协同能力，C2B个性化定制情境下大数据赋能与价值共创的关系、C2B个性化定制情境下协同治理与价值共创的关系等话题也尚未涉及。

1.3.4　C2B个性化定制协同治理

协同治理以解决问题为导向，由利益相关者参与并共同承担责任，在共同处理复杂事务的过程中相互协调，实现价值共创，从而弥补单一主体治理的局限性（Amsler，2016；Haken，2006；高良谋和胡国栋，2012；梁宇和郑易平，2021）。大数据赋能C2B个性化定制价值共创协同机制，是制造企业向C2B个性化定制转型的关键。对于这一领域，现有研究对协同能力和协同维度进行了初步探讨。在协同能力方面，研究者指出，企业与顾客协同能力是指顾企双方通过信息交互影响彼此的学习，导致两者相互变化而渐进形成的能力（肖静华等，2021），该能力强调企业与顾客基于交互而形成的适应性调整，并将以企业为核心的资源获取和利用拓展至企业与顾客互动合作的双向资源交互（吴瑶等，2017），是企业应对顾客需求变化、促进顾企双方价值共创的重要能力基础（肖静华等，2021）。在协同维度方面，现有研究显示大数据服务价值共创协同机制包含资源协同、能力协同与关系协同三个维度（胡艳玲等，2019）；服务型制造网络系统内部各参与主体通过自组织协同、企业间松散耦合协同、系统内协同实现价值共创协同（吴晓波等，2022）；在平台网络颠覆性技术创新过程中，价值共创治理活动主要包括内容治理、关系治理与价值治理三个维度（李东红等，2021）。C2B个性化定制是对传统大规模制造的颠覆性创新（任宗强、赵向华，2014），是制造企业寻求与顾客、供应链伙伴商、产业生态改造企业等主体共创价值的协同过程（张新民等，2020）。因此，本书拟借鉴平台网络在颠覆性技术创新过程中的治理活动（李东红等，2021），从内容协同治理、关系协同治理、观念协同治理三个维度出发，探究大数据赋能 C2B 个性化定制价值共创协同机制。

1. 内容协同治理机制

在制造工厂，顾客表现出对于个性化定制产品的广泛需求，以满足自身社交、情感等需要，而众多制造企业依然采用低成本、大规模同质化的生产模式，导致许多企业陷入产品严重积压、利润下滑等困境，顾客的个性化产品需求与制造企业同质化产品供给之间存在失衡（孟炯，2021）。内容协同治理主要关注产品制造技术（Ozalp et al.，2018），大规模制造技术刚性粗放，无法实现需求与供给间的平衡（周文辉等，2015），而大数据赋能的 C2B 个性化定制技术柔性精益，为破解顾客个性化需求与企业同质化供给间失衡的难题提供了可能（Vargo et al.，2015；Sena et al.，2019），学者们对这一领域进行了初步探索，例如：利用大数据技术对设计数据、流行趋势、售后评价等顾客需求信息不断收集、处理并分析，为顾客提供个性化营销方案（孙新波等，2019）；通过建设与消费者不断互动的产品数字化设计平台，使消费者具备与企业积极互动创造消费体验的能力（杜勇等，2022）；通过研发智能制造系统，实施个性化产品大规模批量生产，从而实现对顾客个性化需求的满足（Eric and Ralph，2002）。上述文献认为内容协同治理为化解需求与供给失衡的难题提供了可能（Sena et al.，2019），并提出可从营销、设计、生产等环节入手构建内容协同机制的基本思路（Eric and Ralph，2002；孙新波等，2019；杜勇等，2022），为本书的相关研究指明了方向。但是，尚无文献在深入挖掘营销、设计、生产等具体工作流程的基础上构建大数据赋能的 C2B 个性化定制内容协同治理机制来破解需求与供给失衡的难题。

2. 关系协同治理机制

在供应链，制造企业与其利益相关主体基于一致的目标市场开展生产活动，但在合作过程中也会受到自身利益最大化原则的影响而相互竞争（汪旭晖和张其林，2017），形成供应链主体关系上竞争与合作的对立。因此，迫切需要构建大数据赋能的 C2B 个性化定制关系协同治理机制，协调供应链主体间竞争与合作的关系对立（Henkel，2006），提高供应链关系协同治理水平（钟琦等，2021）。研究者探讨了构建关系协同治理机制的必要性：制造企业面对竞争与合作的关系冲突时，通常考虑定价策略、规则制定等方式来实现关系协同，这显然不能实现主体间竞合关系协调（沈蕾和何佳婧，2018）；在定制转型过程中，制造企业通过重塑关系协同机制化解主体关系上竞争与合作的冲突，可促进C2B个性化定制的实现（Bouncken and Fredrich，2016）；供应链主体间竞争与合作的关系协同治理是C2B个性化定制的重要活动，制造企业需要构建关系协同治理机制来提升主体间的合作竞争效率，以促进价值共创（Paavo，2012）；参与C2B个性化定制的顾客、制造企业、伙伴商等主体亟须构建关系协同治理机制（白景坤等，2020）来协调供应链主体间的竞合关系冲突（吴义爽等，2016）。上述文献分析显示，协调供应链主体间竞争与合作的关系冲突是制造企业面临的紧迫问题（钟琦等，2021），构建大数据赋能的C2B个性化定制关系协同治理机制非常必要（Paavo，2012；Bouncken and Fredrich，2016；白景坤等，2020；吴义爽等，2016；沈蕾和何佳婧，2018）。但是，鲜有文献关注制造企业如何构建C2B个性化定制关系协同机制，来协调供应链主体关系上竞争与合作的对立。

3. 观念协同治理机制

在产业生态中，制造企业作为生产要素的结合体，以实现自身利益最大化为目标，而在外部环境不确定性加大与内部资源约束的双重限制下（胡海波和卢海涛，2018），制造企业开始谋求与产业生态内其他主体的整合协作，这就要求企业价值观念向兼顾其他主体利益的多赢转变（张化尧等，2021）。以制造企业为中心的单赢观念与以顾客为中心的多元主体多赢观念之间存在冲突（杨学成和涂科，2017）。为解决这一难题，需要制造企业构建大数据赋能的C2B个性化定制观念协同治理机制（Tiwana et al.，2010）。现有研究探讨了价值观念和观念协同治理：在价值观念方面，大数据赋能可促进企业价值观念向多元主体共赢转变，为解决单赢与多赢间的观念冲突奠定了基础（孙新波等，2022）；在观念协同治理方面，制造企业提出新的观念或开发新流程，须构建与技术创新相适应的组织空间（Chesbrough，2010），从价值共创的视角设计观念治理的模式与结构（Sandberg et al.，2020），实现内外部利益相关主体的价值协同，以保证各主体价值共创共赢活动的顺利进行（迟铭等，2020）。上述文献回顾表明，在C2B个性化定制转型过程中，制造企业观念存在单赢与多赢的冲突，C2B个性化定制观念协同治理为化解这一冲突提供了可能（Tiwana et al.，2010），研究者还进一步探讨了企业价值观念（孙新波等，2022）和观念协同治理（Sandberg et al.，2020；迟铭等，2020），为本书相关研究奠定了基础。但是，尚无文献构建大数据赋能的 C2B 个性化定制观念协同治理机制。

综上所述，现有文献揭示了大数据赋能 C2B 个性化定制价值共创协同机制蕴含内容协同治理、关系协同治理与观念协同治理三个维度（李东红等，2021），指出了构建协同治理机制可克服 C2B 个性化定制转型痛点，为本书的研究奠定了坚实基础。但是，罕有文献针对制造企业向 C2B 个性化定制转型的痛点构建 C2B 个性化定制内容协同治理机制、C2B 个性化定制关系协同治理机制和 C2B 个性化定制观念协同治理机制，也未能提出大数据赋能 C2B 个性化定制协同治理机制创新过程模型。

1.3.5 C2B 个性化定制管理模型优化

现有文献关注了 C2B 个性化定制管理模型的优化问题，这些问题主要聚焦于以下三个方面。

1. 产品竞争市场分离下的 C2B 个性化定制策略

传统制造模式中，消费者仅作为企业创新的思想来源，不能参与价值创造（Hippel，2002）。然而，文献分析发现，企业吸收消费者创新知识能显著减弱信息黏性、降低创新成本、提升购买意愿，蕴含巨大的价值增长空间（Normann and Ramírez，1993；Nikolaus and Frank，2004；Hippel，2009）。针对这一两难问题，研究者试图从两个方面入手寻求解决方案。一方面，价值共创理论。研究者认为很多重要创新不是来自企业而是来自领先用户，并基于此提出了消费者与企业合作创新的价值共创理论（Prahalad and Ramaswamy，2004；苏楠和吴贵生，2016）。此外，学者们对价值共创理论进行了深入拓展，例如：价值共创理论形成与分类（Vargo and Lush，2004；袁亚忠和胡观景，2016）、价值共创的动机、行为和影响（Kao et al.，2016；江积海和李琴，2016；汪旭晖和张其林，2017；武文珍和陈启杰，2017）、消费者参与价值共创的方式、路径与协同演化（Nikolaus and Frank，2004；武文珍和陈启杰，2012；吴瑶等，2017）等。另一方面，个性化定制模式创新。在这一领域，现有研究主要有：基于消费者视角的个性化定制模式创新（Moon et al.，2008；Thirumalai and Sinha，2009；Franke et al.，2010）、基于厂商视角的个性化定制模式创新（Franke et al.，2009；Hunt et al.，2013）、基于互联网 + 的在线个性化定制模式创新（吴义爽等，2016；严建援等，2016）和 3D 打印个性化定制模式创新

(Thierry et al., 2015; 孟炯和郭春霞, 2016)。总之, 价值共创理论推动了个性化定制模式创新, 个性化定制模式可充分吸收和整合用户创新知识, 并为价值共创所蕴含的潜在市场价值提供释放通道, 进而促进企业竞争力提升 (Hippel, 2009; Thierry et al., 2015)。

2. 竞争状态下在线 C2B 个性化定制互动策略

在传统 B2C 大众化制造模式中, 顾客不能参与价值创造 (Normann and Ramírez, 1993; Hippel and Katz, 2002), 但企业吸收和整合顾客创新能显著促进价值增长 (Nikolaus and Frank, 2004; Kahin and Foray, 2005; Hippel, 2009)。基于此, 学者们提出了顾客可参与企业创新的价值共创理论 (Prahalad and Ramaswamy, 2004; 苏楠和吴贵生, 2016), 并针对该理论在形成与分类 (Vargo and Lush, 2004; 袁亚忠和胡观景, 2016), 动机、行为和影响 (Kao et al., 2016; 江积海和李琴, 2016; 汪旭晖和张其林, 2017; 武文珍和陈启杰, 2017), 过程模型 (周文辉等, 2015), 形成路径与演化 (武文珍和陈启杰, 2012; 吴瑶等, 2017) 等方面进行了深入探讨。同时, 研究者还认为新兴信息技术与先进制造技术的发展融合为解决这一难题提供了技术支撑 (George et al., 2016), 这两种因素从以下三个方面驱动着传统 B2C 大众化制造模式变革。第一, 顾客可在不同行业进行在线创新活动, 在线分享他们的创新成果 (Hippel, 2006; Schweisfurth, 2017)。第二, 通过构建在线个性化定制平台, 可有效衔接企业个性化产品制造能力与顾客的个性化需求, 实现供需灵活转化 (George et al., 2016; Daniel et al., 2017)。第三, 产品设计由"以企业为中心"的设计模式向"以顾客为中心"的设计模式变革 (Theilmann and Hukauf, 2014; Erevelles et al., 2016)。因此, 变革后的制造模式具有显著的"顾客驱动"与"在线定制"特征, 我们称之为"在线 C2B 个性化定制"。关于在线 C2B 个性化定制, 相关研究聚焦在如下三个方面。第一, 针对顾客的个性化需求, 传统 B2C 大众化制造模式存在的不足: 难以针对每一位顾客的个性化需求自动配以最优化的产品个性化定制方案 (张曙, 2014); "产品—配送—零售"的传统业务流程无法与个性化定制相匹配 (丁纯和李君扬, 2014); 组织结构难以满足个性化定制的去科层化要求 (Ulrich, 2014)。因而, 在工业 4.0 进程下, 传统 B2C 大众化制造模式无法有效支撑个性化定制, 迫切需要创新 (Lipson and Kurman, 2013)。第二, 互联网时代的在线 C2B 个性化定制趋势。例如, 在线 C2B 个性化定制下的企业战略选择 (Porter, 2001)、在线 C2B 个性化定制下的传统企业再造 (李海舰等, 2014)、在线 C2B 个性化定制下的供应链重构（谢莉娟，2015）等。这表明，在互联网时代，企业在线 C2B 个性化定制趋势明显。第三，在线 C2B 个性化定制模式创新。在线 C2B 个性化定制将成为制造业未来的主流发展方向（黄阳华，2015；武文珍和陈启杰，2017），研究者就消费者不同视角下的个性化定制模式创新（Moon et al.，2008；Thirumalai and Sinha，2009；Franke and Keinz，2009；Franke et al.，2010；Hunt et al.，2013）、基于互联网+的个性化定制模式创新、3D 打印个性化定制模式创新（Thierry et al.，2015）等问题进行了初步探索。

3. C2B 个性化定制的利益分享与冲突化解

现有文献从利益分享与冲突化解的角度出发，主要运用定性的方法探索了 C2B 个性化定制管理模型的优化问题，例如：基于任务冲突的视角研究分布式协同创新的冲突产生机理（刘颖等，2017）；通过研究创新生态系统价值共创行为协调，认为适当调节收益分配比例可促进价值共创行为稳定发展（王发明和朱美娟，2019）；引入中国人工智能企业的案例，通过研究创新生态系统价值共创协调，认为知识产权保护、合作成本降低、合作伙伴选择等措施有助于构建良好的价值共创生态系统（Chen et al.，2021）；通过考察服务生态系统环境下利益相关者价值共创，认为调控服务生态系统不同价值共创主体收益可促进价值共创效率提升（陈菊红等，2019）。

综上所述，现有文献研究了可整合消费者创新，实现个性化定制的价值共创理论，分析了传统 B2C 大众化制造模式的变革驱动因素，提出了“在线 C2B 个性化定制”概念，指出了针对顾客的个性化需求传统 B2C 大众化制造模式存在的不足和在线 C2B 个性化定制将成为制造业未来的主流发展方向，认为在线 C2B 个性化定制的发展趋势明显，用定性的方法探索了 C2B 个性化定制管理模型的优化问题。但是，尚无文献应用博弈分析法研究产品竞争市场分离下的 C2B 个性化定制策略，分析竞争状态下在线 C2B 个性化定制互动博弈的文献也很少见，关注大数据赋能的 C2B 个性化定制价值共创策略的文献更是少之又少。

1.3.6 简要述评

现有文献为本书的研究奠定了坚实基础，但仍存在以下不足。第一，将大数据赋能、协同治理与价值共创统一纳入 C2B 个性化定制框架研究具有逻辑性和必要性，但现有文献尚未将三者纳入这一框架进行系统研究，也未能揭示C2B个性化定制的大数据驱动原理。第二，价值共创是C2B个性化定制的核心功能，实现价值共创的协同治理是C2B个性化定制的关键活动，但少有文献构建C2B个性化定制协同治理机制，关注大数据驱动的C2B个性化定制管理模型的文献也较为少见。第三，少有文献应用博弈分析法研究大数据驱动的C2B个性化定制管理模型的优化问题。

因此，本书将大数据赋能、协同治理与价值共创统一纳入C2B个性化定制研究框架，采用理论与实证应用相结合的研究思路，对大数据驱动的C2B个性化定制管理理论与方法进行研究，具体包括：C2B个性化定制的大数据驱动原理、大数据驱动的C2B个性化定制管理模型构建与优化、针对相关产业的实证应用研究。

1.4 研究内容与研究思路

1.4.1 研究内容

本书以C2B个性化定制模式为研究对象，既涵盖C2B个性化定制的大数据驱动原理、大数据驱动的C2B个性化定制管理模型构建、大数据驱动的C2B个性化定制管理模型优化，也涉及针对相关产业的实证应用研究，还包括微观层面的对策、宏观层面的政策研究。主要研究内容包括六个部分。

第1章绪论阐述研究背景与动机，明确研究目的，揭示研究意义，并在此基础上回顾和评述C2B个性化定制模式、大数据赋能、价值共创、C2B个性化定制协同治理、C2B个性化定制管理模型优化等研究领域的相关文献，最后介绍研究内容与研究方法。

第2章涵盖大数据赋能的C2B个性化定制决策范式、C2B个性化定制价值共创的大数据赋能机制创新。一方面，从消费者的个性化偏好入手，借助红领集团C2B个性化定制模式创新案例，构建个性化产品与大众化产品市场竞争博弈模型，分析大数据赋能的C2B个性化定制模式下消费者与厂商的决策范式；另一方面，基于尚品宅配C2B个性化定制模式的创新案例，应用动态能力理论，研究C2B个性化定制价值共创的大数据赋能机制创新。

第3章涵盖基于价值共创的C2B个性化定制运营模式创新、数智化技术赋能C2B个性化定制平台运营机制创新、大数据赋能C2B个性化定制价值共创协同机制创新。首先，针对红领集团C2B个性化定制模式创新的案例，应用博弈论的分析方法，构建与求解不同情境下的博弈模型，分析基于价值共创的 C2B 个性化定制运营模式创新；其次，基于物联网、大数据、人工智能等数智技术与制造业深入融合的背景，引入尚品宅配 C2B 个性化定制案例，探索 C2B 数智定制平台运营机制创新；最后，引入酷特智能 C2B 个性化定制案例，基于协同治理理论，采用单案例研究法，探索大数据赋能 C2B 个性化定制价值共创协同机制创新。

第 4 章涵盖产品竞争市场分离下的 C2B 个性化定制策略、竞争状态下在线 C2B 个性化定制互动博弈、大数据赋能的 C2B 个性化定制价值共创策略。首先，从消费者的个性化偏好入手，借助尚品宅配 C2B 个性化定制案例的博弈分析，构建产品竞争市场分离博弈模型，分析市场分离均衡情境下 C2B 个性化定制策略；其次，基于从尚品宅配案例提炼出的产品竞争模型，应用博弈论的基本思想，研究竞争状态下在线 C2B 个性化定制互动博弈；最后，引入尚品宅配 C2B 个性化定制案例，应用演化博弈方法，研究大数据赋能的 C2B 个性化定制价值共创策略。

第 5 章涵盖大数据赋能的 C2B 个性化定制机制创新、3D 打印 C2B 个性化数智定制模式创新。一方面，以 B2C 大众化制造为竞争环境，构建 C2B 个性化定制博弈模型，并引入红领集团案例对博弈分析得出的理论命题展开实证研究；另一方面，基于我国 3D 打印制造模式创新的现实需求，采用案例总结与文献分析相结合的研究方法，在理论研究结论的指导下，通过探索 3D 打印 C2B 个性化数智定制模式创新，实现对我国 3D 打印产业的应用研究。

第 6 章给出研究结论，提出研究展望。

1.4.2　研究思路

本书以提出研究问题为起点，在揭示 C2B 个性化定制的大数据驱动原理的基础上，构建大数据驱动的 C2B 个性化定制管理模型，并运用博弈理论对大数据驱动的 C2B 个性化定制管理模型进行优化。进一步，针对理论研究结果展开实证应用研究，并提出微观层面的个性化对策建议与宏观层面的政策建议，最终系统建立大数据驱动的 C2B 个性化定制管理理论与方法。

本书研究的技术路线如图 1－1 所示。

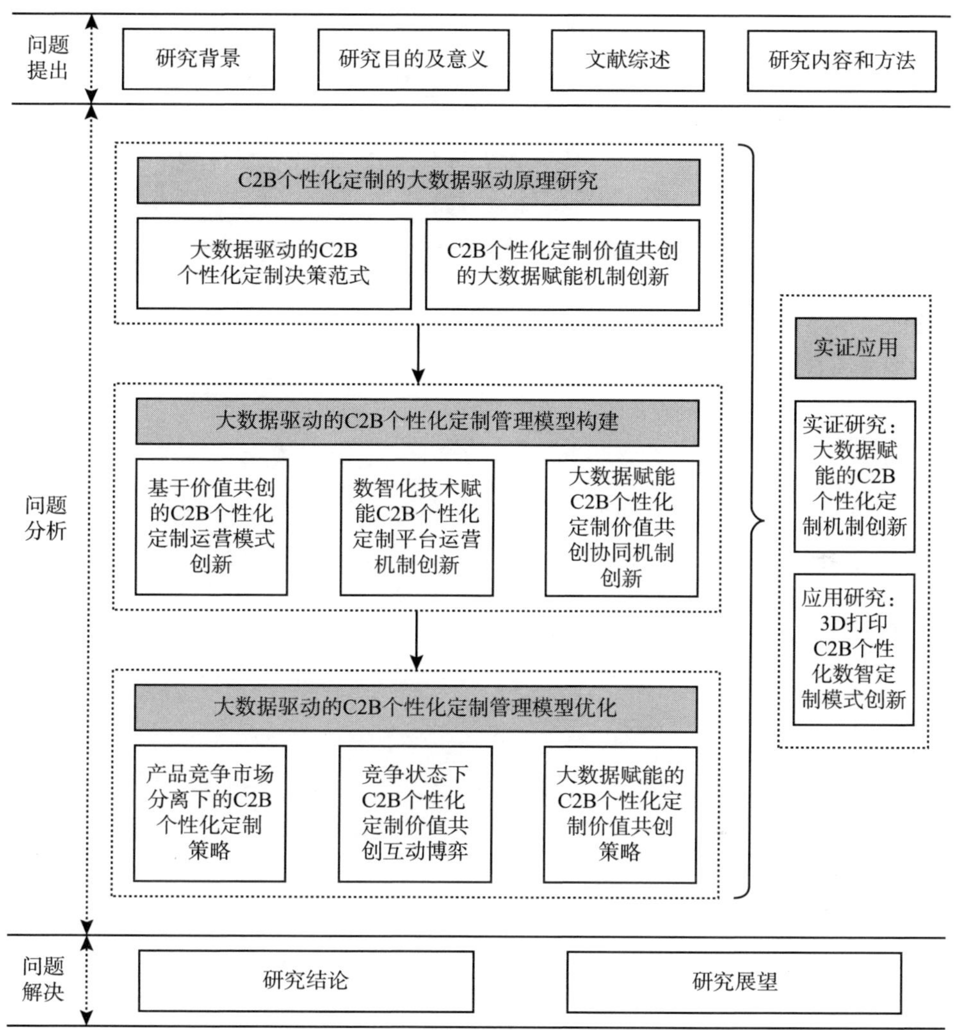

图1-1 本书研究的技术路线

1.5 研究方法

本书采用的研究方法主要有如下四种。

（1）专家小组讨论法。通过专家小组讨论，进一步细化研究方向与研究技术路线，结合专家咨询建议和文献梳理，编制访谈提纲和调查问卷。

（2）调查问卷法和深度访谈法。选择我国时尚、家居、电子、汽车等领域的典型案例，利用调查问卷法和深度访谈法收集数据资料。

（3）案例研究法。运用探索性案例研究、典型案例分析、多案例归纳等方法，揭示 C2B 个性化定制的大数据驱动原理，构建大数据驱动的 C2B 个性化定制管理模型，进而对理论结果进行验证。

（4）博弈分析法。基于大数据驱动的 C2B 个性化定制管理模型，构建和求解博弈模型，分析并给出相应的优化策略。

第2章　C2B个性化定制的大数据驱动原理研究

本书引入红领集团案例与尚品宅配案例，采用案例研究与博弈分析相结合的研究方法，通过探索大数据赋能的C2B个性化定制决策范式、C2B个性化定制价值共创的大数据赋能机制创新两个问题，揭示C2B个性化定制的大数据驱动原理。

2.1　大数据赋能的C2B个性化定制决策范式

我国制造业正面临个性化需求大于供给的结构性矛盾，要推动大数据与实体经济深度融合，借助大数据促进传统制造模式转型升级，以化解这一结构性矛盾（吴义爽等，2016；周文辉等，2018；吕文晶等，2019）。基于这一决策部署，红领集团和尚品宅配等制造企业纷纷朝C2B个性化定制方向发展，利用大数据获取竞争优势，成为C2B个性化定制转型升级的典范（孟炯，2019）。然而，C2B个性化定制解决方案较为复杂，需耗费较高的创新成本与迭代试错成本，大量制造企业尚不具备转型升级的条件，只能通过有限的模块化组合来适度满足消费者的个性化需求，从事传统B2C大众化制造（吴义爽等，2016）。因此，传统B2C大众化制造无法阻止C2B个性化定制的发展，C2B个性化定制也无法完全取代传统B2C大众化制造，个性化产品与大众化产品或将长期处于竞争状态。

传统B2C大众化制造是指制造企业采用价值提供策略，吸收和整合消费者创新的能力尚不充分，向消费者提供个性化水平相对较低的大众化产品；C2B个性化定制是指制造企业采用价值共创策略，充分吸收和整合消费者创新知识，向消费者提供个性化水平相对较高的个性化产品（孟炯，2019；Hippel and Katz，2002；Kahin and Foray，2005；Hippel，2006；吴瑶等，2017）。传统 B2C 大众化制造向 C2B 个性化定制转型升级并非易事，大幅提高了整个制造流程的复杂性和不确定性。一方面，传统 B2C 大众化制造模式下，消费者难以充分参与企业价值创造（Hippel and Katz，2002），但企业整合消费者资源、吸收消费者创新知识能显著促进价值增长（Normann and Ramírez，1993；Nikolaus and Frank，2004；Kahin and Foray，2005）；另一方面，满足个性化需求的“高效用”和大规模标准化生产的“低成本”难以兼容的障碍需要克服（孟炯，2019）。大数据与制造业的发展融合可以有效破解上述难题（吴瑶等，2017；Sena et al.，2019；Schweisfurth，2017；Lenka et al.，2017），进而驱动传统 B2C 大众化制造模式变革。首先，依托大数据赋能，生产模式从传统以企业为中心的大众化制造模式向以消费者为中心的个性化定制模式转变（忻榕等，2019），可以实现低成本、高效率地生产消费者需要的个性化产品（吴义爽等，2016；戚聿东和肖旭，2020）。其次，依托大数据赋能，普通消费者可数字化参与企业价值共创，而不仅局限于交易权，显著提升了消费者参与价值共创的能力（Labrecque et al.，2015；Cheema，2015；肖静华等，2018）。最后，依托大数据赋能，企业员工获得了信息分享权和资源配置权（Barner，1994），这有助于企业员工获取工作技能、改善工作信念、提升自我管理能力和激发内在潜力（Spreitzer，1995）。变革后的制造模式具有“大数据赋能”“价值共创”与“个性化定制”等特征（Prahalad and Ramaswamy，2004；Kao et al.，2016），本书称之为“大数据赋能的 C2B 个性化定制”。

基于此，本节从消费者的个性化偏好入手，借助红领集团 C2B 个性化定制模式创新案例，构建个性化产品与大众化产品的市场竞争博弈模型，分析大数据赋能的 C2B 个性化定制决策范式。研究结论可丰富和完善 C2B 个性化定制理论，对大数据环境下消费者与厂商的决策具有重要借鉴价值。

2.1.1 典型案例

红领集团是一家具有一定知名度的大型服装企业，主要生产高档西装、衬衣等产品。通过对传统 B2C 大众化制造模式的持续大数据智能化改造，消费者可实时提交自己的个性化需求，数字化参与产品的设计与制造。红领集团收集客户信息后能以工业化的效率完成产品个性化制造，从而高效衔接企业个性化产品制造能力与消费者个性化需求。最终，红领集团成功实现了大数据赋能的 C2B 个性化定制模式创新。

红领集团创立初期，主要采用OEM代工模式。随着竞争加剧与成本攀升，OEM代工模式的盈利空间越来越小。面对严酷的竞争环境，红领集团投入大量资金，持续不断实施制造模式创新的迭代试错，从OEM代工模式发展成传统B2C大众化制造模式，又从传统B2C大众化制造模式变革为大数据赋能的C2B个性化定制模式①。分析红领集团的案例可知，实施大数据赋能的C2B个性化定制模式创新，需要耗费较高的创新成本和迭代试错成本，创新时间较长、解决方案较为复杂。大量同类企业尚不具备大数据赋能的C2B个性化定制模式创新的实施条件，这部分企业仍将采用传统B2C大众化制造模式从事大众化产品制造。因此，个性化产品与大众化产品将长期共存于同一竞争市场。基于上述描述，可刻画出个性化产品与大众化产品的市场竞争模型，如图2-1所示。

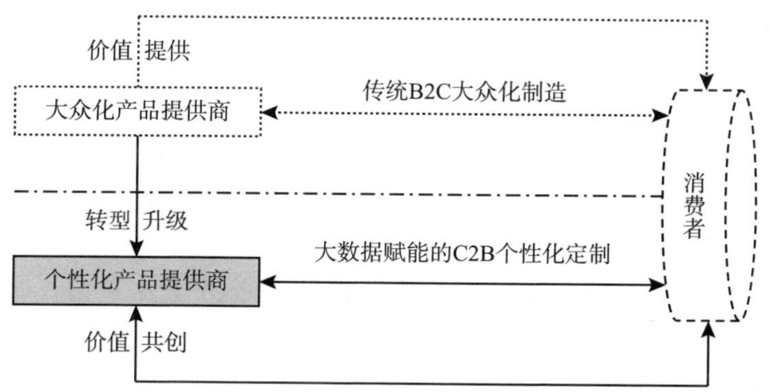

图2-1 个性化产品与大众化产品的市场竞争模型

在图2-1中，个性化产品提供商与大众化产品提供商互为竞争对手，消费者面临个性化产品与大众化产品两种选择；个性化产品与大众化产品能被个性化水平高低差异化，且个性化产品与大众化产品分别对应大数据赋能的C2B个性化定制、传统B2C大众化制造（高举红等，2018）；大数据赋能的C2B个性化定制采用价值共创策略，传统B2C大众化制造采用价值提供策略（吴瑶等，2017）。红领集团实施大数据赋能的C2B个性化定制模式创新的业绩如下：每天能生产2000套定制西装；减少了渠道，消灭了库存，总体成本只有成衣的一半；产品生产周期加快了8倍，由原来的3个月缩短至7天；销售收

① 孟炯，郭春霞．大数据赋能的C2B个性化定制决策范式［J］．创新科技，2021，21（8）：67-78.

入和净利润实现了150%的增长，纯利润率能达到30%①。

综上所述，在消费者个性化需求牵引下，红领集团实施大数据智能化改造，成功实现由传统B2C大众化制造向大数据赋能的C2B个性化定制转型升级。红领集团转型升级后，产品个性化水平、消费者满意度、产品市场需求、企业绩效等指标均获较大改善，极大提升了企业竞争力。

2.1.2 案例的博弈分析

1. 基本假设

产品个性化偏好是指消费者对厂商所提供产品的个性化水平带来价值的偏好，这一价值的高低决定着顾客让渡价值的大小（周礼南等，2019；刘静等，2020）。为便于分析，本节在图2-1的基础上有如下基本假设。

假设2-1：消费者对产品具有个性化偏好，这种偏好的高低取决于产品个性化水平带给消费者的价值的大小，决定着顾客让渡价值的大小。

假设2-2：每一位消费者都对个性化产品与大众化产品中的某一类产品有需求，消费者依据顾客让渡价值的大小在个性化产品与大众化产品中选择购买（王夏阳和张斌，2019）。

假设2-3：在大数据环境下，普通消费者可数字化参与厂商价值共创（肖静华等，2018）。

模型中涉及的参数设定如表2-1所示。

表2-1 模型涉及的参数及变量的定义

参数	定义
D	表示个性化产品提供商采用价值共创策略，实施大数据赋能的C2B个性化定制，向市场提供个性化水平相对高的个性化产品
A	表示大众化产品提供商采用价值提供策略，实施传统B2C大众化制造，向市场提供个性化水平相对低的大众化产品
I_j	表示单位产品个性化水平带给消费者的价值，j = D，A，$I_D > I_A$
P_j	表示单位产品售价，j = D，A

① 孟炯，郭春霞. 大数据赋能的C2B个性化定制决策范式［J］. 创新科技，2021，21（8）：67-78.

续表

参数	定义
C_j	表示单位产品的制造成本，$j=D$，A，$C_D>C_A$
$\prod_j$	表示厂商的期望收益，$j=D$，A
ε	表示消费者在个性化产品和大众化产品中选择购买的可变指示变量，$\varepsilon\in\{0,1\}$
ε^*	表示消费者在个性化产品和大众化产品中选择购买的乐观选择，$\varepsilon^*\in\{0,1\}$
κ	表示消费者个性化偏好
κ^*	表示消费者在个性化产品和大众化产品中选择购买的分界点
$\bar{\kappa}$	表示消费者个性化偏好上限
r	表示具有价值共创意愿，选择大数据赋能的 C2B 个性化定制模式定制个性化产品的消费者比例，$r>0$
$\bar{r}$	表示当个性化产品提供商与大众化产品提供商利润相等时，具有价值共创意愿，选择大数据赋能的 C2B 个性化定制模式定制个性化产品的消费者比例，$\bar{r}>0$
u	表示消费者购买产品的基本效用
t	表示消费者购买产品的总价值
$t_j(k)$	表示顾客让渡价值，$j=D$，A
$F(k)$	表示消费者的产品个性化偏好分布函数
S_j	表示厂商的市场份额，$j=D$，A

2. 产品竞争模型

本部分基于上述假设，构建与求解个性化产品与大众化产品的市场竞争博弈模型。消费者购买产品的总价值可表示为：

$$t=u+\kappa I \quad \kappa\in[0,\bar{\kappa}) \tag{2-1}$$

那么，顾客让渡价值可表示为：

$$t(\kappa)=u+\kappa I-P \tag{2-2}$$

在式（2－2）中，只要 $t(\kappa)>0$，消费者就购买产品。

在个性化产品与大众化产品中，消费者的选择购买行为可表示为：

$$t(\kappa,\varepsilon)=\varepsilon T_D(\kappa)+(1-\varepsilon)T_A(\kappa) \quad \varepsilon\in\{0,1\} \tag{2-3}$$

由式（2－3）可知：一方面，如果消费者选择定制个性化产品，那么消费者获得的顾客让渡价值可表示为：

$$t_D(\kappa)=u+\kappa I_D-P_D \tag{2-4}$$

另一方面，如果消费者选择购买大众化产品，那么消费者获得的顾客让渡价值可表示为：

$$t_A(\kappa) = u + \kappa I_A - P_A \tag{2-5}$$

将式（2-4）和式（2-5）代入式（2-3），可得：

$$t(\kappa, \varepsilon) = u + \varepsilon(\kappa I_A - P_A) + (1-\varepsilon)(\kappa I_A - P_A) \tag{2-6}$$

由式（2-6）可知，在个性化产品与大众化产品中，消费者将选择购买具有较大顾客让渡价值的产品。

进一步，令 $t_D(\kappa) = t_A(\kappa)$，那么 $\kappa I_A - P_A = \kappa I_D - P_D$，则 $\kappa(I_D - I_A) = P_D - P_A$。

因此，在个性化产品与大众化产品中，消费者选择购买的分界点为：

$$\kappa^* = \frac{P_D - P_A}{I_D - I_A} \tag{2-7}$$

令消费者群体为1，则消费者的产品个性化偏好的分布函数为：

$$F(\kappa) = 1 - r + \frac{r\kappa}{\bar{\kappa}},\ \kappa \in [0, \bar{\kappa}] \tag{2-8}$$

因此，个性化产品提供商的期望收益为：

$$\prod\nolimits_D = \int_{\kappa^*}^{\bar{\kappa}} (P_D - C_D)\mathrm{d}F(\kappa) = \frac{r(\bar{\kappa} - \kappa^*)(P_D - C_D)}{\bar{\kappa}} \tag{2-9}$$

大众化产品提供商的期望收益为：

$$\prod\nolimits_A = \int_0^{\kappa^*} (P_A - C_A)\mathrm{d}F(\kappa) = \frac{r\kappa^*(P_A - C_A)}{\bar{\kappa}} \tag{2-10}$$

为确保消费者购买产品，假设 $u - P_A > 0$。令 $\frac{\partial \prod_D}{\partial P_D} = 0$ 及 $\frac{\partial \prod_A}{\partial P_A} = 0$，并联立求解，求出单位个性化产品的均衡价格为：

$$P_D^* = \frac{1}{3}[2C_D + C_A + 2(I_D - I_A)\bar{\kappa}] \tag{2-11}$$

同理，求出单位大众化产品的均衡价格为：

$$P_A^* = \frac{1}{3}[C_D + 2C_A + (I_D - I_A)\bar{\kappa}] \tag{2-12}$$

将 P_D^* 和 P_A^* 代入式（2-7），可得消费者选择购买的均衡分界点为：

$$\kappa^* = \frac{1}{3}\left(\frac{C_D - C_A}{I_D - I_A} + \bar{\kappa}\right) \tag{2-13}$$

由于个性化产品能够较好地满足消费者的个性化需求，所以个性化产品的边际成本较高，故 $\kappa^* > 0$。

将式（2 – 11）和式（2 – 13）代入式（2 – 9），可得个性化产品提供商的均衡期望收益为：

$$\prod\nolimits_{D}^{*} = \frac{r[C_A - C_D + 2(I_D - I_A)\bar{\kappa}]^2}{9(I_D - I_A)\bar{\kappa}} \tag{2-14}$$

同理，将式（2 – 12）和式（2 – 13）代入式（2 – 10），可得大众化产品提供商的均衡期望收益为：

$$\prod\nolimits_{A}^{*} = \frac{r[C_D - C_A + (I_D - I_A)\bar{\kappa}]^2}{9(I_D - I_A)\bar{\kappa}} + \frac{1}{3}(1 - r)[C_D - C_A + (I_D - I_A)\bar{\kappa}] \tag{2-15}$$

3. 决策范式分析

本部分基于个性化产品与大众化产品市场竞争博弈模型的均衡解，分析大数据赋能的 C2B 个性化定制模式下消费者与厂商的决策范式。

（1）消费者的决策范式。

命题 2 – 1：当且仅当 $r > \bar{r}$，$\prod_{D}^{*} > \prod_{A}^{*}$。

证明：由式（2 – 14）可知，个性化产品提供商的均衡期望收益为：

$$\prod\nolimits_{D}^{*} = \frac{r[C_A - C_D + 2(I_D - I_A)\bar{\kappa}]^2}{9(I_D - I_A)\bar{\kappa}}$$

由式（2 – 15）可知，大众化产品提供商的均衡期望收益为：

$$\prod\nolimits_{A}^{*} = \frac{r[C_D - C_A + (I_D - I_A)\bar{\kappa}]^2}{9(I_D - I_A)\bar{\kappa}} + \frac{(1 - r)[C_D - C_A + (I_D - I_A)\bar{\kappa}]}{3}$$

令 $\prod_{D}^{*} = \prod_{A}^{*}$，则当两类厂商利润相等时，具有价值共创意愿、选择大数据赋能的 C2B 个性化定制模式定制个性化产品的消费者比例为：

$$\bar{r} = \frac{(I_D - I_A)\bar{\kappa} + C_D - C_A}{2(I_D - I_A)\bar{\kappa} - C_D + C_A} \tag{2-16}$$

因此，当且仅当 $r > \bar{r}$ 时，$\prod_{D}^{*} > \prod_{A}^{*}$ 证毕。

命题 2 – 1 显示：当 $r < \bar{r}$ 时，具有价值共创意愿、选择大数据赋能的 C2B 个性化定制模式定制个性化产品的消费者比例较小，个性化产品提供商的期望收益小于大众化产品提供商的期望收益；当 $r > \bar{r}$ 时，具有价值共创意愿、选择大数据赋能的 C2B 个性化定制模式定制个性化产品的消费者比例较大，个性化产品提供商的期望收益大于大众化产品提供商的期望收益。因此，具有价值共创意愿、选择大数据赋能的 C2B 个性化定制模式定制个性化产品的消费者比例，是个性化产品提供商能否获得较高期望收益的关键影响因素。

推论 2-1：当 $C_D - C_A < 2(I_D - I_A)\bar{\kappa}$ 时，S_D^* 随 r 增大而增大，S_A^* 随 r 的增大而减小。

证明：由于：

$$\frac{\partial S_D^*}{\partial r} = \frac{2(I_D - I_A)\bar{\kappa} + C_A - C_D}{3(I_D - I_A)\bar{\kappa}}$$

又因为：

$$\frac{\partial S_A^*}{\partial r} = \frac{C_D - C_A - 2(I_D - I_A)\bar{\kappa}}{3(I_D - I_A)\bar{\kappa}}$$

因此，当 $C_D - C_A < 2(I_D - I_A)\bar{\kappa}$ 时：$\frac{\partial S_D^*}{\partial r} > 0$，$S_D^*$ 随 r 增大而增大；$\frac{\partial S_A^*}{\partial r} < 0$，$S_A^*$ 随 r 的增大而减小。证毕。

推论 2-1 显示：个性化产品提供商要获得较大的市场份额，可从以下两个方面入手：提升具有价值共创意愿、选择大数据赋能的 C2B 个性化定制模式定制个性化产品的消费者比例；实施大数据赋能的 C2B 个性化定制模式创新，低成本、高效率地生产消费者需要的个性化产品。

综合分析命题 2-1 和推论 2-1 可知，消费者的购买决策可有效牵引厂商的制造模式创新决策，即个性化产品提供商要想获得较高的期望收益和较大的市场份额，必须以消费者购买决策为依据制定和实施相应的制造模式创新决策。由此可知，揭示大数据赋能的 C2B 个性化定制模式下消费者的决策范式，是本书首先需要解决的问题。

命题 2-2：若 $I_D - I_A$ 较大，那么 $t_D(\kappa) - t_A(\kappa)$ 恒为 κ 的线性增加函数。

证明：在个性化产品与大众化产品中，消费者将选择购买能给自己带来较大顾客让渡价值的产品，而顾客让渡价值 $t(\kappa) = t(\kappa, \varepsilon^*)$，则：

$$t_D(\kappa) = u + \kappa I_D - \frac{1}{3}[2(I_D - I_A)\bar{\kappa} + 2C_D + C_A],\ \kappa \in [\kappa^*, \bar{\kappa}] \tag{2-17}$$

$$t_A(\kappa) = u + \kappa I_A - \frac{1}{3}[(I_D - I_A)\bar{\kappa} + C_D + 2C_A],\ \kappa \in [0, \kappa^*) \tag{2-18}$$

令 $I_A = 0$，如果消费者选择购买大众化产品，那么消费者得到的顾客让渡价值为：

$$t_A(\kappa) = u - \frac{1}{3}(I_D\bar{\kappa} + C_D + 2C_A) \tag{2-19}$$

同理，如果消费者选择定制个性化产品，那么消费者得到的顾客让渡价值为：

$$t_D(\kappa) = u - \frac{1}{3}(2I_D\bar{\kappa} + 2C_D + C_A) + \kappa I_D,\ \kappa \in [\kappa^*, \bar{\kappa}] \tag{2-20}$$

那么，个性化产品和大众化产品带给消费者的顾客让渡价值差为：

$$t_D(\kappa)-t_A(\kappa)=\frac{1}{3}(C_A-C_D-I_D\bar{\kappa})+\kappa I_D,\ \kappa\in[\kappa^*,\ \bar{\kappa}] \quad (2-21)$$

因此，如果个性化产品和大众化产品间的个性化水平差异较大，那么个性化产品和大众化产品带给消费者的顾客让渡价值差会随消费者个性化偏好的增大而增大。证毕。

命题 2-2 表明：消费者个性化偏好决定了顾客让渡价值的大小，是消费者在个性化产品和大众化产品中选择购买的决策依据；为充分满足自身的个性化需求，获得较高的顾客让渡价值，随着个性化偏好的增大，消费者的占优决策是：选择大数据赋能的 C2B 个性化定制模式定制个性化产品，积极参与厂商价值共创。

综合分析命题 2-1、推论 2-1 和命题 2-2，可以得出消费者的决策范式：消费者个性化偏好是大数据赋能的 C2B 个性化定制的决策源点，消费者的购买决策可有效牵引厂商的制造模式创新决策；随着个性化偏好的增大，消费者选择大数据赋能的 C2B 个性化定制模式定制个性化产品，既能充分满足自身的个性化需求，获得较高的顾客让渡价值，又可有效牵引个性化产品提供商实施大数据赋能的 C2B 个性化定制模式创新。

因此，个性化产品提供商以消费者的个性化需求为源点驱动，实施制造模式创新，通过最大限度满足消费者的个性化需求来提升具有个性化定制意愿消费者的比例，可获取较高的期望收益和较大的市场份额，实现企业目标。

（2）厂商的决策范式。

本部分基于消费者决策牵引，分析厂商的决策范式。

命题 2-3：若 $I_D>I_A$，那么 $P_D^*\geqslant P_A^*$，且 P_D^* 和 P_A^* 均随 I_D-I_A 的增大而增加。

证明：在竞争中，随着 I_D-I_A 降低，个性化产品与大众化产品将展开价格战。

如果 $I_D\to I_A$，那么：

$$P_D^*-P_A^*=\frac{1}{3}[(I_D-I_A)\bar{\kappa}+C_D-C_A]=P_A-C_A\geqslant 0 \quad (2-22)$$

综合分析式（2-11）、式（2-12）与式（2-22）可知，$P_D^*-P_A^*$、P_D^* 和 P_A^* 均随着个性化产品与大众化产品的个性化差异 I_D-I_A 的增大而增加。证毕。

命题 2-3 表明：个性化产品提供商实施大数据赋能的 C2B 个性化定制模式创新，提高个性化产品与大众化产品的个性化差异，既能提升个性化产品与大众化产品的均衡价格，又能提升个性化产品的价格优势。

命题2－4：若 $C_D - C_A$ 较小，S_D^* 随 $I_D - I_A$ 的增大而增大，S_A^* 随 $I_D - I_A$ 的增大而增大减小。

证明：个性化产品提供商的市场份额为：

$$S_D^* = \frac{r}{3}\left[2 - \frac{(C_D - C_A)}{(I_D - I_A)\bar{\kappa}}\right] \tag{2-23}$$

由式（2－23）可知，S_D^* 随 $I_D - I_A$ 的增大而增大。

同理，大众化产品提供商的市场份额为：

$$S_A^* = \frac{r}{3}\left[1 + \frac{(C_D - C_A)}{(I_D - I_A)\bar{\kappa}}\right] - r + 1 \tag{2-24}$$

由式（2－24）可知，S_A^* 随 $I_D - I_A$ 增大而减小。证毕。

命题2－4显示：当个性化产品与大众化产品间的个性化差异 $I_D - I_A$ 较小时，消费者更愿意选择购买大众化产品，这时大众化产品提供商的市场份额大于个性化产品提供商的市场份额；当个性化产品与大众化产品间的个性化差异 $I_D - I_A$ 较大时，消费者更愿意选择定制个性化产品，这时个性化产品提供商的市场份额大于大众化产品提供商的市场份额。因此，个性化产品提供商实施大数据赋能的C2B个性化定制模式创新，提高个性化产品与大众化产品的个性化差异，可扩大个性化产品的市场份额。

命题2－5：若 $C_D - C_A$ 较小，$\prod_D^*$ 与 $\prod_A^*$ 均为 $I_D - I_A$ 的增函数。

证明：由于：

$$\frac{\partial \prod_D^*}{\partial I_D} = \frac{[2(I_D - I_A)\bar{\kappa} - C_D + C_A][2(I_D - I_A)\bar{\kappa} + C_D - C_A]r}{9(I_D - I_A)^2\bar{\kappa}}$$

当 $C_D < 2(I_D - I_A)\bar{\kappa} + C_A$ 时，上式为正；

$$\frac{\partial \prod_A^*}{\partial I_A} = \frac{[(I_D - I_A)\bar{\kappa} + C_D - C_A][C_D - C_A - (I_D - I_A)\bar{\kappa}]r}{9(I_D - I_A)^2\bar{\kappa}} - \frac{(1-r)\bar{\kappa}}{3}$$

当 $C_D > C_A - (I_D - I_A)\left[\frac{4-3}{r}\right]^{\frac{1}{2}}\bar{\kappa}$ 时，上式为负。

因此，若 $C_D - C_A$ 较小，$\prod_D^*$ 随 I_D 增大而增大，$\prod_A^*$ 随 I_A 增大而减小，$\prod_D^*$ 与 $\prod_A^*$ 均为 $I_D - I_A$ 的增函数。证毕。

命题2－5表明：个性化产品提供商实施大数据赋能的C2B个性化定制模式创新，提高个性化产品与大众化产品的个性化差异，既能提升个性化产品的竞争优势，又能改善整个产品竞争系统的获利能力。

综合分析命题 2 - 3、命题 2 - 4 和命题 2 - 5，可以得出厂商的决策范式：个性化产品提供商实施大数据赋能的 C2B 个性化定制模式创新，提高个性化产品与大众化产品的个性化差异，既可提升消费者的支付意愿，获取竞争优势，又能实现整个产品竞争系统的帕累托改进。

综上所述，随着大数据智能化技术的发展和价值共创理论的提出，消费者可自由参与产品设计和制造，厂商也可有效整合消费者的创新知识和解决方案，这将促进个性化定制行业的快速发展。本书在考虑个性化产品与大众化产品处于竞争状态的条件下，从消费者个性化偏好入手，借助红领集团 C2B 个性化定制模式创新案例的博弈分析，研究大数据赋能的 C2B 个性化定制决策范式。研究结论明确了消费者个性化偏好是大数据赋能的 C2B 个性化定制的决策源点，指出了消费者的购买决策对厂商制造模式创新决策的牵引特性，给出了大数据赋能的 C2B 个性化定制模式下的消费者决策范式，提出了消费者决策牵引下的个性化产品提供商决策范式。研究结论丰富和完善了个性化定制理论，可为大数据环境下消费者与厂商的决策提供重要参考。特别地，本书针对中国现实案例进行博弈分析后得出研究结论，对我国传统制造企业向大数据、智能化与个性化转型升级具有现实指导意义。主要研究结论可具体表述为如下三个方面。

首先，消费者个性化偏好是大数据赋能的 C2B 个性化定制的决策源点。这一研究结论与现有研究的观点是一致的，即在大数据赋能的 C2B 个性化定制模式中消费者处于主导地位，具有充分的自主决策权，是价值共创的核心，厂商决策应以源点需求来驱动、整合和协同价值链资源，通过达成源点需求来实现决策目标。当厂商实施以消费者为中心的 C2B 个性化定制模式创新时，这一观点能够提供有力的理论支撑。

其次，随着个性化偏好的增大，消费者选择定制个性化产品，既能充分满足自身的个性化需求，获得较高的顾客让渡价值，又可有效牵引厂商实施大数据赋能的 C2B 个性化定制模式创新。这一研究结论既揭示了大数据赋能的 C2B 个性化定制模式下的消费者决策范式，又揭示了大数据赋能的 C2B 个性化定制模式下消费者决策对厂商决策的牵引特征，是对现有研究观点的深化和完善。这一研究结论可为消费者面对传统 B2C 大众化制造与大数据赋能的 C2B 个性化定制两种选择时提供可靠的决策参考。

最后，个性化产品提供商实施大数据赋能的 C2B 个性化定制模式创新、提升个性化产品与大众化产品的个性化差异，既可提高消费者的支付意愿、获取竞争优势，又能实现整个产品竞争系统的帕累托改进。这一研究结论既给出了大数据赋能的 C2B 个性化定制模式下个性化产品提供商的决策范式，又揭示了厂商实施 C2B 个性化定制模式创新对于整个产品竞争系统的帕累托改进作用，是对现有研究的进一步延伸。这一研究结论可为厂商由传统 B2C 大众化制造向大数据赋能的 C2B 个性化定制转型升级提供决策借鉴。

在这部分，本书洞察了企业向大数据赋能 C2B 个性化定制转型的战略动机，为接下来探索 C2B 个性化定制价值共创的大数据赋能机制创新奠定了基础。

2.2 C2B 个性化定制价值共创的大数据赋能机制创新

在前一节，本书洞察了企业向大数据赋能 C2B 个性化定制转型的战略动机，在这部分本书将进一步深入探索 C2B 个性化定制价值共创的大数据赋能机制创新。

党的十九大报告指出要加快建设制造强国，加快发展先进制造业，推动互联网、大数据、人工智能和实体经济深度融合。尚品宅配响应了这一号召，利用大数据成功转型为 C2B 个性化定制模式（森德勒，2014）。C2B 个性化定制能够平衡供需，充分吸收和整合消费者的知识和能力（王飞跃，2012），获取竞争优势（孟炯，2019）。但是，成功实现 C2B 个性化定制转型的企业非常少见，原因在于：第一，价值共创是 C2B 个性化定制模式下企业向用户提供个性化产品、充分满足用户个性化需求、获取独特竞争优势的核心逻辑，但 C2B 个性化定制价值共创实现过程尚不明确（Salvador et al.，2009）；第二，传统制造企业从价值提供向价值共创的转变，实际是应对环境的一种变化，动态能力是企业适应这一变化的能力基础，但尚未探明在动态变化的环境中，需要构建何种动态能力来促进 C2B 个性化定制价值共创（Thirumalai and Senthilkumar，2017）；第三，大数据是制造企业构建动态能力、实现 C2B 个性化定制价值共创的技术支撑，但大数据赋予 C2B 个性化定制价值共创动态能力的内在机理尚未揭示（吴瑶等，2017）。因此，迫切需要研究大数据赋能的 C2B 个性化定制价值共创机制创新，为大数据背景下制造企业实施 C2B 个性化定制模式创新提供指导。本书采用单案例研究方法，将大数据、动态能力和价值共创纳入统一框架，研究 C2B 个性化定制价值共创的大数据赋能机制创新。

2.2.1　研究设计

1. 研究方法

本书采用探索性单案例研究方法，原因体现在：第一，本书研究的目的在于探索大数据如何赋能 C2B 个性化定制价值共创，这一问题属于“HOW”类问题，适合采用探索性单案例研究方法（毛基业和李高勇，2014）；第二，本书需要对大数据赋能 C2B 个性化定制价值共创的过程进行剖析，而案例研究方法在展示动态过程方面具有优势，能深入揭示过程变化特征，归纳和总结实现路径（潘绵臻和毛基业，2009）。

2. 案例选择

基于案例研究的典型性、适配性和数据可得性原则（Eisenhardt and Graebner，2007），本书选取尚品宅配作为研究案例，具体原因为：第一，在家具业同质化生产的情况下，尚品宅配借助大数据实现 C2B 个性化定制，充分满足消费者个性化需求，多年来的营业收入持续增长；第二，尚品宅配从产品设计、订单管理到产品生产各环节界定清晰，符合本书以流程分环节的探索模式；第三，由于尚品宅配属于行业领头羊，被众多研究者作为研究对象，有较为丰富的可供查询的文献资料。

1994 年，尚品宅配成立初期为圆方软件，主要从事机械制图相关软件制作业务，在探索出中国第一个家居设计软件后，开始向家居行业提供信息化设计整体解决方案服务。在此基础上，尚品宅配于 2006 年开始谋划向全屋板式家具的 C2B 个性化定制转型。为满足消费者个性化需求，实现价值共创，尚品宅配借助大数据、互联网和云计算，将房型库、产品库、设计方案库整合到大数据库。2017 年，尚品宅配开始打造 C2B 个性化定制生态圈，通过“新居网”“维意定制”等互联网平台的建立以及生产车间的数据化改造，将用户和企业置于同一大数据共享网络，利用大数据赋能，驱动用户和企业实现从个性化产品设计到个性化产品生产全流程的价值共创，充分满足了用户的个性化需求，提升了企业收益，实现了用户和企业的双赢①。

尚品宅配在传统家具行业风向下行的环境下，通过向大数据赋能 C2B 个

① 孟炯，王潇，杜明月．大数据赋能的 C2B 个性化定制价值共创机制创新［J］．科技管理研究，2022，42（20）：180－188.

性化定制模式转型升级，驱动 C2B 个性化定制价值共创，实现了连续多年的价值增值，在 2019 年年度报告中，尚品宅配的营业收入为 72.6 亿元，同比增长 9.26%①。

3. 数据收集与分析

本书依据以下原则进行资料收集（Yin，2009）：第一，采用多种数据来源，以便不同途径获取的资料相互印证，形成三角证据；第二，依据本书所要解决的问题收集资料数据，形成证据链；第三，为便于随时查取数据，建立案例研究数据库；第四，针对二手资料制定编码原则。在本书的数据收集中，重点是收集一手资料，为收集到完整有效的一手资料，本书的研究团队进行了以下调研。第一，对尚品宅配不同职能部门员工和高管进行半结构化访谈。2020 年 6 月至 2022 年 3 月，研究团队对尚品宅配各层级员工进行多次访谈。每次访谈时，研究团队人员先依据研究问题准备好访谈提纲，由一名经验丰富的研究人员进行提问，中间问题随访谈的深度而灵活转变，另选一人负责记录录音，一人负责核心要点速记，之后相关研究人员会聆听录音，对比现有文献进行深入讨论，梳理概念；在访谈结束后，记录被访者的联系方式，以备询问在概念梳理中可能出现的相关问题。第二，对尚品宅配进行实地考察。2021 年 10 月，研究团队去广州进行了实地调查，分为 3 个小组分别采访调研了尚品宅配天河区体验店、佛山维尚智能制造厂和公司总部。第三，实验性测量，体验如 CAD（管理软件计算机辅助设计）打板、扫二维码分拣、装运货物等 C2B 个性化定制流程，在体验结束后与测量不同定制流程的研究者进行综合研讨并提炼核心构念。

另外，研究团队收集了大量有关二手资料。第一，中国知网数据库中正式发表的尚品宅配相关文献（编码为 S1）；第二，企业官网、官方微博、微信公众号发布的信息（编码为 S2）；第三，企业招股说明书、年度财务报表等（编码为 S3）。在数据收集结束后，研究团队将案例企业一手资料和二手资料进行整合，形成完整证据链，并通过三角验证避免印象管理和回溯性偏差，以保证资料收集的信度和效度。访谈对象的详细描述性统计如表 2－2 所示。

---

① 广州尚品宅配家居股份有限公司．尚品宅配：2019 年年度报告［R］．广州：广州尚品宅配家居股份有限公司，2020.

表 2－2　访谈对象描述性统计

访谈部门	受访者职位及编码	访谈内容	人数	人次	时间
高层管理者	董事长（SA1）（2*） 首席财务官（CFO）（SA2） 电商部副总经理 A（SA3） 电商部副总经理 B（SA4）	战略定位 竞争优势 商业模式 企业发展历程	4	5	220 分钟
中层管理者	信息技术（IT）员工（SB1） 车间主任（SB2）（2*） 大数据分析师（SB3） 产品企划部经理（SB4） 产品小组选款师（SB5） 产品小组设计师（SB6）（2*）	生产决策模式 产品生产流程 大数据相关技术 产品营销策略 大数据选品规则 数据化定制设计流程	6	8	150 分钟
一线员工	采购部员工（SC1） CAD 打板师（SC2） 一线生产员工（SC3） 体验店销售顾问（SC4） 人工智能（AI） 终端监测员（SC5）（2*）	用户反馈问题 产品物流流程 实体店销售情况 与用户互动过程 智能设备实操方法	5	6	170 分钟

注：* 表示对同一受访者的访谈总次数，未标记的表示访谈 1 次。

2.2.2 研究发现

1. 产品设计环节

（1）产品大数据资源积淀。资源积淀是指企业以实现资源要素从无到有、从有到优为目标，通过一定时间、经历和手段积累并沉淀目标资源。在产品设计环节中，产品大数据由企业（B 端）方案大数据与用户（C 端）需求大数据交互构成。尚品宅配通过不断积累并沉淀企业（B 端）方案大数据与用户（C 端）需求大数据，积淀了产品大数据资源。第一，积累用户（C 端）需求大数据。自 2008 年起，尚品宅配相继构建“新居网”和“维意定制”等交易平台，用户借助这些平台可自主搜索、对比、选择所需产品并完成下单，企业也可积累大量用户需求大数据。第二，积累企业（B 端）方案大数据。从 2009 年开始，尚品宅配相继入驻淘宝等电商平台，并与这些电商平台建立大数据分享合作关系，这便于尚品宅配获取大量方案大数据。利用多方平台的持续累积，尚品宅配建成了具有自主知识产权的方案大数据库①。第三，沉淀产

① 广州尚品宅配家居股份有限公司．尚品宅配：2020 年年度报告［R］．广州：广州尚品宅配家居股份有限公司，2021.

品大数据。企业（B端）方案大数据与用户（C端）需求大数据交互构成产品大数据。为确保产品大数据资源的可靠性和高质量，尚品宅配不断积累产品大数据，同时持续对陈旧或重复的产品大数据进行迭代。积淀产品大数据资源，为促进C2B数据交互动态能力构建，驱动C2B产品设计价值共创提供了支撑。产品设计环节证据援引如表2-3所示。

表2-3 产品设计环节证据援引

维度	构念	典型证据援引
产品大数据资源积淀	需求大数据积累	积累用户在C2B个性化定制平台购买产品时留下的账户信息或交易评价，有助于企业预测用户需求。(SC2) 积累用户和产品设计人员沟通产品设计方案时所产生的沟通交流信息，为企业理解用户个性化需求奠定了基础。(SC4) 线下观察不同用户住房结构，提炼出用户对不同住房结构的个性化差异需求。(SC1)
	方案大数据积累	通过与不同平台建立合作关系，持续积累全球不同的房户结构。(SA2) 持续积累不同平台针对用户个性化需求所制定的设计方案。(SA1) 积累不同用户结构以及对应设计方案，从而建立产品方案大数据库，至今已覆盖95%不同层次的用户需求。(SC1)
	产品大数据沉淀	用户端需求大数据和企业端方案大数据的组合便形成了产品大数据。(SC1) 初始积累的产品大数据是分散的，需要通过大数据技术进行分析、归类。(SB1) 在持续积累产品大数据的同时，不断迭代原有陈旧或重复的产品大数据资源，可保证产品大数据资源的高质量和可靠性。(SC4)
C2B供需对接动态能力	C2B需求精准传述	基于积累、沉淀的产品大数据资源，设计出上万种可视化产品零部件基样。(SC3) 在产品设计交互平台上，用户可根据自身需求自主拼接产品零部件基样，模拟设计个性化产品。(SA1) 用户自主模拟设计的个性化方案，将以数据化的形式向产品设计人员精准传递个性化需求。(SC1)
	C2B需求精准解读	根据产品大数据，提炼出用户描述产品的常用术语，借此实现非标准化术语向标准化术语的转换。(SB1) 产品设计师通过事先制定的产品描述标准化术语理解用户需求，消除了以前因专业知识差异造成的“鸡同鸭讲”的尴尬。(SB6) 用户抽象化描述的个性化需求信息被大数据转化为可视化的图形，便于产品设计师精准理解不同用户的个性化需求。(SA1)
C2B个性化定制价值形成	个性化需求定位	供需对接动态能力的形成令用户能够真实反映自身对产品的个性化需求。(SB5) 用户在模拟设计个性化产品过程中能够充分探索自身需求，从而促进用户对其个性化需求的定位。(SB6)

续表

维度	构念	典型证据援引
C2B 个性化定制价值形成	个性化方案制定	供需对接动态能力的形成令企业能够精准解读用户关于产品的个性化需求。(SB5) 用户精准描述个性化需求与企业房型库进行匹配，利于企业对个性化方案的制定。(SA1)

(2) C2B 供需对接动态能力的大数据赋予。在用户端个性化需求传述方面，在传统制造模式中，用户囿于专业知识的不足，通常难以向企业产品设计人员标准化传述个性化需求，针对这一难题，尚品宅配基于积淀的产品大数据资源设计出上万种产品零部件基样，内置于产品设计交互平台，用户可在该平台根据自身需求自主拼接产品零部件基样，模拟设计出契合其需求的个性化产品。自主拼接的设计方式令用户不需要专业知识也能够通过拼接成品向企业产品设计人员准确传述个性化需求，在这一过程中，产品大数据资源沉淀促进了用户端的 C2B 需求精准传述。在企业端个性化需求解读方面，在传统制造模式中，企业产品设计人员通常会因用户的非标准化表述不能准确理解用户的个性化需求，进一步也难以设计出契合用户需求的个性化产品，而产品大数据资源积淀为这一难题的解决提供了可能。基于产品大数据资源积淀，用户能够以可视化视图的形式向企业产品设计人员传述个性化需求；根据可视化视图，产品设计人员能够更直观地理解用户所需，进一步将用户初始提交的家具产品设计方案与房型库进行匹配，便可制定出契合用户个性化需求、满足落地条件的家具设计方案。在这一过程中，产品大数据资源沉淀促进了企业端的 C2B 需求精准解读，最终推动企业形成 C2B 供需对接动态能力。

(3) C2B 个性定制价值形成。在产品设计环节，尚品宅配通过积累用户端需求大数据和企业端方案大数据，完成了产品大数据资源积淀。产品大数据资源积淀可促进企业对用户个性化需求进行精准解读，赋予企业 C2B 供需对接动态能力；C2B 供需对接动态能力的形成使用户可以真实反映自身对产品个性化需求，也能够让企业准确解读用户个性化需求，从而制定契合用户需求的个性化产品设计方案。C2B 供需对接动态能力推动企业个性化产品设计方案与用户个性化产品设计需求的匹配，精准引导用户个性化需求定位和企业个性化方案制定。C2B 供需对接动态能力驱动了 C2B 个性化定制价值形成。综上所述，C2B 产品设计价值共创的大数据赋能机制创新模型如图 2－2 所示。

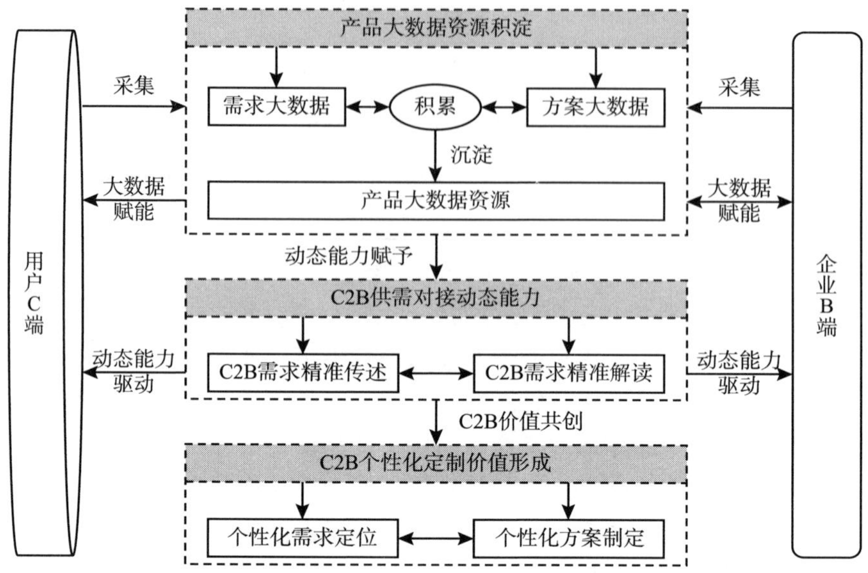

图 2-2　C2B 产品设计价值共创的大数据赋能机制创新模型

2. 订单控制环节

（1）订单大数据资源联结。相互关联的资源进行联结，便于资源共享、共振。尚品宅配通过订单大数据平台搭建、订单大数据节点建立以及订单大数据资源贯通，实现了订单大数据资源联结。第一，订单大数据平台搭建。为提升订单处理效率，尚品宅配成立了订单大数据平台，将前端用户在线上平台和线下实体店签约的订单数据输入订单大数据平台，进行统一的订单分配处理；将后端企业的物料状况、生产进度和订单交货期限等大数据输入订单大数据平台，为订单分配提供数据支撑。第二，订单大数据节点建立。订单大数据节点主要分为前端用户订单大数据节点和后端企业订单大数据节点，前端用户订单大数据节点主要为用户提供订单状态查询和订单需求反馈等服务，后端企业订单大数据节点主要为企业提供订单状态反馈和订单接收服务。第三，订单大数据资源贯通。应用互联网，尚品宅配实现了用户端订单大数据节点到订单大数据平台的互联，用户可实时通过订单大数据平台查询订单状态大数据，反馈订单意见；应用物联网，尚品宅配实现了企业端订单大数据节点到订单大数据平台的互联，企业端可实时向订单大数据平台反馈订单状态、接收订单需求大数据。订单大数据资源联结为促进企业 C2B 资源协奏动态能力的构建和驱动 C2B 个性化定制价值传递奠定了基础。订单控制环节证据援引如表 2-4 所示。

表 2-4 订单控制环节证据援引

维度	构念	典型证据援引
订单大数据资源联结	订单大数据平台搭建	尚品宅配成立订单大数据平台，实时收集全国各地用户和企业传递的订单大数据。(SB1) 订单大数据平台的搭建，助力尚品宅配将前端用户在线上平台和线下实体店签约的订单转化为大数据的形式进行统一的订单分配处理。(SB2) 在订单大数据平台的帮助下，用户的订单信息和订单交货期限以及企业现有生产物料的存量和分布情况都以数据的形式输入了订单大数据平台信息系统，通过强大的数据分析就可以合理地安排生产计划和生产进度。(SC1)
	订单大数据节点建立	在用户前端和企业后端分别建立订单大数据节点，方便两端输入和输出订单大数据。(SB4) 用户前端大数据节点建立主要是为了服务用户，方便用户在需要的时候查询订单状态，获知订单处理进度，这样节约了客服的资源。(SB1) 企业后端大数据节点建立是为了有效对接用户需求。在定制环节中，只要出现任何情况更新，大数据节点就会将信息及时更新到用户的订单状态。(S2)
	订单大数据资源贯通	应用互联网技术连接前端用户和订单大数据平台，贯通用户和订单大数据平台的信息交互渠道。(SC2) 应用物联网连接后端企业和订单大数据平台，贯通企业和订单大数据平台的信息交互渠道。(SC1) 前端用户互联网和后端企业物联网的建立，最终实现订单大数据资源的贯通。(SA2)
C2B 资源协奏动态能力	C2B 需求实时反馈	用户能够通过网络终端随时随地查询订单信息。(SB1) 订单大数据所具有的可视化属性有利于用户对订单信息的快速理解，从而迅速反馈关于个性化产品的建议。(SC1) 用户对订单的可获取和可利用，帮助用户及时发现并反馈问题，反馈信息以大数据的形式在互联网和物联网中实时流动。(SC2)
	C2B 需求实时协调	订单大数据资源联结，帮助尚品宅配从全局上把握资源配置情况，实时协调订单流向。(SB6) 大数据在网链中快速流动，产品订单创建与产品订单分配几乎同时进行。(SA2) 订单大数据在各定制环节中的实时流转，保证用户的需求准确快速传输，同时用户需求变动的及时传递和受理也能保证用户需求的实时协调。(SB1)
C2B 个性化定制价值传递	个性化需求分配	通过联结前端用户的个性化订单需求大数据和后端企业的个性化订单状态大数据，使用户个性化需求能够合理分配到制造工厂，并按时保质地实现用户个性化需求。(SB3)

续表

维度	构念	典型证据援引
C2B 个性化定制价值传递	个性化方案分享	个性化方案将会附着个性化订单一起传输到制造工厂，从而指导制造工厂的快速生产。(S1) 根据个性化订单，供应商可以提前准备原材料，保障生产不间断进行。(S2)

(2) C2B 资源协奏动态能力的大数据赋予。在用户端需求实时反馈方面，传统商业模式中用户通常仅能被动接收订单信息，难以及时向企业传达关于订单状态的反馈意见，反馈意见的滞后导致企业难以及时应对用户的需求变动，进而影响 C2B 个性化定制的实现。尚品宅配通过订单大数据资源联结，将用户关联进订单大数据链，通过订单大数据平台以可视化图表的形式向用户展示订单信息，用户根据简明易懂的图表能够及时发现订单与自身个性化需求的不符之处，进一步通过订单大数据平台以数据的形式实时向大数据节点企业反馈对订单的调整意见。这一过程促进了用户端的 C2B 需求实时反馈。在企业端需求实时协调方面，通过协调不同用户的个性化需求，将不同订单有计划地配置到后端制造工厂是高效推动 C2B 个性化定制的重要基础。用户个性化需求所具有的多样化、动态化特征会加剧订单配置的协调难度，阻碍 C2B 个性化定制高效生产的实现。尚品宅配通过订单大数据资源联结，一方面，将不同大数据节点企业的物料状况、生产进度和订单交货期限等大数据整合到订单大数据平台，由订单大数据平台统一协调订单去向，化解了用户个性化需求订单分配重复和不合理的问题；另一方面，缩短了订单大数据节点企业与用户之间的沟通距离，形成了直面用户个性化需求的大数据沟通网络，推动节点企业对用户数据化反馈需求的实时协调。这一过程促进了企业端的 C2B 需求实时协调，最终推动企业形成 C2B 资源协奏动态能力。

(3) C2B 个性化定制价值传递。在订单控制环节，尚品宅配通过订单大数据平台搭建、订单大数据节点建立以及订单大数据资源贯通实现了订单大数据资源联结。订单大数据资源联结可促进企业对用户个性化需求的实时协调，赋予企业 C2B 资源协奏动态能力。C2B 资源协奏动态能力的形成使用户个性化需求能够合理分配到制造工厂，同时企业的个性化方案也附着用户个性化需求分享到对应制造工厂，以指导制造工厂的排产，为按时、保质实现用户个性化需求提供保障。用户个性化需求的分配和企业个性化方案的分享驱动了用户个性化需求和企业个性化方案的传递，即 C2B 个性化定制价值传递。

综上所述，C2B 订单控制价值共创的大数据赋能机制创新模型如图 2 - 3 所示。

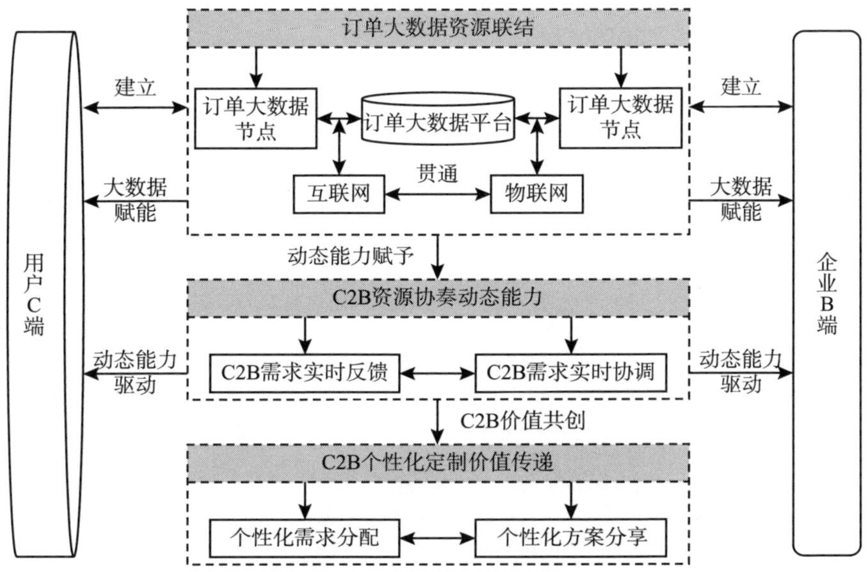

图 2 - 3　C2B 订单控制价值共创的大数据赋能机制创新模型

3. 拆单排产环节

（1）生产大数据资源聚合。资源聚合指企业根据现实需求，聚集不同来源、不同内容、不同层次的资源，实现资源互补，形成能够有效支撑目标实现的力量。在拆单排产环节，用户端订单大数据、供应商端供应大数据和企业端制造大数据是推动 C2B 个性化定制拆单排产的生产大数据资源基础。尚品宅配通过建立订单控制系统、搭建供应共享平台和安装智能传感设备，促进了生产大数据资源聚合。第一，对于用户端订单大数据。尚品宅配利用互联网技术建立了专属的产品订单控制系统，将公司产品设计部门与产品生产部门接入统一生产大数据网络，实现订单数据的实时传输。第二，对于供应商端的供应大数据，在传统商业模式下，供应链上下游合作伙伴往往将共享销售、原材料大数据视为一种零和博弈（文悦等，2019），而尚品宅配通过资金支持、销售分成、风险共担等激励政策推进了供应链上下游的协同合作，并在此基础上建立了供应共享平台，以及时获取供应商端所提供的供应大数据。第三，对于企业端制造大数据，运用射频识别（radio frequency identification，RFID）技术，尚品宅配可通过智能传感器便捷获取企业生产车间中设备的使用时间、振动程度、车间温度和湿度等制造大数据（Zhong et al.，2016）。生产大数据资源聚合为促进企业 C2B 协同制造动态能力的构建和驱动 C2B 价值实现提供了核心支撑。拆单排产环节证据援引如表 2－5 所示。

表 2－5　　拆单排产环节证据援引

维度	构念	典型证据援引
生产大数据资源聚合	订单控制系统建立	通过建立专属订单控制系统，企业能实时采集全国不同研发部门传输的订单大数据。（SB1） 生产大数据资源聚合的前提是订单控制系统中的订单大数据能够及时传递到生产环节，只有在订单大数据的指导下，才能确保所生产产品符合用户的预期，并且能够在交货期限之前生产完成，交付配送。（SC2） 订单控制系统不仅要完成全国各地不同研发部门传输的订单大数据的集合，而且需要分析订单的同质性和异质性，为生产环节节省成本。（SC2）
	供应共享平台搭建	通过资金支持、销售分成、风险共担等激励政策推进供应链上下游的协同合作。（SB1） 基于与供应链上下游建立的大数据分享合作关系，搭建供应共享平台，将不同行业大数据资源汇聚在一起。（SB4） 供应共享平台的搭建令生产部门可及时了解上游原材料供给数据以及下游销售数据。（SB4）
	智能传感设备安装	运用 RFID 技术，生产一线人员能及时获悉企业生产车间的设备状态，如设备使用时间、车间温度、振动程度等。（SC1） 云端的 CPS 系统可以实时链接供应链的数据，从而随时掌握供应商的物料供给情况和原材料储备情况。（S2） 可以通过 CPS 系统随时看到车间的生产情况，原材料和零部件有没有实时供给、生产节奏如何，这些都可通过系统直接看到，方便掌握生产情况。（SC2）
C2B 协同制造动态能力	需求并行传递	只要用户一下单，订单信息都会通过产品订单控制中心实时传到生产车间，比如产品颜色等要求都存进了 RFID 标签卡，流水线上只要一扫描，就全都能看见。（SB2） 订单大数据中的用户订单信息会同时到达企业的智能工厂和供应商端，两边相应的数据处理人员能够第一时间处理订单数据，实时传递和对接智能工厂和供应商物料信息，为需求并行响应打下良好基础。（SB2）
	需求并行响应	将用户的个性化需求解构为不同生产模块，并准确地接入相对应的生产线，可实现个性化产品的模块化生产。（SB1） 通过将用户订单、设备状态、生产能力和供应链库存等数据输入 CPS 系统，就可以迅速生成相关生产计划，并且可以通过不同大数据算法保证生产路径和生产成本最优。（SB3） 结合物料状况、生产进度和产品订单交货期限，企业可及时调节生产资源配置计划，避免不必要的生产中断，保证并行排产的进行。（SB1）

续表

维度	构念	典型证据援引
C2B 个性化定制价值实现	个性化需求满足	协同制造动态能力的形成极大提升了制造工厂的生产柔性，实现了效率与质量的统一，充分满足了用户的个性化需求（SC5）。 在标准化零部件完成后，尚品宅配数据化进行标准化部件的个性化协同加总，加快了个性化产品生产速度。（SC2）
	个性化方案落地	协同制造动态能力推动企业动态调整生产计划，尽可能地减少时间、材料和能源的浪费，以更智能的方式输出产品设计环节制定的个性化方案。（SC3）

（2）C2B 协同制造动态能力的大数据赋予。在用户端（C 端）需求并行传递方面，对用户的产品需求进行标准化解构、并行传递至事前规定的模块化生产线，是推动产品大规模批量生产的前提。但是，在 C2B 个性化定制模式中，不同用户对产品具有个性化需求，传统制造企业的有限模块化生产线无法并行接入不同用户的个性化需求。为化解这一难题，尚品宅配持续采集订单大数据，积累海量用户个性化需求，并对其进行个性化解构和同质化聚类，实现了对不同用户个性化需求的同质化解构。基于此，尚品宅配聚合后端供应大数据和制造大数据打造出并排式动态模块化生产线，从而实现模块化生产线对相似用户个性化需求的并行对接。这一过程促进了用户端的 C2B 需求并行传递。在企业端（B 端）需求并行响应方面，个性化定制产品并行排产所具有的复杂化和非标准化特征会引发资源协调困难，导致企业难以快速对前端用户传递的个性化需求作出并行响应，而生产大数据资源聚合则缓解了个性化定制产品并行排产带来的资源协调困难，促进了尚品宅配对用户个性化需求的并行响应。尚品宅配针对不同模块化生产线安装有大量的智能传感设备，智能传感设备所采集的制造大数据能够帮助尚品宅配追踪每一件个性化产品零部件的生产加工情况；进一步结合前端订单大数据和供应大数据，尚品宅配可及时为每一件个性化产品零部件切换相对应的生产资源配置计划，促进其对用户个性化需求的并行响应。这一过程促进了企业端的 C2B 需求并行响应，最终推动企业形成 C2B 协同制造动态能力。

（3）C2B 个性化定制价值实现。在拆单排产环节，尚品宅配通过建立订单控制系统、搭建供应共享平台和安装智能传感设备，促进了生产大数据资源聚合。生产大数据资源聚合可推动企业对用户个性化需求的并行响应，赋予企业 C2B 协同制造动态能力。C2B 协同制造动态能力的形成强化了企业的生产柔性和敏捷性，使复杂个性化产品的高效生产成为现实。个性化产品的成功产出令用户个性化需求得到充分满足，也让企业个性化方案成功落地，驱动了用户个性化需求和企业个性化方案的实现，即 C2B 个性化定制价值实现。

综上所述，C2B 拆单排产价值共创的大数据赋能机制创新模型如图 2－4 所示。

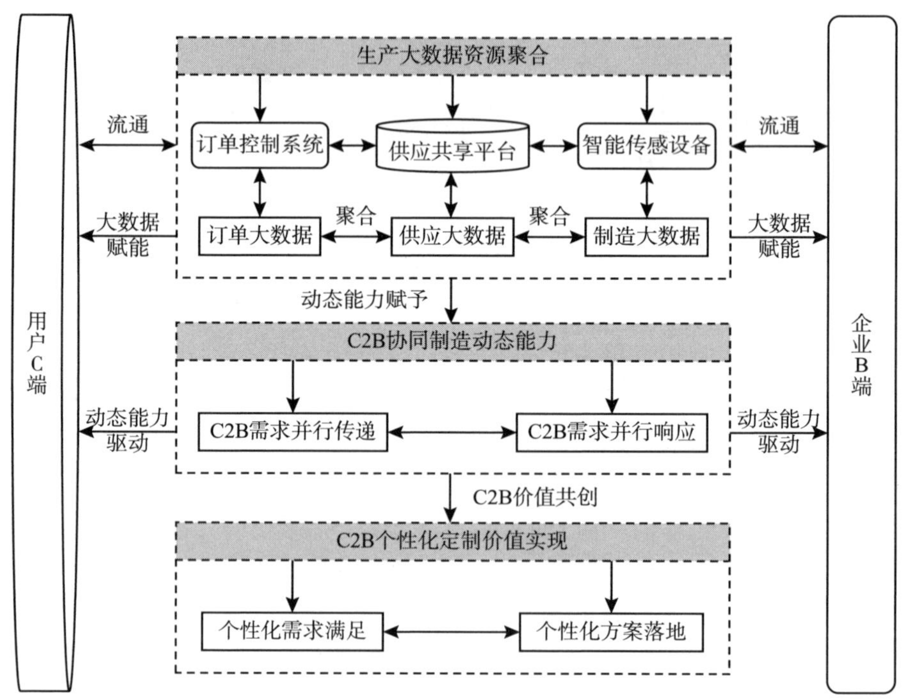

图 2－4　C2B 拆单排产价值共创的大数据赋能机制创新模型

4. C2B 个性化定制价值共创的大数据赋能机制创新过程模型

C2B 个性化定制价值共创的大数据赋能机制创新遵循“大数据资源行动—大数据赋予动态能力—大数据赋能驱动价值共创”的路径。基于此，可刻画出 C2B 个性化定制价值共创的大数据赋能机制创新过程模型（见图 2－5）。

第一，C2B 个性化定制价值共创的大数据资源行动主要包括产品大数据资源积淀、订单大数据资源联结和生产大数据资源聚合，以上 3 种大数据资源有助于企业充分挖掘并释放大数据的潜在价值，为进一步赋予动态能力和实现 C2B 个性化定制价值共创奠定了基础。第二，大数据资源行动推动企业对用户个性化需求精准解读、实时协调和并行响应，进一步赋予企业 C2B 供需对接动态能力、C2B 资源协奏动态能力和 C2B 协同制造动态能力，C2B 个性化定制价值共创的核心能力得以组建。第三，C2B 个性化定制价值共创包括价值形成、

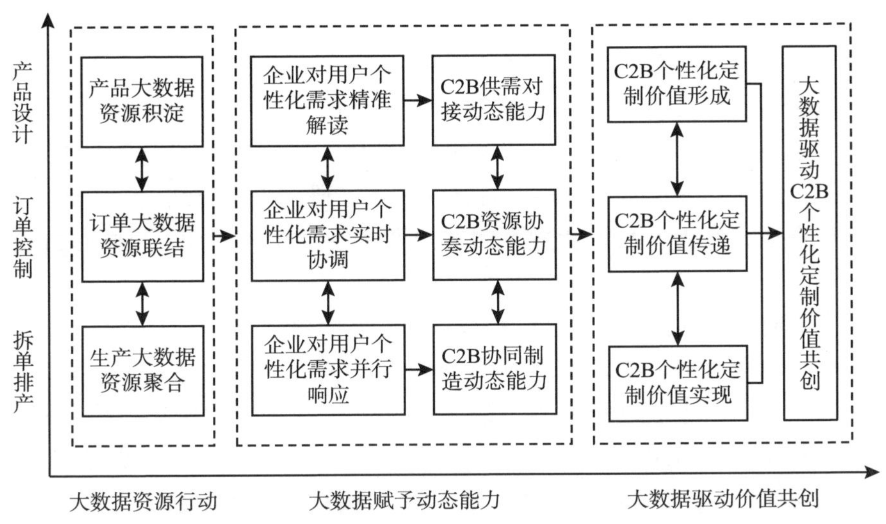

图 2－5　C2B 个性化定制价值共创的大数据赋能机制创新过程模型

价值传递和价值实现 3 个阶段，大数据赋予企业 C2B 供需对接动态能力，驱动了 C2B 个性化定制价值形成，奠定了 C2B 个性化定制价值共创的基础；大数据赋予企业 C2B 资源协奏动态能力，驱动了 C2B 个性化定制价值传递，提供了 C2B 个性化定制价值共创的保障；大数据赋予企业 C2B 协同制造动态能力，驱动了 C2B 个性化定制价值实现，达成了 C2B 个性化定制价值共创的结果。

综上所述，在 C2B 个性化定制情境下，本书将大数据、动态能力、价值共创纳入统一研究框架，选取尚品宅配 C2B 个性化定制模式创新案例，从大数据赋能视角出发构建 C2B 个性化定制价值共创机制创新模型，探明了大数据赋能的 C2B 个性化定制价值共创包括价值形成、价值传递、价值实现 3 个阶段，揭示了大数据的赋能机理：产品大数据资源积淀，赋予企业 C2B 供需对接动态能力，推动用户个性化需求定位和企业个性化方案制定，驱动 C2B 个性化定制价值形成；订单大数据资源联结，赋予企业 C2B 资源协奏动态能力，推动用户个性化需求分配和企业个性化方案分享，驱动 C2B 个性化定制价值传递；生产大数据资源聚合，赋予企业 C2B 协同制造动态能力，推动用户个性化需求满足和企业个性化方案落地，驱动 C2B 个性化定制价值实现。

研究的理论意义体现在：发现了大数据赋能的 C2B 个性化定制价值共创机制创新遵循“大数据资源行动—大数据赋予动态能力—大数据赋能驱动价值共创”的实现路径，进一步揭示了 C2B 个性化定制价值共创的大数据赋能机制；发现了大数据通过赋予企业C2B供需对接动态能力、资源协奏动态能力、协同制造动态能力驱动C2B个性化定制价值共创，丰富了动态能力理论；发现了大数据赋能驱动C2B个性化定制价值共创的过程包括大数据赋能驱动企业C2B个性化定制价值形成、C2B个性化定制价值传递、C2B个性化定制价值实现三个阶段，并推进了上述三者之间的交叉研究。研究结论完善了个性化定制管理理论，可为大数据背景下制造企业实施C2B个性化定制模式创新提供参考。

研究具有如下实践启示。第一，对C2B个性化定制转型企业，要充分挖掘、释放大数据价值，推动C2B个性化定制价值共创，并针对不同大数据资源采取资源行动，生成动态能力。第二，驱动C2B个性化定制价值共创的能力是由多种动态能力组合而成，企业应着重关注C2B供需对接动态能力、资源协奏动态能力、协同制造动态能力。第三，C2B个性化定制价值共创的实现并非一蹴而就，价值形成、价值传递和价值实现是C2B个性化定制价值共创的三个主要阶段：在产品设计环节，通过大数据资源行动驱动C2B个性化定制价值形成，为C2B个性化定制价值共创奠定基础；在订单控制环节，通过大数据资源行动驱动C2B个性化定制价值传递，为C2B个性化定制价值共创提供保障；在拆单排产环节，通过大数据资源行动驱动C2B个性化定制价值实现，达成C2B个性化定制价值共创的最终结果。

2.3 本章小结

本书揭示了C2B个性化定制的大数据驱动原理：通过探索大数据赋能的C2B个性化定制决策范式，明确了消费者个性化偏好是大数据赋能的C2B个性化定制的决策源点，指出了消费者的购买决策对厂商制造模式创新决策的牵引特性，给出了大数据赋能的C2B个性化定制模式下的消费者决策范式，提出了消费者决策牵引下的个性化产品提供商决策范式；通过探索C2B个性化定制价值共创的大数据赋能机制创新，发现了“大数据资源行动—大数据赋予动态能力—大数据赋能驱动价值共创”的赋能路径，揭示了C2B个性化定制的大数据驱动原理。

第3章 大数据驱动的C2B个性化定制管理模型构建

本书基于C2B个性化定制的大数据驱动原理，采用案例研究与博弈分析相结合的研究方法，在探索基于价值共创的C2B个性化定制运营模式创新、数智化技术赋能C2B个性化定制平台运营机制创新、大数据赋能C2B个性化定制价值共创协同机制创新三个问题的基础上，提出大数据驱动的C2B个性化定制管理模型。

3.1 基于价值共创的C2B个性化定制运营模式创新

受技术和理论的限制，传统制造模式下消费者难以参与价值创造（Hippel and Katz，2002），但企业整合消费者创新知识可显著提升购买意愿，促进价值增长（Normann and Ramírez，1993；Nikolaus and Frank，2004；Kahin and Foray，2005）。大数据与制造业的发展融合（孟炯和郭春霞，2017）和价值共创理论的提出（Prahalad and Ramaswamy，2004；Kao et al.，2016；袁平等，2015）为传统制造模式变革提供了条件：第一，便于消费者获取创新资源，从事创新活动（Hippel，2006）；第二，可有效衔接制造能力与个性化需求（王飞跃，2012）；第三，有利于消费者参与产品设计（Hippel，2006）。本书将变革后的制造模式称为"C2B个性化定制"。

制造业的这一变革引起了学界的高度关注。一方面，学者们认为融入消费者创新的个性化定制或将成为未来的主流方向（武文珍和陈启杰，2017），并对消费者视角的个性化定制模式创新（Franke et al.，2010）、厂商视角的个性化定制模式创新（Franke et al.，2009）、互联网+个性化定制模式创新（吴义爽等，2016）、3D打印个性化定制模式创新（Thierry et al.，2015）等领域进行了探索。另一方面，现有文献还研究了互联网时代的企业战略选择（Porter，

2001）、传统企业再造（李海舰等，2014）、供应链重构（谢莉娟，2015）等企业运营模式变革问题。上述文献显示，在工业 4.0 进程下，C2B 个性化定制趋势明显，这将对制造企业现有运营模式造成强烈冲击。进一步，研究者发现了 C2B 个性化定制下制造企业传统运营模式存在的不足：第一，制造企业传统运营模式采用工业化大规模批量生产方案，难以针对每一位顾客的个性化需求自动配以最优的个性化定制方案（张曙，2014）；第二，C2B 个性化定制的业务流程为“销售—产品—配送”，制造企业传统运营模式的“产品—配送—销售”业务流程无法与 C2B 个性化定制相匹配（丁纯和李君扬，2014）；第三，C2B 个性化定制要求去科层化，制造企业传统运营模式具有严格的科层设置，生产线远离销售中心，组织结构难以满足产品个性化定制需要（森德勒，2014）。因此，传统制造企业运营模式无法有效支撑 C2B 个性化定制，迫切需要创新（Lipson and Kurman，2013）。

上述研究为探索基于价值共创的 C2B 个性化定制运营模式创新提供了较好的基础，但既有研究未将价值共创、C2B 个性化定制与运营模式创新纳入一个统一研究框架，且针对中国案例进行博弈分析的文献也很少见。为弥补这一不足，本书借助红领集团个性化定制模式创新案例的博弈分析，研究基于价值共创的 C2B 个性化定制运营模式创新。研究可丰富和完善个性化定制模式创新理论，为推进先进制造业的发展提供理论指导。

3.1.1 典型案例

1. 红领集团运营模式变革

红领集团是一家以制造高档西装和衬衣为主的大型服装企业。通过对传统制造模式的持续智能化改造，红领集团成功打造出能够实现产品个性化定制的新型企业运营模式。基于这一模式，消费者可实时提交自己的个性化需求，参与产品的设计与制造，制造企业收到客户信息后能以工业化的效率完成产品个性化制造，实现产品制造能力与消费者需求的高效衔接。

1995 年创立之初，红领集团采用 OEM 代工运营模式进行批量生产。随着生产成本不断攀升，这种运营模式难以为继。2003 年 3 月，红领集团进行品牌合并，由 OEM 代工运营模式转变为集生产、销售于一体的 B2B2C 供应链运营模式。由于未能解决个性化定制与工业化规模生产的矛盾，消费者与企业价值共创强度、产品个性化水平、供应链绩效等指标都相对较低，供应链竞争力也相对较弱，这一运营模式迫切需要转型升级。2003 年 5 月，红领集团采取了一系列措施实施运营模式变革：第一，通过信息化与工业化深度融合，对传统服装制造模式进行智能化改造；第二，通过打造 RCMTM 互联网平台，构建了大数据驱动的个性化定制模式；第三，打造了个性化产品定制平台，客户可以通过该平台提交个性化需求，上传数据。经过十余年的持续变革，红领集团找到了集“客户交互—数据采集—智能研发—柔性制造—客户服务”于一体的产品个性化定制解决方案。在这一阶段，红领集团已由 B2B2C 供应链运营模式变革为 C2B 平台运营模式①。基于上述描述，可刻画出红领集团运营模式变革路径（见图 3－1）。

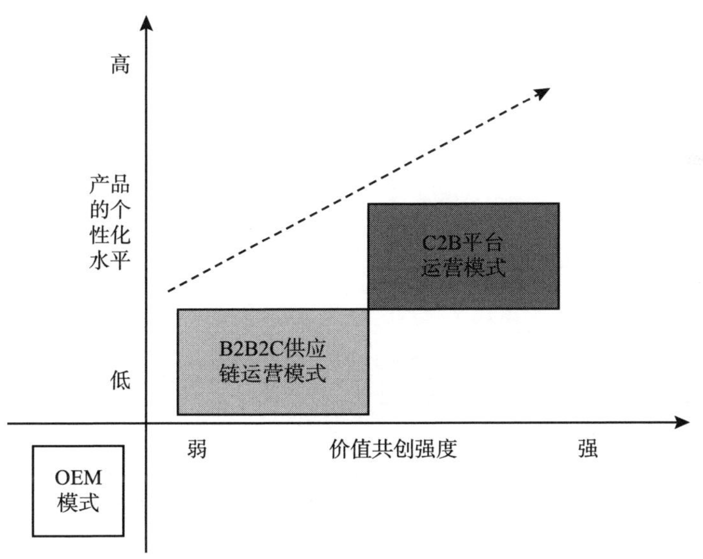

图 3－1　红领集团运营模式变革路径

在图 3－1 中，OEM 代工运营模式大规模生产同质化产品，C2B 平台运营模式在 B2B2C 供应链运营模式的基础上通过迭代与变革产生。

2. 红领集团 C2B 个性化定制模式创新

在激烈的竞争环境下，红领集团经过长时间的迭代，从 B2B2C 供应链模式变革为 C2B 个性化定制模式，这一创新活动主要包含三方面内容：第一，减少价值传递环节，避免了渠道中经销商不断加价；第二，先销售再生产，消

① 孟炯，郭春霞. 大数据赋能的 C2B 个性化定制决策范式［J］. 创新科技，2021，21（8）：67－78.

灭了库存，优化了价值创造环节；第三，搭建个性化定制平台，充分吸收和整合消费者的创新知识和解决方案，满足客户的个性化需求。基于上述描述，可刻画出红领集团基于价值共创的 C2B 个性化定制模式创新过程，如图 3－2 所示。

在图 3－2 中，红领集团的运营模式有两种选择：转型升级前的 B2B2C 供应链运营模式与转型升级后的 C2B 平台运营模式。近期业绩显示：红领集团每天能定制 2000 套西装，虽然直接制造成本增加了 10%，但减少了中间商，消灭了库存，缩短了生产周期，使总体成本降低了 50%，销售收入和净利润实现了 150% 的增长①。

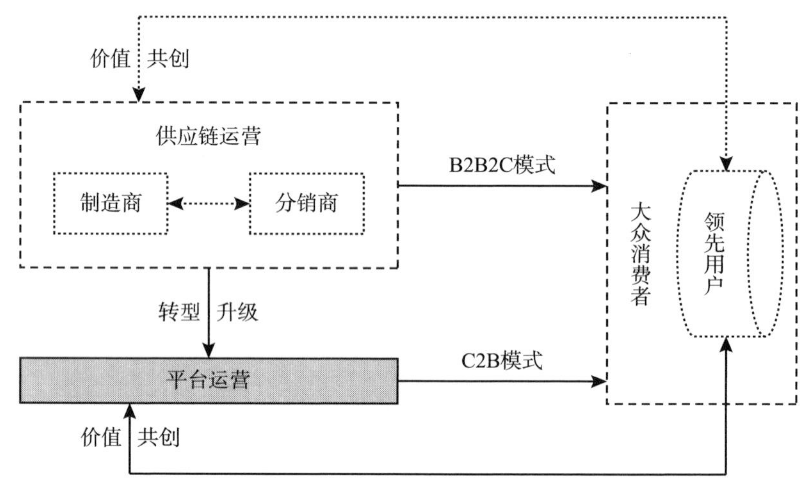

图 3－2 红领集团 C2B 个性化定制模式创新过程

综上，红领集团由 B2B2C 供应链运营模式变革为 C2B 平台运营模式，促进了产品 C2B 个性化定制，价值共创强度、产品个性化水平、产品市场需求、企业绩效与竞争力均得到了较大提升。

3.1.2 案例的博弈分析

1. 基本假设

结合前文的文献回顾，本书认为 B2C 大众化制造是指在产品创新、设计

① 孟炯，郭春霞．大数据赋能的 C2B 个性化定制决策范式［J］．创新科技，2021，21（8）：67－78.

与制造等方面采用以企业为中心的弱价值共创策略，企业吸收和整合消费者创新知识尚不充分，产品个性化水平较低；C2B 个性化定制是指在产品创新、设计与制造等方面采用以消费者为中心的强价值共创策略，企业吸收和整合消费者创新知识充分，产品个性化水平较高（Hippel and Katz，2002；Kahin and Foray，2005；Hippel，2006）。基于这一界定，在图 3－2 的基础上，考虑两种运营模式均可采用 C2B 个性化定制和 B2C 大众化制造，大众消费者委托领先用户作为共同创造者参与企业的产品设计和制造，并与红领集团进行价值共创互动（Hippel and Katz，2002；Hippel，2006）。C2B 个性化定制和 B2C 大众化制造分别对应强价值共创与弱价值共创。在这里，强价值共创是指红领集团充分吸收和整合消费者创新知识，产品个性化水平较高；弱价值共创是指红领集团吸收和整合消费者创新知识尚不充分，产品个性化水平较低。这样，便可针对 B2B2C 供应链运营模式与 B2C 大众化制造、B2B2C 供应链运营模式与 C2B 个性化定制、C2B 平台运营模式与 B2C 大众化制造、C2B 平台运营模式与 C2B 个性化定制等情境进行博弈分析（孟炯等，2018）。为便于分析，本节有如下基本假设。

假设 3－1：消费者参与企业价值共创的目的是满足自身对产品的个性化需求，企业支付给领先用户的价值共创收益可忽略不计。

假设 3－2：制造商作为 C2B 个性化定制主体，将遭受两种成本，即生产成本和 C2B 个性化定制成本。每单位的生产成本是恒定的（用 c 表示），与消费者价值共创的 C2B 个性化定制成本函数为 $C(\kappa)=\frac{1}{2}\varepsilon\kappa^2$。

假设 3－3：供应链非协同时，采用订单生产模式，制造商对分销商的批发价格 e 通过长期批发价格合同确定。

假设 3－4：供应链协同时，为激励制造商的 C2B 个性化定制行为，采用批发价格合同 $e(\kappa)=e+\lambda\kappa$。

假设 3－5：制造商与分销商博弈时，制造商为 Stackelberg 领导者，制造商首先选择价值共创策略，分销商选择市场需求。

模型中涉及的参数的设定如表 3－1 所示。

表 3－1　模型中涉及的参数及变量的定义

参数	定义
a	表示消费者对产品的基本支付意愿，a 为常数且 a＞0
b	表示需求弹性系数，b 为常数且 b＞0

续表

参数	定义
κ	表示基于价值共创的企业创新收益
P	表示产品的零售价格
q	表示产品的市场需求量，$q\geqslant 0$
e	表示非协同的订单生产模式下，制造商对分销商的批发价格
λ	表示批发价格合同的协同因子，$\lambda\geqslant 0$
$e(\kappa)$	表示协同时，制造商对分销商的批发价格合同，$e(\kappa)=e+\lambda\kappa$
ε	表示制造商实施产品 C2B 个性化定制的成本，$\varepsilon>0$
r	表示消费者与企业价值共创强度，$r>0$
c	表示制造商生产每单位产品的成本
R	表示分销商的收益
M	表示制造商的收益
π	表示产品提供系统的总收益

2. 模型构建与求解

本部分构建与求解 B2B2C 供应链运营模式与 B2C 大众化制造、B2B2C 供应链运营模式与 C2B 个性化定制、C2B 平台运营模式与 B2C 大众化制造、C2B 平台运营模式与 C2B 个性化定制四种情境下的博弈模型。

（1）B2B2C 供应链运营模式与 B2C 大众化制造。在 B2B2C 供应链运营模式与 B2C 大众化制造情境下，分销商采用批发价格合同 $e(\kappa)=e+\lambda\kappa$ 激励制造商的 C2B 个性化定制行为，市场需求函数可表示为 $P=a-\frac{1}{2}bq$。

那么，分销商的收益为：

$$R_{1A}=(a-e+\kappa-\lambda\kappa)q-\frac{1}{2}bq^2 \tag{3-1}$$

制造商的收益为：

$$M_{1A}=(e-c+\lambda\kappa)q-\frac{1}{2}\varepsilon\kappa^2 \tag{3-2}$$

令 $\frac{\partial R_{1A}}{\partial q}=0$，则分销商的反应函数为：

$$q_{1A}=\frac{a-e+\kappa-\lambda\kappa}{b} \tag{3-3}$$

将式（3-3）代入式（3-2），则：

$$M_{1A}=\frac{(e-c+\lambda\kappa)\times(a-e+\kappa-\lambda\kappa)}{b}-\frac{\varepsilon\kappa^2}{2} \quad (3-4)$$

此时，制造商利润最大化的一阶条件为：

$$\frac{\partial M_{1A}}{\partial\kappa}=\frac{2\lambda\kappa-2\lambda^2\kappa+\lambda a-2\lambda e+e+\lambda c-c}{b}-\varepsilon\kappa=0$$

为使讨论具有现实意义，假设 $b\varepsilon+2\lambda^2-2\lambda>0$，则：

$$\kappa_{1A}^*=\frac{\lambda a+\lambda c-2\lambda e+e-c}{b\varepsilon+2\lambda^2-2\lambda} \quad (3-5)$$

将式（3-5）代入式（3-3）可得：

$$q_{1A}^*=\frac{a-e}{b}+\frac{(e-c)(1-\lambda)^2+(a-e)(\lambda-\lambda^2)}{b[b\varepsilon+2\lambda^2-2\lambda]} \quad (3-6)$$

进一步，将 κ_{1A}^* 和 q_{1A}^* 代入式（3-1）和式（3-2），可得到分销商的收益 R_{1A}^*、制造商的收益 M_{1A}^*。因此，在B2B2C供应链运营模式与B2C大众化制造情境下，产品提供系统的总收益为 $\pi_{1A}^*=M_{1A}^*+R_{1A}^*$。

（2）B2B2C供应链运营模式与C2B个性化定制。在B2B2C供应链运营模式与C2B个性化定制情境下，分销商采用批发价格合同 $e(\kappa)=e+\lambda\kappa$ 激励制造商的C2B个性化定制行为。由于消费者可充分参与价值共创，为识别消费者参与产品创新的不同程度，更好地反映消费者的个性化需求和偏好，市场需求曲线将向右移动，市场需求函数可表示为 $P=a-\frac{1}{2}b(q-r\kappa)$。

那么，分销商的收益为：

$$R_{1D}=\left(a+\kappa+\frac{1}{2}br\kappa-e-\lambda\kappa\right)q-\frac{1}{2}bq^2 \quad (3-7)$$

制造商的收益为：

$$M_{1D}=(e+\lambda\kappa-c)q-\frac{1}{2}\varepsilon\kappa^2 \quad (3-8)$$

令 $\frac{\partial R_{1D}}{\partial q}=0$，分销商的反应函数为：

$$q_{1D}=\frac{a-e+\kappa-\lambda\kappa}{b}+\frac{r\kappa}{2} \quad (3-9)$$

将式（3-9）代入式（3-8），则：

$$M_{1D}=(e-c+\lambda\kappa)\times\left(\frac{a-e+\kappa-\lambda\kappa}{b}+\frac{r\kappa}{2}\right)-\frac{\varepsilon\kappa^2}{2} \quad (3-10)$$

那么，制造商收益最大化的一阶条件为：

$$\frac{\partial M_{1D}}{\partial\kappa}=\beta\left(\frac{a-e+\kappa-\lambda\kappa}{b}+\frac{r\kappa}{2}\right)+(e-c+\lambda\kappa)\left(\frac{1-\lambda}{b}+\frac{1}{2}r\right)-\varepsilon r=0$$

为使讨论具有现实意义，设 $b\varepsilon+2\lambda^2-2\lambda-rb\lambda>0$，则：

$$\kappa_{1D}^*=\frac{\lambda a+\lambda c-2\lambda e+e-c+\frac{1}{2}rb(e-c)}{b\varepsilon+2\lambda^2-2\lambda-rb\lambda} \tag{3-11}$$

将式（3-11）代入式（3-9），可得：

$$q_{1D}^*=\frac{a-e}{b}+\frac{(e-c)(1-\lambda)^2+(a-e)(\lambda-\lambda^2)+\frac{1}{2}rb(e-c)(1-\lambda)}{b(b\varepsilon+2\lambda^2-2\lambda-rb\lambda)}$$
$$+\frac{\frac{r}{2}\times\left[\lambda a+\lambda c-2\lambda e+e-c+\frac{1}{2}rb(e-c)\right]}{b\varepsilon+2\lambda^2-2\lambda-rb\lambda} \tag{3-12}$$

进一步，将 κ_{1D}^* 和 q_{1D}^* 代入式（3-7）和式（3-8），可得到分销商的收益 R_{1D}^*、制造商的收益 M_{1D}^*。因此，在 B2B2C 供应链运营模式与 C2B 个性化定制情境下，产品提供系统的总收益为 $\pi_{1D}^*=M_{1D}^*+R_{1D}^*$。

（3）C2B 平台运营模式与 B2C 大众化制造。在 C2B 平台运营模式与 B2C 大众化制造情境下，消费者参与企业创新的程度可忽略不计，市场需求函数为 $P=a-\frac{1}{2}bq$。

因此，企业的收益可表示为：

$$\pi_{2A}=(P+\kappa-c)q-\frac{1}{2}\varepsilon\kappa^2 \tag{3-13}$$

将消费者的需求函数代入式（3-13）中，可得到企业的收益函数为：

$$\pi_{2A}=\left(a-\frac{1}{2}bq+\kappa-c\right)q-\frac{1}{2}\varepsilon\kappa^2 \tag{3-14}$$

由于平台企业根据自身收益最大化的原则确定产量和创新投入，因此满足平台企业利润最大化的一阶条件为：

$$\frac{\partial\pi_{2A}}{\partial q}=a-bq-c+\kappa=0 \tag{3-15}$$

$$\frac{\partial\pi_{2A}}{\partial\kappa}=q-\varepsilon\kappa=0 \tag{3-16}$$

为使讨论具有现实意义，设 $b\varepsilon-1>0$，则：

$$q_{2A}^*=\frac{\varepsilon(a-c)}{b\varepsilon-1} \tag{3-17}$$

$$\kappa_{2A}^*=\frac{a-c}{b\varepsilon-1} \tag{3-18}$$

进一步，将 q_{2A}^* 和 κ_{2A}^* 代入式（3-14），可得到在 C2B 平台运营模式与

B2C 大众化制造情境下，产品提供系统的总收益 π_{2A}^*。

（4）C2B 平台运营模式与 C2B 个性化定制。在 C2B 平台运营模式与 C2B 个性化定制情境下，消费者可充分参与产品创新，产品能够更好地反映消费者的需求和偏好，需求曲线将向右移动，市场需求函数为 $P = a - \frac{1}{2}b(q - r\kappa)$。由于消费者创新的目的是满足自身个性化需求，不是为了实现创新扩散，企业支付给消费者的创新收益可忽略不计。

因此，平台企业的收益为：

$$\pi_{2D} = \left[a - \frac{1}{2}b(q - r\kappa) - c + \kappa\right]q - \frac{1}{2}\varepsilon\kappa^2 \tag{3-19}$$

此时平台企业收益最大化的一阶条件为：

$$\frac{\partial \pi_{2D}}{\partial q} = a + \kappa + \frac{1}{2}br\kappa - bq - c = 0 \tag{3-20}$$

$$\frac{\partial \pi_{2D}}{\partial \kappa} = q + \frac{1}{2}brq - \varepsilon\kappa = 0 \tag{3-21}$$

为使讨论具有现实意义，设 $b\varepsilon - 1 - br - \frac{1}{4}b^2r^2 > 0$，则：

$$q_{2D}^* = \frac{\varepsilon(a - c)}{b\varepsilon - 1 - br - \frac{1}{4}b^2r^2} \tag{3-22}$$

$$\kappa_{2D}^* = \frac{(a - c)\left(1 + \frac{1}{2}br\right)}{b\varepsilon - 1 - br - \frac{1}{4}b^2r^2} \tag{3-23}$$

进一步，将 q_{2D}^* 和 κ_{2D}^* 代入式（3 - 19），可得到在 C2B 平台运营模式与 C2B 个性化定制情境下，产品提供系统的总收益 π_{2D}^*。

3. 比较分析

接下来，利用 B2B2C 运营模式与 B2C 大众化制造、B2B2C 运营模式与 C2B 个性化定制、C2B 运营模式与 B2C 大众化制造、C2B 运营模式与 C2B 个性化定制四种情境下的博弈均衡，对红领集团采用 C2B 个性化定制与 B2C 大众化制造进行比较分析。

命题 3 - 1：与 B2C 大众化制造相比，红领集团采用 C2B 个性化定制，能够提升产品市场需求。

证明：第一，在 B2B2C 供应链运营模式下，比较分析红领集团采用

C2B 个性化定制与 B2C 大众化制造的产品市场需求差异。由式（3－6）和式（3－12）可知：

$$q_{1D}^{*}-q_{1A}^{*}=\frac{(e-c)(1-\lambda)^{2}+(a-e)(\lambda-\lambda^{2})+\frac{1}{2}rb(e-c)(1-\lambda)}{b(b\varepsilon+2\lambda^{2}-2\lambda-rb\lambda)}-\frac{(e-c)(1-\lambda)^{2}+(a-e)(\lambda-\lambda^{2})}{b[b\varepsilon+2\lambda^{2}-2\lambda]}+\frac{\frac{r}{2}\times\left[\lambda(a-e)+(e-c)(1-\lambda)+\frac{1}{2}rb(e-c)\right]}{b\varepsilon+2\lambda^{2}-2\lambda-rb\lambda}\quad(3-24)$$

上式显示，$q_{1D}^{*}-q_{1A}^{*}>0$。

第二，在 C2B 平台运营模式下，比较分析红领集团采用 C2B 个性化定制与 B2C 大众化制造的产品市场需求差异。由式（3－17）和式（3－22）可知：

$$q_{2D}^{*}-q_{2A}^{*}=\varepsilon(a-c)\times\left(\frac{1}{b\varepsilon-1-br-\frac{1}{4}b^{2}r^{2}}-\frac{1}{b\varepsilon-1}\right)\quad(3-25)$$

上式显示，$q_{2D}^{*}-q_{2A}^{*}>0$。证毕。

命题 3－1 表明：在 B2B2C 供应链及 C2B 平台两种运营模式下，红领集团采用 C2B 个性化定制的产品市场需求，高于红领集团采用 B2C 大众化制造的产品市场需求。

命题 3－2：与 B2C 大众化制造相比，红领集团采用 C2B 个性化定制，能够提升企业创新收益。

证明：第一，在 B2B2C 供应链运营模式下，比较分析 C2B 个性化定制与 B2C 大众化制造的企业创新收益差异。

由式（3－5）和式（3－11）可知：

$$\kappa_{1D}^{*}-\kappa_{1A}^{*}=\frac{\lambda a+\lambda c-2\lambda e+e-c+\frac{1}{2}rb(e-c)}{b\varepsilon+2\lambda^{2}-2\lambda-rb\lambda}-\frac{\lambda a+\lambda c-2\lambda e+e-c}{b\varepsilon+2\lambda^{2}-2\lambda}\quad(3-26)$$

式（3－26）显示，$\kappa_{1D}^{*}-\kappa_{1A}^{*}>0$。

第二，在 C2B 平台运营模式下，比较分析 C2B 个性化定制与 B2C 大众化制造的企业创新收益差异。

由式（3－18）和式（3－23）可知：

$$\kappa_{2D}^{*}-\kappa_{2A}^{*}=(a-c)\times\left(\frac{1+\frac{1}{2}br}{b\varepsilon-1-br-\frac{1}{4}b^{2}r^{2}}-\frac{1}{b\varepsilon-1}\right)\quad(3-27)$$

式（3-27）显示，$\kappa_{2D}^{*}-\kappa_{2A}^{*}>0$。证毕。

命题3-2表明：在B2B2C供应链及C2B平台两种运营模式下，红领集团采用C2B个性化定制的企业创新收益，高于红领集团采用B2C大众化制造的企业创新收益。

命题3-3：如果红领集团采用C2B个性化定制，那么企业创新收益随价值共创强度的增加而增大。

证明：第一，在B2B2C供应链运营模式下，分析企业创新收益与价值共创强度的关系。

由式（3-11）可得：

$$\frac{\partial\kappa_{1D}}{\partial r}=\frac{\frac{1}{2}b(e-c)\times(b\varepsilon+2\lambda^2-2\lambda-rb\lambda)+b\lambda\left[\lambda a+\lambda c-2\lambda e+e-c+\frac{1}{2}rb(e-c)\right]}{(b\varepsilon+2\lambda^2-2\lambda-rb\lambda)^2}>0$$

第二，在C2B平台运营模式下，分析企业创新收益与价值共创强度的关系。

由式（3-23）可知：

$$\frac{\partial\kappa_{2D}}{\partial r}=\frac{\frac{1}{2}b(a-c)\left[1+2\left(1+\frac{1}{2}br\right)^2\right]}{\left(b\varepsilon-1-br-\frac{1}{4}b^2r^2\right)^2}>0$$

证毕。

命题3-3表明：如果红领集团采用C2B个性化定制，那么在B2B2C供应链及C2B平台两种运营模式下，创新收益均随价值共创强度的增加而增大。

4. 数值分析

下面利用数字算例，对前文的博弈均衡结果进行验证与分析。

算例3-1：比较分析四种情境下的均衡结果。

令算例3-1所涉及的参数取值如表3-2所示。

表3-2　　算例3-1所涉及的参数取值

a	b	c	e	ε	λ	r
200	1	10	50	4	0.50	0.70

那么，四种情境下博弈均衡结果的比较如表3-3所示。

表3-3中的数值结果分析：与B2C大众化制造相比，红领集团采用C2B

个性化定制能够提升产品市场需求、企业创新收益和产品提供系统总收益，且 C2B 平台运营模式下提升效果更加显著。

表 3 – 3　　四种情境下的博弈均衡结果

B2B2C 供应链与 B2C 大众化制造			B2B2C 供应链与 C2B 个性化定制		
q_{1A}^*	κ_{1A}^*	π_{1A}^*	q_{1D}^*	κ_{1D}^*	π_{1D}^*
163. 57	27. 14	27. 14	179. 39	34. 58	23979. 29
C2B 平台与 B2C 大众化制造			C2B 平台与 C2B 个性化定制		
q_{2A}^*	κ_{2A}^*	π_{2A}^*	q_{2D}^*	κ_{2D}^*	π_{2D}^*
253. 32	63. 31	24066. 68	349. 00	118. 79	33155. 21

算例 3 – 2：比较分析 C2B 个性化定制时，价值共创强度变化对两种运营模式均衡结果的影响。

令算例 3 – 2 所涉及的参数取值如表 3 – 4 所示。

表 3 – 4　　算例 3 – 2 所涉及的参数取值

a	b	c	e	ε	λ
200	1	10	50	4	0. 50

第一，比较分析价值共创强度变化对产品市场需求的影响，如表 3 – 5 所示。

表 3 – 5 中的数值结果分析：红领集团采用 C2B 个性化定制时，C2B 平台与 B2B2C 供应链两种运营模式间的均衡产品市场需求差 $q_{2D}^* - q_{1D}^*$ 随消费者与企业价值共创强度的增加而增大；相对于 B2B2C 供应链运营模式，C2B 平台运营模式能显著提升产品市场需求，且两种模式下产品市场需求均随价值共创强度的增加而增大。

表 3 – 5　　r 值变化对两种运营模式产品市场需求的影响

r	q_{1D}^*	q_{2D}^*	$q_{2D}^* - q_{1D}^*$
0. 10	165. 48	262. 33	96. 82
0. 20	167. 52	272. 39	104. 89

续表

r	q_{1D}^*	q_{2D}^*	$q_{2D}^* - q_{1D}^*$
0. 30	169. 57	283. 82	114. 21
0. 40	171. 78	296. 87	125. 09
0. 50	174. 21	311. 79	137. 58
0. 60	176. 82	329. 00	152. 19
0. 70	179. 39	349. 00	169. 61
0. 80	182. 18	372. 53	190. 27
0. 90	185. 32	400. 49	215. 22
1. 00	188. 29	434. 32	246. 00

第二，比较分析价值共创强度变化对基于价值共创的企业创新收益的影响，如表 3 -6 所示。

表 3 -6　　r 值变化对两种运营模式企业创新收益的影响

r	κ_{1D}^*	κ_{2D}^*	$\kappa_{2D}^* - \kappa_{1D}^*$
0. 10	28. 09	68. 91	40. 77
0. 20	29. 11	74. 88	45. 79
0. 30	30. 08	81. 59	51. 47
0. 40	31. 22	89. 12	57. 87
0. 50	32. 31	97. 39	65. 12
0. 60	33. 37	106. 91	73. 53
0. 70	34. 58	118. 79	84. 21
0. 80	35. 78	130. 42	94. 59
0. 90	37. 00	145. 21	108. 18
1. 00	38. 32	162. 89	124. 62

第三，比较分析价值共创强度变化对产品提供系统总收益的影响，如表 3 -7 所示。

表 3-7 r 值变化对两种运营模式产品提供系统总收益的影响

r	π_{1D}^*	π_{2D}^*	$\pi_{2D}^* - \pi_{1D}^*$
0.10	21053.67	24918.00	3864.33
0.20	21464.89	25878.12	4413.23
0.30	21900.56	26965.47	5064.91
0.40	22369.72	28203.09	5833.37
0.50	22871.88	29620.52	6748.64
0.60	23408.39	31255.38	7846.99
0.70	23979.29	33155.21	9175.92
0.80	24588.21	35392.22	10804.01
0.90	25242.31	38050.13	12807.82
1.00	25932.58	41257.14	15324.56

表 3-7 中的数值结果分析：红领集团采用 C2B 个性化定制时，C2B 平台与 B2B2C 供应链两种运营模式间的均衡总收益差 $\kappa_{2D}^* - \kappa_{1D}^*$ 随价值共创强度的增加而增大；相对于“B2B2C 供应链运营模式”，C2B 平台运营模式能显著提升产品提供系统的总收益，且两种模式下产品提供系统总收益均随价值共创强度的增加而增大。

算例 3-3：在 B2B2C 供应链运营模式下，分析批发价格激励因子取值变化对供应链均衡结果的影响。

令算例 3-3 所涉及的参数取值如表 3-8 所示。

表 3-8 算例 3-3 所涉及的参数取值

a	b	c	e	ε	r
200	1	10	50	4	0.70

在 B2B2C 供应链与 B2C 大众化制造、B2B2C 供应链与 C2B 个性化制造两种情境下，批发价格激励因子取值变化对供应链均衡结果的影响如表 3-9 所示。

表 3－9　　λ 值变化对 B2B2C 供应链运营模式均衡结果的影响

λ	q_{1A}^*	κ_{1A}^*	π_{1A}^*	q_{1D}^*	κ_{1D}^*	π_{1D}^*
0.10	162.02	13.35	19469.72	171.69	17.33	21294.00
0.20	163.48	16.85	19881.23	174.68	21.51	22079.12
0.30	164.27	20.39	20237.78	177.12	25.79	22803.91
0.40	164.32	23.86	20505.09	178.71	30.21	23447.73
0.50	163.57	27.14	20666.31	179.39	34.58	23979.29
0.60	162.05	30.11	20722.21	179.00	38.68	24346.00
0.70	159.80	32.68	20680.88	177.62	42.39	24543.42
0.80	156.96	34.78	20547.00	175.00	45.47	24546.39
0.90	153.64	36.39	20328.62	171.63	48.00	24392.41
1.00	150.00	37.50	20062.51	167.42	49.71	24087.03

表 3－9 中的数值结果分析：在 B2B2C 供应链运营模式下，适当的批发价格激励措施能够提升产品市场需求、企业创新收益和产品提供系统总收益，但过度激励将会降低产品市场需求和产品提供系统总收益；相对于 B2C 大众化制造，C2B 个性化定制下，批发价格激励因子取值变化对供应链均衡结果的影响更加显著。

综上所述，算例 3－1、算例 3－2 和算例 3－3 验证了命题 3－1、命题 3－2 和命题 3－3。进一步，分析算例 3－1、算例 3－2 和算例 3－3 还可得出以下命题。

命题 3－4：相对于 B2B2C 供应链运营模式，红领集团采用 C2B 平台运营模式能显著提升产品市场需求、企业创新收益和产品提供系统总收益。

命题 3－5：红领集团采用 C2B 个性化定制能提升产品提供系统总收益，C2B 平台运营模式与 B2B2C 供应链运营模式间的均衡产品市场需求差、均衡企业创新收益差与均衡产品提供系统总收益差均随价值共创强度的增加而增大，且两种模式下的产品市场需求和产品提供系统总收益均随价值共创强度的增加而增大。

命题 3－6：在 B2B2C 供应链运营模式下，适当的批发价格激励措施能够提升产品市场需求、企业创新收益和产品提供系统总收益；相对于 B2C 大众化制造，C2B 个性化定制下批发价格激励因子取值变化对供应链均衡结果的影响更加显著。

综上所述，工业 4.0 变革初期，制造企业采用的传统运营模式难以与 C2B

个性化定制相匹配，迫切需要创新。本书将价值共创、C2B 个性化定制与运营模式创新纳入一个统一框架，借助红领集团个性化定制模式创新案例的博弈分析，研究基于价值共创的 C2B 个性化定制运营模式创新。研究结论指出了 C2B 个性化定制相对于 B2C 大众化制造的优势，揭示了 C2B 个性化定制下价值共创强度对产品市场需求、企业创新收益、产品提供系统总收益的正向影响关系，明确了价值共创是“C2B 平台运营模式”的核心功能，提出了 B2B2C 供应链运营模式下 C2B 个性化定制的批发价格激励协调机制。研究结论丰富和完善了个性化定制模式创新理论，可为推进我国先进制造业的发展提供理论指导，为实施《中国制造 2025》和“制造强国”战略提供重要的决策参考。特别地，本书基于中国文化背景案例博弈分析得出结论，比现有文献提出的理论框架更能解释中国制造企业运营模式创新的过程及方法，对中国制造企业向个性化、平台化和智能化转型具有现实指导意义。具体而言，主要研究结论可表述为以下 4 个方面。

第一，相对于 B2B2C 供应链运营模式，C2B 平台运营模式与 C2B 个性化定制更加匹配，该模式便于更好满足消费者的个性化需求，提升企业创新收益与产品提供系统总收益，进而增强企业竞争力。这一研究结论与现有研究的观点是一致的，即个性化定制使得经典定位框架让位于平台定位。这一研究结论既可为我国 3D 打印、智能制造等先进制造业的运营模式选择提供指导，又可为中国传统制造企业向个性化、平台化和智能化转型提供借鉴。

第二，C2B 个性化定制能显著提升产品市场需求、企业创新收益和产品提供系统的总收益，且 C2B 个性化定制下产品市场需求、企业创新收益和产品提供系统总收益随价值共创强度的增加而增大。研究结论深入拓展了现有研究的观点，即企业吸收消费者创新知识能提升购买意愿、促进价值增长。研究结论不但可为企业采用 C2B 个性化定制策略来提升运营绩效提供理论依据，而且可为企业在 C2B 个性化定制下通过提升价值共创强度来提升其绩效提供指导。

第三，C2B 个性化定制下，“C2B 平台运营模式”与“B2B2C 供应链运营模式”的均衡差随价值共创强度的增加而增大。这一研究结论既揭示了 C2B 平台运营模式相对于 B2B2C 供应链运营模式的竞争优势，又揭示了消费者与企业的价值共创强度对 C2B 平台运营模式竞争力的正向影响。同时，这一研究结论也明确了消费者与企业的价值共创是 C2B 平台运营模式的核心功能，进而能够为企业改进和完善个性化定制模式创新提供理论指导。

第四，B2B2C 供应链运营模式下，适当的批发价格激励措施能够提升产品市场需求、企业创新收益和产品提供系统的总收益，且 C2B 个性化定制下批发价格激励因子取值变化对供应链均衡结果的影响更加显著。这一研究结论给出了B2B2C供应链运营模式下C2B个性化定制的批发价格协调机制，是对现有研究的进一步发展。因此，如果企业选择B2B2C供应链运营模式，可采用适当的批发价格激励策略来改善供应链的运营绩效。

本书通过探索基于价值共创的C2B个性化定制运营模式创新，提出了C2B平台运营模式与C2B个性化定制更加匹配的观点，为接下来构建数智化技术赋能C2B个性化定制平台运营机制奠定了基础。

3.2　数智化技术赋能C2B个性化定制平台运营机制创新

第3.1节提出了C2B平台运营模式与C2B个性化定制更加匹配的观点。基于此，接下来探索数智化技术赋能C2B个性化定制平台运营机制创新。

党的十九大报告指出我国经济已由高速增长阶段转向高质量发展阶段。创新驱动数字化转型，智能引领高质量发展，持续推动企业数字化、智能化转型是中国实现产业高质量发展的必由之路（周文辉等，2016；吴义爽等，2016；吕文晶等，2019）。物联网、大数据、人工智能等数智化技术的飞速发展为传统制造企业数智化转型提供了技术支持（孟炯，2019）。例如尚品宅配充分利用数智化技术向C2B个性化定制方向发展，将家具定制流程产生的海量数据转化为辅助决策的重要信息，提高了产品智能定制效率，实现了大规模个性化定制，成为传统制造企业数智化转型的典范。数智化技术的运用对C2B个性化定制的实现至关重要。一方面，借助数智化技术，企业能精准快速地获取消费者的个性化需求和购买行为特征；另一方面，依托数智化技术赋能，企业在产品设计研发、生产和决策时能更加准确高效（Hinings et al.，2018）。然而，传统制造企业向C2B个性化定制转型绝非易事，转型过程中所面临的问题亟须解决：第一，在前端消费者个性化需求获取上，消费者个性化需求的动态性与大规模生产所要求的需求稳定性之间存在冲突（Weber，2020），基于产品设计运营视角创新O2O产品设计机制，是实现C2B个性化定制平台运营创新的基础保障；第二，在中端个性化需求传递上，前端订单与后端生产之间难以准确对接，基于订单运营视角创新订单管理机制，是实现C2B个性化定制平台运营创新的核心所在；第三，在后端个性化需求实现上，个性化定制高效用与大规模生产低成本难以同时实现（周文辉等，2018），基于生产运营视角创新数智生产机制，是实现C2B个性化定制平台运营创新的重要支撑。

本书将产品设计运营、订单管理运营与数智生产运营三者纳入统一研究框架，引入尚品宅配个性化定制案例，研究数智化技术赋能的 C2B 个性化定制平台运营机制创新。

3.2.1 研究设计

1. 研究方法

本书采取单案例研究法，原因如下：第一，本书主要研究数智化技术赋能的 C2B 个性化定制平台运营机制创新，属于“How”类型问题，单案例研究适合解决这类问题；第二，以数智化技术为基础研究 C2B 个性化定制目前处于探索阶段，单案例研究能通过对新现象的描述或解释构建新理论；第三，本书需要对数智化技术赋能 C2B 个性化定制平台运营创新的实现过程和机理进行剖析，单案例研究能更好地展示过程变化特征，揭示过程的实现路径。此外，单案例研究法能获取更为丰富且深入的信息，对问题进行深度剖析，达到更贴近理论构念的研究目的。

2. 案例选择

（1）选取原则。本书遵循案例研究的典型性、数据可得性和适配性原则，选择尚品宅配作为案例，主要原因如下：第一，尚品宅配是国内知名度较高的定制家具企业，因其将物联网、大数据、人工智能等数智化技术运用到家具定制的全流程，成功实现了数智化转型，被誉为“C2B + O2O”模式的中国样本，故选择尚品宅配作为案例企业具有典型性；第二，尚品宅配经过十余年的发展与创新，在产品设计、订单管理和数智生产等业务流程中积累了丰富的经验，选择尚品宅配作为案例企业，能够收集具有较高可信度的研究材料，使研究结论更具有说服力；第三，尚品宅配运用数智化技术推动 C2B 个性化定制平台运营创新，促进了传统制造业向数智化转型，尚品宅配案例与本书研究目的完全契合。

（2）案例背景。尚品宅配成立于 2004 年，是全国首个提出“全屋定制”概念的家居服务企业，致力于为消费者提供个性化家居定制服务，并以先进的软件技术、研发技术和智能化生产工艺成功实现了“C2B + O2O”模式创新①。尚品宅配主要业务流程为产品设计、订单管理和数智生产，依托对数智化技术

① 吴义爽，盛亚，蔡宁．基于互联网 + 的大规模智能定制研究——青岛红领服饰与佛山维尚家具案例［J］. 中国工业经济，2016（4）：127 – 143.

的运用使各流程之间实现了无缝衔接。在产品设计方面，尚品宅配拥有三大数据库，涵盖全国上万个楼盘的房型数据库，包含数百个家具企业的产品数据库以及覆盖上百万个空间设计方案的数据库，能快速为消费者提供个性化设计方案。消费者根据自身偏好在线上平台选择产品类型并预约订单，大数据平台对采集到的消费者需求数据进行标准化解构，同时将解构后的数据传递至生产端。另外，尚品宅配借助数智化技术对消费者需求数据进行分析处理并生成消费者画像，用于识别潜在消费者。在订单管理方面，订单数据的流动互通是消费者个性化需求准确传递至生产端的关键所在。尚品宅配运用数智化技术实现个性化订单的数据化转换，并通过大数据流的形式快速转入生产后台，使订单传递更为准确高效，同时还能对订单进行数字化管理，为消费者提供实时查看订单动态的服务。在数智生产方面，尚品宅配充分运用数智化技术构建智能工厂，并搭建多条智能化的模块生产流水线。待个性化订单拆单完成后，智能制造工厂对产品实施大规模生产。尚品宅配智能工厂的投入使用，将材料利用率由 85% 提高到 93% 以上，每日产能提高了约十倍，出错率也由原来的 30% 降低至 3% 以下，极大地降低了制造成本，交货期也大幅缩短①。尚品宅配借助数智化技术赋能，实现了产品 C2B 个性化定制，成为家具行业数智化转型的典范。尚品宅配数智化技术赋能 C2B 个性化定制平台运营机制创新架构如图 3 – 3 所示。

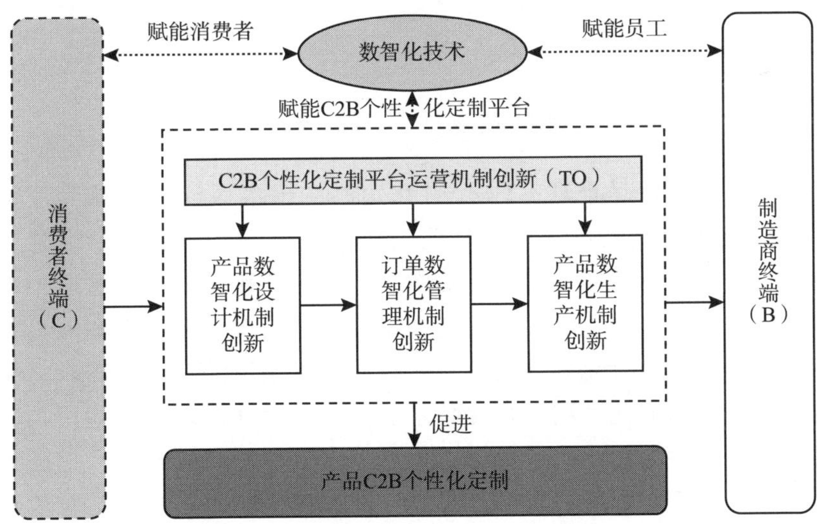

图 3 – 3　数智化技术赋能 C2B 个性化定制平台运营机制创新架构

① 广州尚品宅配家居股份有限公司．尚品宅配：2020 年年度报告［R］．广州：广州尚品宅配家居股份有限公司，2021.

3. 数据收集

在资料收集方面，为确保本书的信度与效度，本节结合现场观察、半结构化访谈和档案记录三种方法收集相关数据，并依据三角验证规则对收集到的数据进行互相印证。一手资料主要来源有：第一，现场观察（编码为 A1），对尚品宅配公司总部进行实地考察，体验全屋家具定制流程，并做了详细的观察记录；第二，半结构化访谈（编码为 A2），根据研究问题所需的资料或需要求证信息真实性的资料撰写访谈内容，对尚品宅配的中高层管理人员进行了访谈，并详细记录了访谈内容；第三，聆听演讲（编码为 A3），现场参与尚品宅配高层领导的专题演讲，并详细记录演讲中的重要内容。二手资料主要来源有：第一，尚品宅配官方网站、官方微博、微信公众号等官方渠道发布的信息（编码为 B1），通过百度、谷歌等搜索工具查阅尚品宅配的相关资料；第二，尚品宅配公司内部资料（编码为 B2），查阅尚品宅配出版的刊物、公司宣传材料、合作协议等内部资料；第三，与尚品宅配相关的文献（编码为 B3），检索中国知网数据库中有关尚品宅配正式发表的文献，查阅相关统计报告和家具协会主办刊物资料库。

3.2.2 研究发现

1. 产品数智化设计机制创新

产品数智化设计是推动 C2B 个性化定制的根本保证（吴瑶等，2017）。在 C2B 个性化定制产品设计中，只要消费者在给定产品的某个维度上出现特殊偏好，就意味着消费者对该产品有整体的个性化需求。为深度挖掘消费者个性化需求，制造企业利用数智化技术推进产品设计数字化和线上化，让消费者参与产品设计，充分调动消费者积极性，激发潜在消费需求，从而实现精益生产。尚品宅配利用数智化技术赋能产品设计体现在：运用物联网技术采集提取消费者个性化需求数据，促进需求资源的高效连接；借助大数据技术为产品设计流程赋能，提升产品设计数据挖掘能力；在人工智能技术的辅助下实现智能推送和智能库存管理，提升产品智能设计决策能力。尚品宅配利用数智化技术赋能激活 O2O 产品设计机制中需求资源连接、产品设计数据挖掘和产品智能设计决策三大功能，并以此形成“物联网—大数据—人工智能”数智化技术赋能的完整闭环，推动 O2O 产品设计机制创新，提升

O2O 产品设计机制的运营效率，从而促进产品数智化设计。产品数智化设计机制创新典型证据援引和产品数智化设计机制创新模型如表 3 – 10 和图 3 – 4 所示。

表 3 – 10　　产品数智化设计机制创新典型证据援引

构念	维度	典型证据援引	编码结果
数智化技术赋能	物联网技术赋能需求资源连接	企业借助物联网技术对消费者浏览数据、购买行为数据和个性化需求数据进行采集提取。（B1） 企业利用物联网技术所获取的需求资源数据识别潜在消费者，传递潜在需求。（A3） 物联网技术促进消费者与个性化产品制造商连接，并形成需求资源数据流传递至大数据中心，为数据分析奠定基础。（B2）	提升需求资源连接效率
	大数据技术赋能产品设计数据挖掘	大数据技术赋予消费者全程参与产品设计的权利，有助于企业对消费者个性化需求数据的深度挖掘。（B3） 大数据技术可提升员工按需匹配创新设计方案的能力，员工能快速响应消费者需求。（A1） 企业依托大数据技术深度挖掘个性化需求数据并生成产品设计数据，用于支撑产品智能设计决策。（A3）	提升产品设计数据挖掘效率
	人工智能技术赋能产品智能设计决策	企业借助人工智能技术为消费者提供智能推送服务，针对消费者的不同偏好推送个性化广告和服务，帮助消费者在庞大的产品目录中匹配符合自身需求的产品和定制服务。（B1） 企业利用人工智能技术预测消费需求量，并对生产原材料数量的增补提供决策建议，实现智能库存管理。（A2）	提升产品智能设计决策效率
运营机制创新	O2O 产品设计机制创新	个性化产品制造商运用物联网技术促进与消费者的连接，提升需求资源连接能力。（A2） 以需求资源连接中获取的数据为基础，借助大数据技术为产品设计流程赋能，提升产品设计数据挖掘能力。（B1） 产品设计数据的深度挖掘为企业借助人工智能技术辅助决策提供了支撑保障，实现了产品设计流程的智能决策。（A3）	促进产品数智化设计

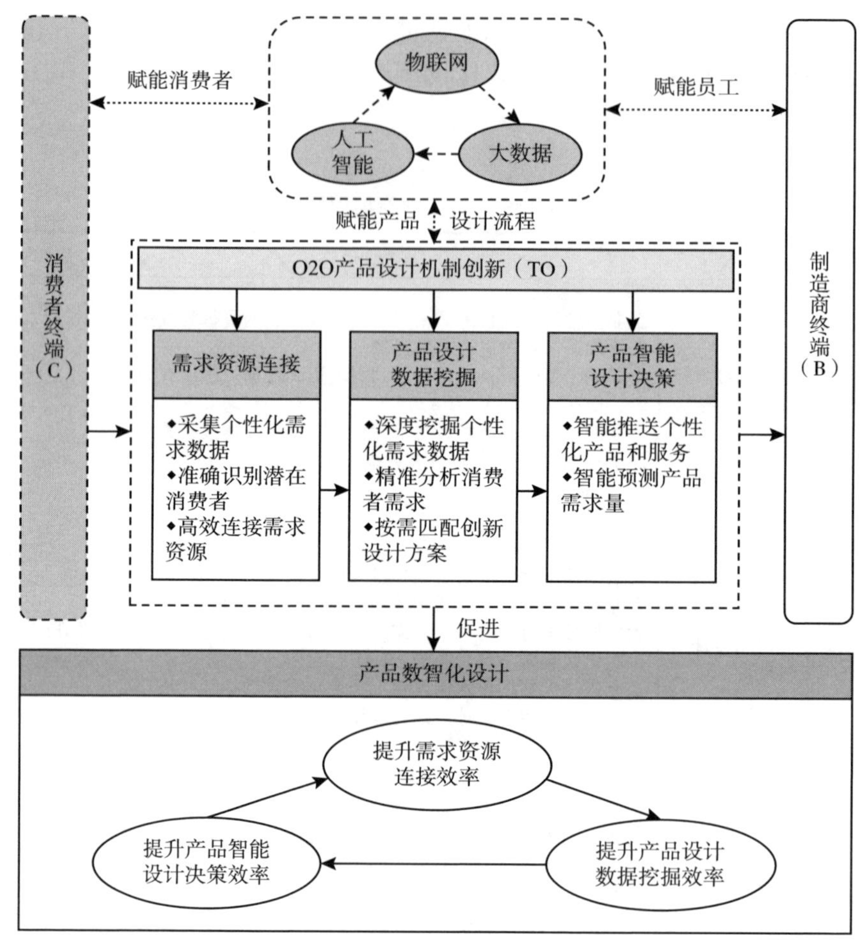

图 3-4 产品数智化设计机制创新模型

（1）数智化技术赋能。物联网、大数据和人工智能技术为消费者、企业员工和 O2O 产品设计流程赋能，驱动产品设计流程的需求资源连接、产品设计数据挖掘和产品智能设计决策，为 O2O 产品设计机制创新提供了支撑。第一，企业利用物联网技术对消费者浏览数据、购买行为数据和个性化需求数据进行采集提取，借助所获取的需求资源数据识别潜在消费者，从而促进与消费者的连接，形成需求资源数据流，并传递至大数据中心，为数据分析处理奠定基础（陈国青等，2022）。在物联网技术的驱动下，个性化产品制造商能快速获取消费者个性化需求数据，通过与消费者的准确连接促进需求资源的协调整合。第二，大数据技术赋予消费者全程参与产品设计的权利，有助于企业对消费者个性化需求数据的深度挖掘，同时也能提升员工按需匹配创新设计方案的能力。另外，大数据技术为 O2O 产品设计流程赋能，将个性化需求数据转化为个性化产品设计数据，用于支撑人工智能实施产品智能设计决策，快速预测和响应消费者需求。利用大数据技术赋能，个性化产品制造商获得深度挖掘产品设计数据的能力。制造商利用所获取的产品设计数据预测需求量，优化库存管理，提升资源配置效率。第三，企业运用人工智能技术对每一位消费者进行深度洞察，针对消费者的不同偏好智能推送符合其个性化需求的广告和服务，帮助消费者在庞大的产品目录中匹配符合自身需求的产品和定制服务。另外，人工智能技术还能辅助企业预测需求量，对生产原材料数量的增补提供决策建议，实现智能库存管理。在人工智能技术的驱动下，制造商能高效处理需求端所产生的大量数据，促进产品设计流程的数据资源与管理者协同，实现以数据为基础的科学决策。企业运用物联网、大数据和人工智能技术激活了 O2O 产品设计机制中需求资源连接、产品设计数据挖掘和产品智能设计决策三大功能，形成了“物联网—大数据—人工智能”数智化技术赋能的完整闭环，促进了数智化技术与产品设计流程的深度融合，从而推动 O2O 产品设计机制创新。

（2）O2O 产品设计机制创新。尚品宅配借助“物联网—大数据—人工智能”数智化技术赋能 O2O 产品设计机制创新，促进 O2O 产品设计机制中需求资源连接能力、产品设计数据挖掘能力和产品智能设计决策能力的提升，从而推动产品数智化设计，实现 O2O 产品设计机制高效运营。

第一，个性化产品制造商运用物联网技术促进与消费者的连接，提升了需求资源连接能力。消费者通过查阅新居网和尚品宅配微信公众号所展示的家具设计方案，结合自身需求预约上门量房设计，线上平台将记录消费者在该过程中的行为轨迹，并借助物联网技术对消费者的浏览数据、购买偏好数据和个性化需求数据进行采集提取，为识别潜在消费需求提供数据支撑。尚品宅配建立了包含数万种户型的房型库，并针对消费者不同的定制需求，研发了数百万套设计方案，同时还拥有全国家具制造业最为齐全的产品库，能与大量消费者的个性化需求相匹配。消费者在线上平台选择设计方案时会产生大量个人偏好数据，企业利用物联网技术完成数据的采集，通过对消费者偏好数据的分析，可以精准刻画消费者画像，有助于识别潜在消费者，准确传递潜在消费需求，为需求资源的高效连接提供保障。消费者在线下交互时可以向设计师传达自己对产品的外观要求和实际用途，进一步优化定制方案，同时有助于制造商深度挖掘消费者的个性化需求。待定制方案确定后，设计师实施产品模块化设计，将消费者需求进行分解，根据不同的需求划分创建产品模块，当消费者需求发生改变时，可以通过替换产品模块快速响应消费者需求。另外，在物联网技术的辅助下可将产品模块化设计所产生的数据以需求资源数据流的形式快速传递至大数据中心，促进需求资源的高效连接，同时也为后续产品设计提供数据支撑。

第二，以需求资源连接中获取的数据为基础，借助大数据技术为产品设计流程赋能，可提升产品设计数据挖掘能力。在O2O产品设计流程中，消费者被授予全程参与产品设计的权利，从线上预约量房设计到线下交互确定方案，消费者能按照自身喜好和需求进行家居设计。在该过程中，企业运用大数据技术深度挖掘消费者个性化需求数据，充分了解消费者的购买偏好，有助于提升企业员工在创新设计方案时的工作效率。在大数据技术的辅助下，企业员工只需根据消费者的需求在设计系统中输入相应的关键词就能快速匹配定制方案，再按照消费者的特殊需求对其进行局部微调便可形成一套全新的个性化定制设计方案（Mazurek，2021），这不仅能提升员工按需匹配创新设计方案的能力，还能快速响应和满足消费者需求。在C2B个性化定制模式下，消费者可全程参与产品设计，在该过程所产生的数据能及时传递至大数据中心，并通过大数据技术进行分析处理，将获取的个性化需求数据转化为个性化产品设计数据，辅助企业员工匹配创新设计方案，也有助于企业深度挖掘产品设计数据。

第三，产品设计数据的深度挖掘为企业借助人工智能技术辅助决策提供了支撑保障，实现了产品设计流程的智能决策，提升了产品智能设计决策能力。尚品宅配在获得消费者授权的基础上，对消费者的个人数据和消费偏好进行跟踪记录，将消费者的浏览、互动和收藏等操作作为“轨迹跟踪”的依据，借助智能算法模型对消费者行为进行分析。通过标签管理和用户分群，实现数据向消费者画像的转化，帮助企业更加准确地识别目标消费者，同时借助人工智能技术为消费者智能推送符合其个性化需求的广告和服务。O2O产品设计机制能根据消费者在定制平台上的浏览时长和操作行为进行购买意向分析，预测产品的需求量，并及时将数据传递到生产后台。待数据分析处理后，在人工智能技术的辅助下对生产原材料数量的增补进行智能决策（Koyamparambath et al.，2022），确保生产原材料的及时供应，有利于库存管理，减少资源浪费。

综上所述，企业利用物联网技术促进与消费者的连接，采集提取消费者个性化需求数据，并自动形成需求资源数据流传递至大数据中心，然后借助大数据技术对需求资源数据进行分析处理，将个性化需求数据转化为产品设计数据，最终在产品设计数据的支撑下，借助人工智能技术进行产品智能设计决策。其中：物联网技术促进消费者与个性化产品制造商连接，提升了需求资源连接能力；大数据技术为产品设计流程赋能，提升了产品设计数据挖掘能力；人工智能技术促成了产品设计流程的智能决策，提升了产品智能设计决策能力。需求资源连接能力、产品设计数据挖掘能力和产品智能设计决策能力的提升，促进了产品数智化设计，从而实现O2O产品设计机制高效运营。

命题3－7：物联网、大数据和人工智能技术赋能O2O产品设计机制创新，促进了产品数智化设计，提升了O2O产品设计机制的需求资源连接效率、产品设计数据挖掘效率和产品智能设计决策效率，从而实现O2O产品设计机制高效运营。

2. 订单数智化管理机制创新

订单数智化管理是推动C2B个性化定制的核心所在（Teece，2018）。消费者在O2O产品设计交互后确定产品设计方案，并通过新居网或线下门店签约订单。订单管理系统在数智化技术的辅助下将订单信息转化为数据形式，自由流动于消费端与生产端之间，促使订单中所包含的消费者个性化需求信息及时准确地传递至生产环节。尚品宅配利用数智化技术赋能订单管理体现在：运用物联网技术采集提取个性化订单数据，促进个性化订单与生产端的高效连接；借助大数据技术为订单管理流程赋能，提升订单管理数据联通能力；在人工智能技术的辅助下实现智能拆单和智能发布生产指令，提升订单智能管理决策能力。尚品宅配利用数智化技术赋能激活订单管理机制中拆单流程连接、订单管理数据联通和订单智能管理决策三大功能，并以此形成“物联网—大数据—人工智能”数智化技术赋能的完整闭环，推动订单管理机制创新，提升订单管理机制的运营效率，从而促进订单数智化管理。订单数智化管理机制创新典型证据援引和订单数智化管理机制创新模型如表3－11和图3－5所示。

表3－11　订单数智化管理机制创新典型证据援引

构念	维度	典型证据援引	编码结果
数智化技术赋能	物联网技术赋能拆单流程连接	消费者确认下单后，企业运用物联网技术对个性化订单数据进行采集提取。（A1） 企业借助物联网将采集的订单数据传递至大数据中心，并自动形成拆单流程数据流，促进个性化订单与生产端连接。（B3） 制造商借助物联网技术快速获取个性化订单数据，促进拆单环节的资源整合。（B2）	提升拆单流程连接效率
	大数据技术赋能订单管理数据联通	大数据赋予消费者订单动态知情权，完善消费者权利。（A1） 大数据技术授予员工生产决定权，员工可根据订单状态及时调整生产进度，不再需要向上级请示。（A3） 企业依托大数据实现订单管理流程中数据的流动互通。（B3）	提升订单管理数据联通效率

续表

构念	维度	典型证据援引	编码结果
数智化技术赋能	人工智能技术赋能订单智能管理决策	企业在人工智能技术的辅助下对个性化订单进行智能拆单处理，并将拆单数据传递至生产端。(B1) 生产工人在获取个性化订单的加工信息后，在人工智能技术的辅助下进行数智决策。(A1)	提升订单智能管理决策效率
运营机制创新	订单管理机制创新	企业运用物联网技术促进个性化订单与生产端连接，可提升拆单流程连接能力。(A1) 以拆单流程连接中的数据为基础，借助大数据技术为订单管理流程赋能，促进订单管理数据联通。(A3) 订单管理数据的联通为企业借助人工智能技术辅助决策提供了支撑保障，实现了订单管理流程的智能决策。(B1)	促进订单数智化管理

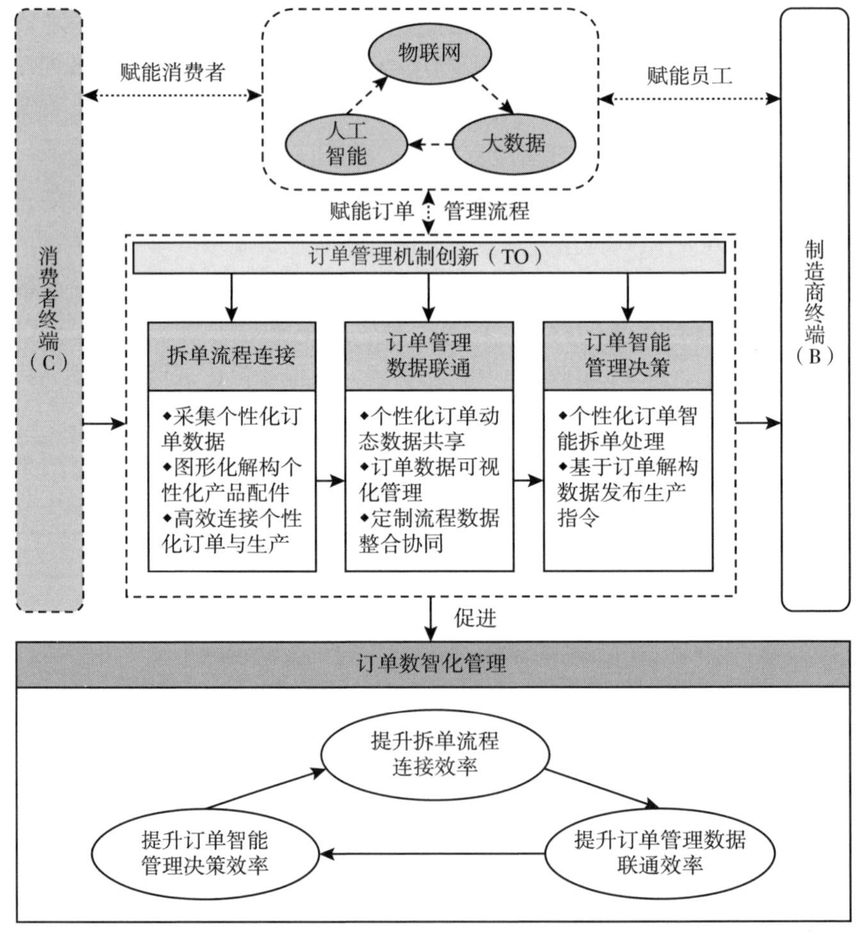

图3-5 订单数智化管理机制创新模型

（1）数智化技术赋能。物联网、大数据和人工智能技术为消费者、企业员工和订单管理流程赋能，驱动订单管理流程的拆单流程连接、订单管理数据联通和订单智能管理决策，为订单管理机制创新提供了支撑和保障。

第一，企业利用物联网技术对个性化订单数据采集提取后传递至大数据中心，并转化为数据流的形式快速传入生产后台，使个性化订单与生产端连接。在物联网技术的驱动下，制造商能快速获取个性化订单数据，通过个性化订单与生产端的准确对接促进拆单环节的资源整合。第二，大数据中心通过分析处理所获取的个性化订单数据，打通前后两端数据通道，促进订单管理流程的数据互通，同时生成订单管理数据，实施订单智能管理决策。在大数据技术的驱动下，制造商实现了订单管理流程中数据的流动互通，通过订单管理数据与流程的协同，提升了资源配置效率。第三，企业运用人工智能技术按最优分解度对个性化订单进行智能拆单，同时辅助操作工人进行科学决策。在人工智能技术的驱动下，制造商能高效处理个性化订单数据，促进订单管理流程的数据资源与管理者协同，减少因管理者经验不足而产生的决策偏差。企业运用物联网、大数据和人工智能技术赋能激活了订单管理机制中拆单流程连接、订单管理数据联通和订单智能管理决策三大功能，形成了“物联网—大数据—人工智能”数智化技术赋能的完整闭环，促进了数智化技术与订单管理流程的深度融合，从而推动订单管理机制创新。

（2）订单管理机制创新。尚品宅配借助“物联网—大数据—人工智能”数智化技术赋能订单管理机制创新，促进订单管理机制中拆单流程连接能力、订单管理数据联通能力和订单智能管理决策能力的提升，从而推动订单数智化管理，实现订单管理机制高效运营。

第一，运用物联网技术促进个性化订单与生产端连接，提升了拆单流程连接能力。消费者在尚品宅配的线下门店下单后，系统自动生成个性化订单数据，在物联网技术的辅助下对订单数据进行采集提取，使订单在订单管理平台内以大数据流的形式快速进入生产后台，有助于订单数据化管理，同时也能及时共享订单动态数据，让消费者在线上平台实时查看订单动态、反馈问题，有效避免因消费者需求传递迟缓造成产品供给不匹配的现象。企业借助物联网技术将采集到的个性化订单数据传递至大数据中心，并形成拆单流程数据流转入系统拆单环节，实现拆单需求的准确传递。尚品宅配制造工厂能同时对数十个订单的配件进行图形化解构，将家具设计图转化为符合生产要求的零件图，并依据家具的最优分解度将其拆分为不同的零部件，待智能拆单完成后自动分包生成待生产清单[①]。在物联网技术的驱动下，个性化订单数据在订单管理平台内以大数据流的形式快速转入生产后台，将拆单需求准确及时地传递至生产端，并通过系统自动整合所有零部件清单，对相同或相似的零部件进行拼单，安排生产。此时，每一个零部件都被贴上与其对应的条形码，机器人依据条形码所显示的信息指令对零部件实施快速精准分拣，并由系统发布生产指令（张明超等，2018），依托物联网技术使个性化订单高效准确地与生产端连接。

第二，以拆单流程连接中获取的数据为基础，借助大数据技术为订单管理流程赋能，可提升订单管理数据联通能力。消费者除了能参与产品设计外，还有权获取订单动态信息，若发现问题可通过系统及时反馈，有助于企业员工及时调整生产安排，缩短需求响应时间。大数据技术完善了消费者权利，使消费者由传统制造模式中的被动等待企业答复转变为自主获取动态信息。在大数据技术的辅助下，企业员工查阅订单数据后可自行决定原材料的采购数量，无须等待上级批准，还可以根据订单状态及时调整生产进度，不再需要向上级请示。在 C2B 个性化定制模式下，大数据技术赋予消费者订单动态信息获取权，消费者在查看订单状态后能及时向制造商反馈问题；企业员工被授予生产决策权，能根据订单信息和消费者反馈的问题自行调整生产进度，无须请示上级领导。在大数据技术的辅助下实现了订单管理数据的流动互通，提升了供需连接能力。

第三，订单管理数据联通为企业借助人工智能技术辅助决策提供了支撑保障，实现了订单管理流程的智能决策，提升了订单智能管理决策能力。订单管理机制对个性化订单中的偏好、数量等数据进行解构，在人工智能技术的辅助下对个性化订单进行智能拆单处理，并将拆单数据传递至生产端。生产工人在获取个性化订单的加工信息后，在人工智能技术的辅助下按照系统提供的解构数据进行数智决策，发布智能生产指令。该过程中生产工人能快速处理大量数据，提升在众多个性化需求情境中的数据分析和利用能力，同时也减少了生产环节对工人经验决策的依赖程度，降低出错率。

综上所述，企业利用物联网技术促进个性化订单与生产端的连接，采集提取个性化订单数据，并自动生成拆单流程数据流传递至大数据中心，然后借助大数据技术实现订单数据在供需两端的流动互通，最终在订单管理数据的支撑下，借助人工智能技术进行订单智能管理决策。其中：物联网技术促进个性化订单与生产端连接，提升了拆单流程连接能力；大数据技术为订单管理流程赋能，提升了

---

① 周文辉，王鹏程，杨苗．数字化赋能促进大规模定制技术创新［J］．科学学研究，2018，36（8）：1516－1523.

订单管理数据联通能力；人工智能技术促成了订单管理流程的智能决策，提升了订单智能管理决策能力。拆单流程连接能力、订单管理数据联通能力和订单智能管理决策能力的提升促进了订单数智化管理，从而实现订单管理机制高效运营。

命题3－8：物联网、大数据和人工智能技术赋能订单管理机制创新，促进了订单数智化管理，提升了订单管理机制的拆单流程连接效率、订单管理数据联通效率和订单智能管理决策效率，从而实现订单管理机制高效运营。

3. 产品数智化生产机制创新

产品数智化生产是推动C2B个性化定制的重要支撑（Ciampi et al.，2021）。O2O产品设计中获取的个性化需求通过订单管理机制准确传递至生产环节，尚品宅配运用数智化技术对前两个环节筛选出的同质化需求实施建模，将个性化产品进行模块化拆分后实施大规模生产，实现了生产环节的智能化升级，同时降低了C2B个性化定制生产的成本。尚品宅配利用数智化技术赋能产品生产体现在：运用物联网技术采集提取生产资源数据，促进生产资源的高效连接；借助大数据技术为产品生产流程赋能，提升产品生产数据分析能力；在人工智能技术的辅助下实现智能生产决策和智能发布纠错指令，提升产品智能生产决策能力。尚品宅配利用数智化技术激活数智生产机制中生产资源连接、产品生产数据分析和产品智能生产决策三大功能，并以此形成“物联网—大数据—人工智能”数智化技术赋能的完整闭环，推动数智生产机制创新，提升数智生产机制的运营效率，从而促进产品数智化生产。产品数智化生产机制创新典型证据援引和产品数智化生产机制创新模型见表3－12和图3－6。

表3－12　产品数智化生产机制创新典型证据援引

构念	维度	典型证据援引	编码结果
数智化技术赋能	物联网技术赋能生产资源连接	企业借助物联网技术将智能生产设备连接成生产线，采集提取生产资源数据。（B2） 企业利用物联网技术将采集的生产资源数据传递至大数据中心，并自动形成产品生产数据流，促进需求端与制造端连接。（A3） 在物联网技术的辅助下，制造商能快速获取生产资源数据，实现生产资源的高效配置。（B1）	提升生产资源连接效率
	大数据技术赋能产品生产数据分析	企业依托大数据技术实现生产流程数据共享，并赋予消费者生产动态知情权。（A1） 大数据技术授予员工数智决策权，员工可根据生产数据分析结果发布加工指令。（A3） 制造商借助大数据技术实现了生产流程的数据互通与共享，并利用大数据技术进行生产数据分析。（B3）	提升产品生产数据分析效率

续表

构念	维度	典型证据援引	编码结果
数智化技术赋能	人工智能技术赋能产品智能生产决策	生产端依托人工智能技术对生产过程中不合格的指标进行分析，并智能发布纠错指令。(B2) 企业借助人工智能技术实时监控并分析生产中潜在的隐患，辅助各级管理人员进行数智决策。(A1)	提升产品智能生产决策效率
运营机制创新	数智生产机制创新	企业借助物联网技术促进需求端和制造端连接，可提升生产资源连接能力。(B1) 以生产资源连接中的数据为基础，借助大数据技术为数智生产流程赋能，可为产品生产数据分析提供支撑保障。(B3) 产品生产数据分析为企业借助人工智能技术辅助决策提供了数据支撑，实现了数智生产流程的智能决策。(A1)	促进产品数智化生产

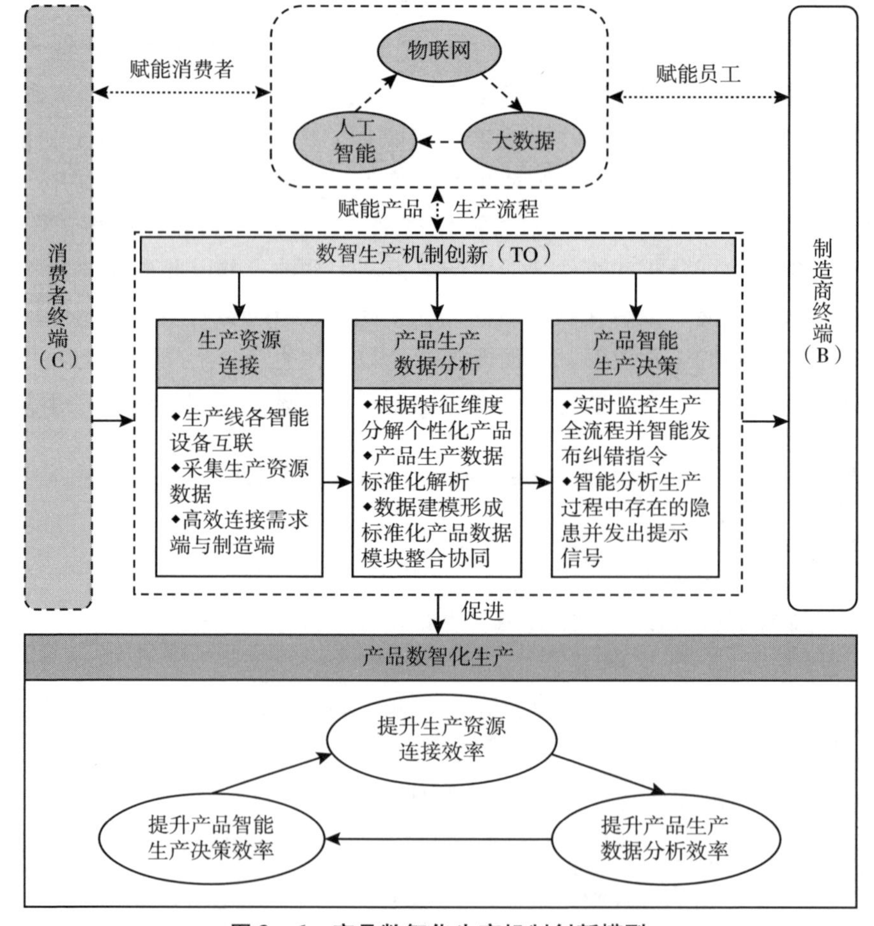

图3-6 产品数智化生产机制创新模型

（1）数智化技术赋能。物联网、大数据和人工智能技术为消费者、企业员工和产品生产流程赋能，驱动数智生产流程的生产资源连接、产品生产数据分析和产品智能生产决策，为数智生产机制创新提供了支撑保障。第一，企业借助物联网技术使智能生产设备与生产线连接，对产品制造的全流程进行实时监控；采集提取生产资源数据，并将数据传递至大数据中心，自动形成产品生产数据流，促进需求端与制造端的连接，也为后续数据分析处理奠定基础。在物联网技术的驱动下，制造商能快速获取生产资源数据，通过需求端与制造端的准确连接，实现生产资源的高效配置。第二，大数据中心通过对所获取的生产资源数据进行分析处理，打破各生产线之间的边界，实现生产流程中的数据共享。借助大数据技术赋予消费者参与定制生产的权利，让消费者能实时查看生产动态信息，同时赋予员工数智决策权，员工可将生产数据分析结果作为依据，发布加工指令。另外，大数据技术还为产品生产流程赋能，促进生产资源数据流动互通，并自动生成产品生产数据用于支撑人工智能，实施产品智能生产决策（Me，2021）。在大数据技术的驱动下，制造商实现了生产流程的数据互通与共享，在提高生产质量的同时有效降低了产品的生产成本。第三，运用人工智能技术对产品生产流程进行智能监管，实时监控并分析生产中的潜在隐患，辅助各级管理人员决策，减少经验决策带来的选择偏误。在人工智能技术的驱动下，制造商能高效处理产品生产数据，促进数智生产流程的数据资源与管理者协同，从依靠管理者的经验决策转变为数智化技术辅助的科学决策。企业运用物联网、大数据和人工智能技术赋能激活了数智生产机制中生产资源连接、产品生产数据分析和产品智能生产决策三大功能，形成了“物联网—大数据—人工智能”数智化技术赋能的完整闭环，促进了数智化技术与产品生产流程的深度融合，推动数智生产机制创新。

（2）数智生产机制创新。尚品宅配借助“物联网—大数据—人工智能”数智化技术赋能数智生产机制创新，促进数智生产机制中生产资源连接能力、产品生产数据分析能力和产品智能生产决策能力的提升，从而推动产品数智化生产，实现产品数智化生产机制高效运营。

第一，企业借助物联网技术促进需求端和制造端连接，提升了生产资源连接能力。尚品宅配的生产后台对所获取的个性化订单进行标准化解构，先对订单中的家具筛选分类，按家具的布置空间划分为客餐厅、卧房、书房、厨房四大类，并自动显示家具的特征维度以及参数空间上的个性化需求。根据家具在整体衣柜、电视柜、定制床等特征维度，以及家具风格、衣柜类型、功能组合等参数空间所表达的个性化需求进行深度分解，自动生成生产资源数据，并借助物联网技术进行采集提取，为生产需求的准确性传递提供数据支撑。企业运用物联网技术将采集到的生产资源数据传递至大数据中心，并自动形成产品生产数据流转至生产环节，确保生产需求的准确传递，为生产资源的高效连接提供保障。尚品宅配智能制造工厂先对标准化家具进行数据建模，得出最优分解度，然后将尺寸相近、结构相似的标准化零部件聚合，建立标准化模块，实施标准化模块的大规模生产。在大规模标准化生产完成后，生产者对标准化零部件进行个性化加总，并按照订单信息将产品模块逆向组装成符合消费者个性化需求的定制产品。此过程在物联网技术的辅助下对所有零部件上的条形码进行扫描，确保零部件齐全无误后进入自动分拣系统，统一包装同一订单的零部件，最后通过尚品宅配的全自动化立体仓智能物流将产品配送给客户，实现了需求端与制造端的高效连接。

第二，以生产资源连接中获取的数据为基础，借助大数据技术为数智生产流程赋能，可提升产品生产数据分析效率。消费者能数据化参与定制产品生产的各环节，如个性化产品的标准化解构、标准化模块的个性化加总等，还能实时查询产品生产动态，全面体验个性化智能定制服务。在此过程中消费者能通过线上平台及时反馈问题，有助于生产端快速响应消费者需求的变化。在数智生产过程中，尚品宅配智能工厂拥有众多智能化生产线，分别用于生产不同类别的家具，生产线上的所有零部件都有一一对应的条形码，员工只需扫描零部件上的条形码就能获取生产数据分析，并根据数据分析结果发布加工指令，不再需要手动输入，既能降低出错率，又能实现高效生产，还能提升员工对消费者需求的响应速度。在 C2B 个性化定制模式下，大数据技术赋予消费者生产动态知情权，消费者能实时查询产品生产动态数据，了解产品生产进度。同时，大数据技术为企业员工赋能，员工获得数智决策权，员工能依据生产数据分析结果发布加工指令，从而形成生产者与大数据协同作用的决策模式。企业在大数据技术的辅助下实现了产品生产数据的互通共享，提升了数智生产能力。

第三，产品生产数据分析为企业借助人工智能技术辅助决策提供了支撑保障，实现了数智生产流程的智能决策，提升了产品智能生产的决策能力。数智生产机制能对各生产线的实时数据进行采集，有助于打破生产线之间的隔离，同时对智能生产设备的运营状态和生产全流程进行实时监控，监测设备、工艺、质量等是否符合生产指标，当出现不合格指标时，可借助人工智能技术分析问题并发布纠错指令。尚品宅配的数智生产机制能通过大数据建模分析生产中可能存在的隐患，并在人工智能技术的辅助下对该隐患发出提示信号，为各级管理人员提供决策建议，推动生产决策由经验决策向智能决策转化，从而实现数智化技术驱动的智能生产决策（朴庆秀等，2020）。

综上所述，企业利用物联网技术促进需求端与制造端的连接，采集提取生产资源数据，并将数据传递至大数据中心，然后借助大数据技术对生产资源数据进行分析处理，并自动生成产品生产数据，最终在产品生产数据的支撑下，借助人工智能技术进行产品智能生产决策。其中，物联网技术促进需求端和制造端连接，提升了生产资源连接能力；大数据技术为数智生产流程赋能，提升了产品生产数据分析能力；人工智能技术促成了数智生产流程的智能决策，提升了产品智能生产决策能力。生产资源连接能力、产品生产数据分析能力和产品智能生产决策能力的提升促进了产品数智化生产，从而实现产品数智化生产机制高效运营。

命题3－9：物联网、大数据和人工智能技术赋能数智生产机制创新，促进了产品数智化生产，提升了数智生产机制的生产资源连接效率、产品生产数据分析效率和产品智能生产决策效率，从而实现产品数智化生产机制高效运营。

4. C2B个性化定制平台运营机制创新过程模型

尚品宅配沿着“需求获取—需求传递—需求实现”的路径，借助数智化技术实施产品数智化设计机制创新、订单数智化管理机制创新和产品数智化生产机制创新，促进了C2B个性化定制平台运营机制创新，推动产品C2B个性化定制。

（1）在产品数智化设计机制创新方面。尚品宅配首先借助物联网技术采集提取消费者需求数据，传递潜在消费需求，促进需求资源的高效连接，并依托物联网技术促进形成需求资源数据流，传递至大数据中心。之后利用大数据技术对所获取的需求资源数据进行深度挖掘，自动生成产品设计数据，为员工按需匹配创新设计方案提供数据支撑，同时提升产品设计数据挖掘能力。最终在人工智能技术的辅助下进行产品智能设计决策，为消费者智能推送个性化产品和服务，并对生产原材料库存进行智能增补，实现智能库存管理。在产品设计流程中，物联网技术促进消费者与个性化产品制造商连接，提升了需求资源连接能力；大数据技术为产品设计流程赋能，提升了产品设计数据挖掘能力；人工智能技术促成了产品设计流程的智能决策，提升了产品智能设计决策能力。企业运用物联网、大数据、人工智能技术为消费者、企业员工和O2O产品设计流程赋能，推动了O2O产品设计机制创新，促进了产品数智化设计，从而提升 O2O 产品设计机制的需求资源连接效率、产品设计数据挖掘效率和产品智能设计决策效率，实现了 O2O 产品设计机制运营效率的提升。

（2）在订单数智化管理机制创新方面。尚品宅配首先利用物联网技术对个性化订单数据进行采集提取，并自动形成拆单流程数据流，确保拆单需求准确传递至生产端，实现个性化订单与生产端的高效连接。之后借助大数据技术实现订单数据在供需两端的联通，促使订单管理流程可视化，有助于消费者及时获取订单动态信息，员工也能借助数据分析安排生产进度。最终在人工智能技术的辅助下进行订单智能管理决策，根据最优分解度智能拆单，并同时发布生产指令。在订单管理流程中，物联网技术促进个性化订单与生产端连接，提升了拆单流程连接能力；大数据技术为订单管理流程赋能，提升了订单管理数据联通能力；人工智能技术促成了订单管理流程的智能决策，提升了订单智能管理决策能力。企业借助物联网、大数据、人工智能技术为消费者、企业员工和订单管理流程赋能，推动了订单管理机制创新，促进了订单数智化管理，从而提升订单管理机制的拆单流程连接效率、订单管理数据联通效率和订单智能管理决策效率，实现了订单管理机制运营效率的提升。

（3）在产品数智化生产机制创新方面。尚品宅配首先利用物联网技术对生产资源数据进行采集提取，并自动形成产品生产数据流，确保生产需求的准确传递，实现需求端与制造端的高效连接。之后借助大数据技术进行生产数据分析，为员工进行数智决策提供数据支撑，同时也能让消费者在查看产品生产动态数据后及时反馈。最终运用人工智能技术对生产全流程进行监控，对不合格的生产指标进行分析并发布纠错指令，同时辅助企业员工进行产品智能生产决策。在数智生产流程中，物联网技术促进需求端和制造端连接，提升了生产资源连接能力；大数据技术为数智生产流程赋能，提升了产品生产数据分析能力；人工智能技术促成了数智生产流程的智能决策，提升了产品智能生产决策能力。企业依托物联网、大数据、人工智能技术为消费者、企业员工和数智生产流程赋能，推动了数智生产机制创新，促进了产品数智化生产，从而提升数智生产机制的生产资源连接效率、产品生产数据分析效率和产品智能生产决策效率，实现了数智生产机制运营效率的提升。

尚品宅配借助物联网、大数据和人工智能技术为消费者、企业员工和 C2B 个性化定制平台运营流程赋能，推动 O2O 产品设计机制创新、订单管理机制创新和数智生产机制创新，可促进 C2B 智能定制平台运营效率的提升，推动产品 C2B 个性化定制。基于此，可刻画出数智化技术赋能 C2B 个性化定制平台运营机制创新过程模型，如图 3-7 所示。

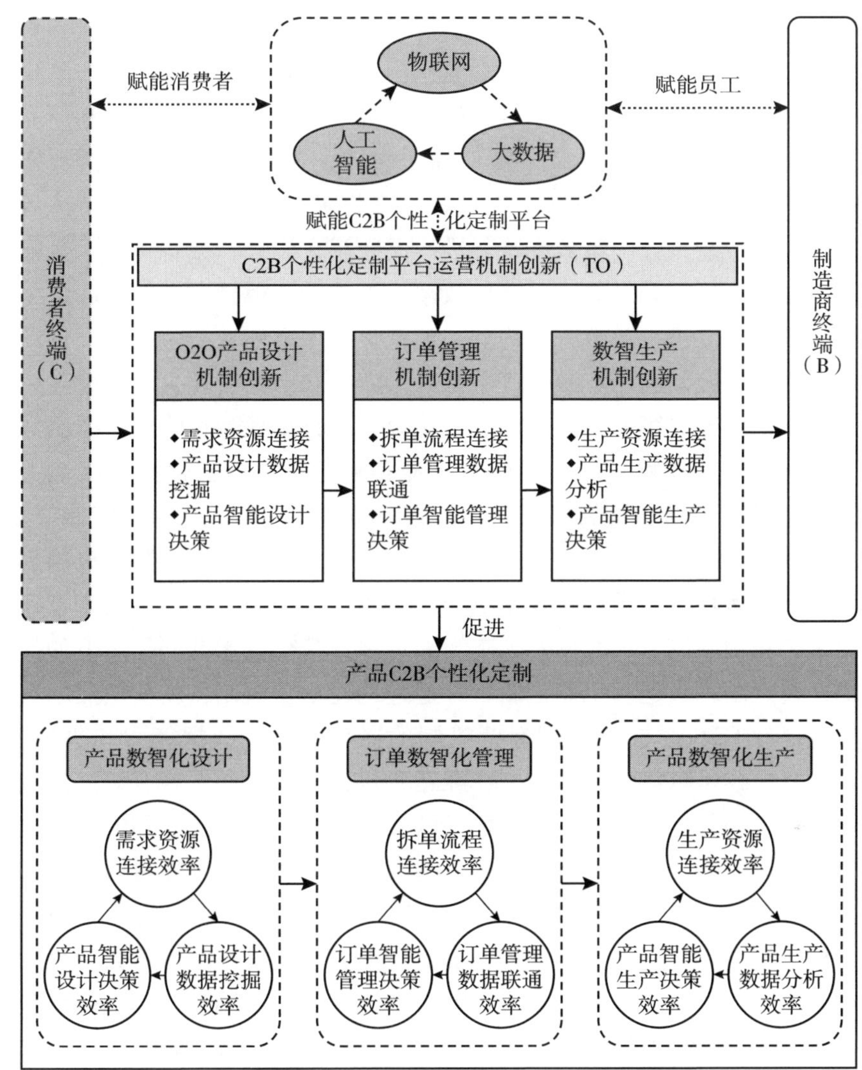

图 3－7　数智化技术赋能 C2B 个性化定制平台运营机制创新过程模型

综上所述，为探究传统制造企业借助数智化技术实现 C2B 个性化定制平台运营机制创新的过程，本书以尚品宅配个性化定制模式为研究对象，对数智化技术赋能的 C2B 个性化定制平台运营机制创新进行了研究，研究结论具体表述为以下三个方面。第一，C2B 个性化定制企业借助物联网、大数据、人工智能等数智化技术进行数据的采集提取、分析处理和辅助决策，促进 C2B 个性化定制流程中供需连接、数据赋能和智能决策的实现，并以此形成“物联网—大数据—人工智能”数智化技术赋能的完整闭环，驱动 C2B 个性化定制运营机制创新。其中：物联网技术赋能需求资源连接、拆单流程连接和生产资源连接；大数据技术赋能产品设计数据挖掘、订单管理数据联通和产品生产数据分析；人工智能技术赋能产品智能设计决策、订单智能管理决策和产品智能生产决策。第二，数智化技术赋能 C2B 个性化定制的作用机理包括数智化技术赋能 O2O 产品设计机制创新，可提升需求资源连接效率、产品设计数据挖掘效率和产品智能设计决策效率，促进产品数智化设计；数智化技术赋能订单管理机制创新，可提升拆单流程连接效率、订单管理数据联通效率和订单智能管理决策效率，促进订单数智化管理；数智化技术赋能数智生产机制创新，可提升生产资源连接效率、产品生产数据分析效率和产品智能生产决策效率，促进产品数智化生产。第三，以产品数智化设计、订单数智化管理、产品数智化生产为目标，借助"物联网—大数据—人工智能"等数智化技术赋能，可推动 C2B 个性化定制平台运营机制创新，从而实现产品 C2B 个性化定制。

研究的理论贡献在于以下三个方面。第一，在数智化技术赋能机制创新方面。现有研究多从单一数智化技术赋能的视角进行探究，而本书从管理视角出发，探索了在物联网、大数据和人工智能三种数智化技术共同作用下如何实现 C2B 个性化定制平台运营机制创新，并通过构建运营机制创新模型揭示数智化技术如何提升 C2B 个性化定制运营机制的连接能力、数据能力和决策能力，拓展了数智化技术赋能理论。第二，在运营机制创新方面。现有研究侧重于探究如何通过机制创新来平衡各主体之间的关系，少有研究探索如何通过机制创新推动平台运营创新。基于此，本书构建了 O2O 产品设计机制创新模型、订单管理机制创新模型和数智生产机制创新模型，揭示了数智化技术如何驱动 C2B 个性化定制平台运营机制创新，促进产品数智化设计、订单数智化管理和产品数智化生产，从而推动 C2B 个性化定制生产，丰富了平台运营管理理论。第三，在 C2B 个性化定制方面。现有研究主要集中在 C2B 个性化定制的概念内涵和实现机制两方面，但尚未涉及 C2B 个性化定制平台运营机制创新过程模型的构建。基于此，本书探究了数智化技术赋能 C2B 个性化定制平台运营机制创新，揭示了企业通过运用数智化技术实现需求端与供给端在 O2O 产品设计流程、订单管理流程和数智生产流程中的高效匹配，通过提升 C2B 个性化定制平台运营效率促进产品 C2B 个性化定制，并构建了数智化技术赋能 C2B 个性化定制平台运营机制创新过程模型，深化了智能定制理论。

研究的实践启示如下。第一，在企业向 C2B 个性化定制转型过程中，物联网、大数据、人工智能等数智化技术的运用决定了转型的成败，企业须明确数智化技术在不同运营环节的驱动机理，根据企业的实际情况合理选择并运用数智化技术推动数智化转型。第二，C2B个性化定制运营平台创新是关于如何实现供需高效匹配的机制设计，反映了企业内在价值创造的逻辑，企业要充分运用数智化技术构建C2B个性化定制平台运营机制，通过对机制的创新破解产品C2B个性化定制过程中的问题，实现定制环节的降本增效。第三，需求获取、需求传递和需求实现是C2B个性化定制的三个重要环节，企业要明确数智化技术在各环节中所发挥的驱动效应，合理运用数智化技术提升C2B个性化定制流程中的连接效率、数据效率和决策效率，同时整合利用分散化的数据资源，促使定制全流程的智能化和资源的高效配置，从而推动C2B个性化定制转型。

本书探讨了数智化技术赋能C2B个性化定制平台运营机制创新，为接下来研究大数据赋能C2B个性化定制价值共创协同机制创新奠定了基础。

3.3　大数据赋能C2B个性化定制价值共创协同机制创新

第3.1节提出了C2B平台运营模式与C2B个性化定制更加匹配的观点，第3.2节创新了数智化技术赋能C2B个性化定制平台运营机制。接下来，本书在第3.1节与第3.2节的基础上，探索大数据赋能C2B个性化定制价值共创协同机制创新。

随着经济社会的不断发展变化，需求与供给结构性失衡正成为我国制造业必须面对的新挑战，企业方生产的同质化产品因供大于求造成严重积压，顾客方的多样化、个性化需求则因个性化产品供不应求而无法满足（李廉水等，2019）。面对消费者的需求变化与制造业的发展困境，酷特智能、尚品宅配等制造企业致力于C2B个性化定制转型的探索，以适应消费者需求的动荡变化（张路娜等，2021）。C2B个性化定制是制造企业为响应顾客个性化需求，在大数据驱动下实现个性化定制的一种智能生产模式（张明超等，2018），其核心逻辑是消费者与企业共同参与完成产品的研发、设计、生产等流程。价值共创是C2B个性化定制的核心功能（Thierry et al.，2015），C2B个性化定制是实现价值共创的重要载体（Zhan et al.，2018）。制造企业向C2B个性化定制转型，是从单向的价值提供逻辑向双向的价值共创逻辑的转变，构建价值共创协同机制是转型的关键（吴瑶等，2017）。

大数据技术的快速发展为制造企业向C2B个性化定制转型提供了动力（肖静华等，2021）。一方面，大数据打破了企业与顾客间的割裂状态，成为智能产品开发、生产流程运行的重要基础，通过构建数字化消费场景自动收集顾客行为特征和风格偏好等数据，便于顾客个性化需求的充分表达。另一方面，大数据赋予企业与顾客、员工、第三方服务商等多方主体交互的能力，通过引导上述主体参与企业价值共创实践，可以整合多方主体间异质性资源与创新知识，推动制造企业实现 C2B 个性化定制转型。然而，在实践中，成功实现大数据赋能 C2B 个性化定制转型的企业凤毛麟角。只有酷特智能、尚品宅配等少数企业实现了华丽转身，开启了大数据驱动的 C2B 个性化定制（周文辉等，2018）。众多定制企业依然试图通过同质产品与个性产品的组合来“试错”消费者的个性化需求，其实质是基于价值提供的半定制而非基于价值共创的 C2B 个性化定制（吴义爽等，2016）。通过对时尚、家居、3D 打印等个性化定制行业的广泛观察，结合与业内人士的深入交流和研讨，本书认为制造工厂需求与供给的失衡、供应链主体关系上竞争与合作的对立、产业生态多元主体观念上单赢与多赢的冲突等问题，是导致 C2B 个性化定制转型受挫、个性化定制行业迟迟不火的主要原因。因此，探讨制造企业如何利用大数据驱动 C2B 个性化定制和如何构建价值共创协同机制克服 C2B 个性化定制转型的痛点，提出大数据赋能 C2B 个性化定制价值共创协同机制创新的理论框架以指引企业实践，成为当务之急。

已有研究显示，在“大数据赋能 C2B 个性化定制价值共创协同机制”这一领域，现有研究存在理论缺口。第一，未将大数据赋能、协同治理及价值共创统一纳入 C2B 个性化定制框架进行系统研究，也未探明 C2B 个性化定制的大数据驱动机理。在大数据赋能方面，现有研究关注了大数据运用的场景、方法、技能等内容（孙新波等，2022）；在 C2B 个性化定制方面，学者们探讨了其定义内涵、类型及实现条件（Wang and Tseng，2014；周文辉等，2018；张明超等，2018）；在协同治理机制方面，研究者聚焦于服务型制造平台、创新生态系统等新型商业情境下的协同治理机制（杜勇等，2022；张化尧等，2021）。已有文献未将大数据赋能、协同治理及价值共创统一纳入 C2B 个性化定制框架进行系统研究。第二，尚未构建可克服 C2B 个性化定制转型痛点的内容协同治理机制、关系协同治理机制与观念协同治理机制。在 C2B 个性化定制转型过程中，制造工厂顾客展现的个性化定制需求与企业提供的大规模批量供给之间存在矛盾（孟炯，2021），供应链主体竞争与合作之间存在对立（Henkel，2006），产业生态以企业为中心的单赢与以顾客为中心的多赢之间存在冲突（杨学成和涂科，2017）。尽管现有研究暗示可从内容协同治理、关系协同治理与观念协同治理等方面入手化解上述痛点（李东红等，2021），但尚无文献针对 C2B 个性化定制转型痛点构建内容协同治理机制、关系协同治理机制与观念协同治理机制。第三，未能提出实现价值共创的 C2B 个性化定制协同治理机制创新过程模型。已有研究指出，大数据可驱动 C2B 个性化定制，定制实现过程也即顾客与企业进行交互与资源整合，不断吸引多方主体参与价值共创的过程（Ban and Rudin，2019；胡海波和卢海涛，2018）。但鲜有文献基于内容协同治理机制、关系协同治理机制与观念协同治理机制提出实现价值共创的 C2B 个性化定制协同治理机制创新过程模型。

综上所述，本书引入酷特智能案例，采用探索性单案例研究方法，基于价值共创理论与协同治理理论，研究大数据赋能 C2B 个性化定制价值共创协同机制创新。

3.3.1　研究设计

1. 研究方法

本书聚焦于探索大数据赋能 C2B 个性化定制价值共创协同机制创新。探索性单案例研究方法适合解释该类问题，理由如下：第一，如何构建协同治理机制以克服 C2B 个性化定制转型过程中的痛点，属于过程类和机理类问题的研究，而案例研究正适用于深入解释研究对象的现实特征与理论实质（Pan and Tan，2011）；第二，制造企业如何利用大数据驱动 C2B 个性化定制，以往的研究对此鲜有涉及，而案例研究可以通过建构关键的理论构念来描述新理论或新现象，在阐释和剖析新研究问题上具有优势（毛基业和苏芳，2016）；第三，在 C2B 个性化定制情境下构建价值共创协同机制是复杂、动态的过程，案例研究可以搜集丰富的案例数据，开展聚焦性研究分析，进而发现极端现象背后的潜在规律（Eisenhardt and Graebner，2007）。

2. 案例选取原则

本书采用探索性单案例研究方法（Salaff，2009），选择酷特智能作为研究案例，主要基于以下原则。第一，典型性和代表性。酷特智能是行业内率先开展 C2B 个性化定制探索的企业，通过专注实践“大数据技术 + C2B 个性化定制”的模式，成功实现了柔性生产和精益定制，成为智能定制转型领域的领军企业，故选取酷特智能作为案例企业具有典型性和代表性。第二，数据可获得性。酷特智能在服装定制与 C2B 个性化定制领域深耕多年且处于行业领先位置，市场和学术界对其关注颇多，相关资料易于收集。第三，理论与案例的适配性。酷特智能基于传统的代工生产业务，成功实现大数据驱动的 C2B 个性化定制转型，依赖于价值共创协同机制的构建，研究酷特智能如何利用大数据构建价值共创协同机制来化解 C2B 个性化定制转型的痛点，与研究主题相契合，符合理论与案例适配性原则。

3. 案例概况

青岛红领集团（酷特智能前身）成立于 1995 年，主要经营商务西装、衬衣及休闲服饰等产品。创立之初，红领集团基于传统 OEM 代工生产业务，采用大批量流水线制造模式。由于传统大规模制造在量体、制版、裁剪等环节对大量劳动力的依赖，以及代工生产业务处于价值链的低端，导致红领集团面临增长放缓、盈利降低、库存积压等的发展困境。红领集团创始人张代理在对市场环境和行业竞争进行全面研判后，认为基于单向价值提供的大规模制造已经不能满足顾客动态化、多元化、个性化的消费需求，开始带领企业实施定制转型。2003 年，红领集团开启定制化探索，对大规模制造模式进行升级。2007 年，红领集团改名为酷特智能，定制化转型拉开新的序幕。之后，酷特智能花费十余年时间、投入数亿元致力于 C2B 个性化定制转型①。第一，在制造工厂方面，酷特智能通过自主研发、合作开发等方式建设具有完全知识产权的研发设计系统、生产排程系统、制造执行系统等智能制造系统，采用流水线方式制造个性化产品，以工业化的成本实现对顾客个性化需求的满足。第二，在供应链方面，酷特智能通过建设产业互联网平台，促进顾客、员工、第三方服务商等主体的交互，并实施伙伴选择机制创新、统筹管理机制创新与利益分配机制创新，充分释放主体间的动态竞合活力，促进供应链主体间竞合关系协调。第三，在产业生态方面，酷特智能通过对外输出定制转型解决方案，赋能传统制造企业数字化、网络化、智能化建设，进一步整合顾客、第三方服务商、改造企业等多方主体资源，实现多元主体价值共创共赢。经过十余年的持续变革，酷特智能构建了 C2B 个性化定制情境下的价值共创协同机制，成功实现 C2B 个性化定制转型。

4. 数据收集与处理

本书采用一手资料与二手资料相结合的方式收集案例企业的数据资料，多

---

① 孟炯，张杨，曾波．基于个性化需求的产品竞争供应链结构选择［J］．中国管理科学，2019，27（12）：67－76.

样化的数据来源使得数据之间相互补充，提高了案例数据的信度和效度（Yin，2009）。一手资料主要通过如下方式取得。第一，自 2020 年 10 月起，团队成员根据研究问题及企业实际情况拟定访谈提纲，分别对酷特智能总裁、副总裁等高层管理者，业务经理、物流经理等中层管理者和一线员工进行了深度访谈。第二，团队成员现场聆听了高层演讲并参加了交流会，对演讲和交流会的关键内容进行详细记录。此外，团队成员也在线上听取了与酷特智能 C2B 个性化定制转型相关的公开演讲与研讨会。第三，团队成员在 2020 年 7 月对酷特智能定制体验中心、生产车间、产业互联网研究院等进行了实地调研，参观了标准化量体、自动化制版、物料智能流转及处理等服装智能生产流程，并及时进行数据收集与观察记录。此外，通过如下方式收集二手资料：中国知网的正式论文、企业对外发布的年度报告、外部机构发布的企业及行业研究报告；企业官方网站、微博、微信公众号以及各类新闻媒体公开报道的信息；酷特智能内部出版的相关宣传资料、重要管理人员讲话等内容。

案例研究不仅要讲好一个故事，而且需要对案例现象进行概念编码（毛基业，2020），实现从“好故事”到“好理论”的升级（黄江明等，2011）。在数据处理上，通过使用忠于受访者原话的原始资料提炼出一阶概念，再从研究者角度依据研究主题对所获得的一阶概念进行归纳处理，抽象出具有理论内涵的二阶主题，最后将具有相似性的二阶主题归纳整合形成聚合维度，以展示数据与新概念间的联系。团队成员还开展了如下工作：将收集到的一手资料与二手资料反复比对与核实，使得多个数据来源相互验证；在数据结构化处理过程中，团队成员先进行独立地“背对背式”原始数据编码，再将案例数据、理论模型与文献评论反复迭代，直至形成稳健的研究结论。

3.3.2 研究发现

1. 大数据分析赋能的内容协同治理机制创新

在制造工厂，顾客的个性化需求与制造企业的同质化供给之间难以平衡，传统的大规模制造不能满足顾客个性化的需求，制造企业向 C2B 个性化定制转型过程中面临需求与供给失衡的痛点。酷特智能创新大数据分析赋能的内容协同机制克服了这一痛点问题。大数据分析赋能的内容协同治理机制创新的典型证据如表 3 - 13 所示，大数据分析赋能的内容协同治理机制创新模型如图 3 - 8 所示。

表 3-13 大数据分析赋能的内容协同治理机制创新的典型证据

聚合维度	二阶主题	一阶概念	典型证据援引
大数据分析赋能的内容协同治理机制创新	大数据分析赋能	积淀需求数据资源	线下端通过提供服装一对一设计服务收集顾客的量体数据、偏好等信息，线上定制平台能监控顾客浏览、交易订单等行为，积累大量离散的需求数据。（B1）
		激活需求数据属性	通过长期积累顾客需求数据，使顾客需求数据在数量和种类上得到丰富和扩展。（A2）
		塑造数据分析能力	将收集的需求数据与内部数据资源进行整合，利用大数据技术进行处理，可以对服装的制造流程进行分析。（A1）
	内容贯通协同治理	数字化精准营销	在多年的代工生产中，酷特智能广泛地收集国内外消费者体型、服装版式、订单偏好、售后评价等数据。（B3）
			借助大数据技术对需求数据进行深入挖掘与分析，实现对顾客需求的准确刻画，向顾客进行精准的产品推荐。（B2）
		O2O 个性设计	无论在线上定制平台还是在线下体验店，使用“三点一线”标准量体法，能够快速准确获得顾客体型数据。（A3）
			在顾客完成产品主要维度的选择后，使用 3D 虚拟仿真技术向顾客直接展示成衣效果，可以保证顾客需求与服装产品之间的对应。（A3）
		精益化柔性生产	借助数字信息系统与订单控制系统实时收集产品生产进度信息，弹性调整拆单排产任务。（A3）
			数据驱动服装原料的自动制版与裁剪，工人扫描服装配备的电子标签。（B1）
	价值共建	要素联结	酷特智能与顾客在数字化营销环节实现有效交互，促进双方实现异质性资源有效联结。（B1）
		资源识取	在为顾客提供一对一的服装设计服务与设计方案过程中，可以获得顾客个性化需求资源。（A2）
		供需匹配	借助服装产业互联网平台可以实现大规模生产和个性化需求的兼容，从而实现顾客需求与企业供给之间的匹配。（B2）

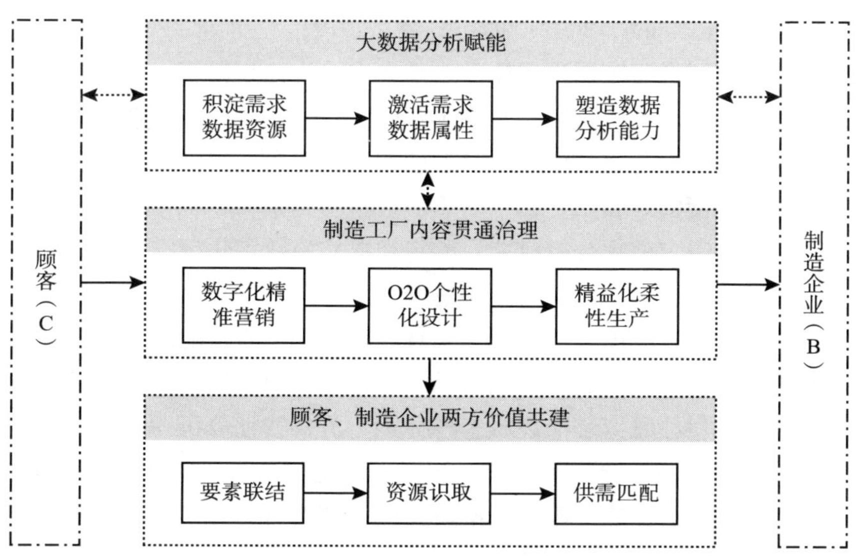

图3-8　大数据分析赋能的内容协同治理机制创新模型

（1）大数据分析赋能。基于大数据技术的应用，酷特智能通过积淀需求数据资源、激活需求数据属性并塑造数据分析能力，实现对制造工厂内容贯通治理的大数据分析赋能。第一，线上端顾客可登录“酷特智能”定制平台，自主设计与搭配服装，平台系统可实时识别并收集顾客需求数据。线下端魔幻大巴与实体店内着装顾问使用“三点一线”标准量体法，可快速完成顾客需求数据的采集。通过利用线上与线下相融合的定制服务方式，酷特智能积淀了需求数据资源，主要包括顾客体型、原料偏好、流行款式、服装版型等需求数据（Lenka et al.，2017）。第二，顾客下单后，离散的顾客需求数据自动流入大数据中枢，经过清洗、分类与处理等程序，形成版型、款式、工艺、物料清单（Bill of Material，BOM）四大数据库，使得需求数据的容量与种类得到扩展，激活了需求数据属性（Zhan et al.，2018）。第三，在将顾客需求数据与人力、管理等其他资源进行聚合的基础上，利用大数据技术依托智能数据处理软件，塑造了数据分析能力，即整合利用顾客个性化需求数据资源以对C2B个性化定制生产流程进行分析的能力，主要体现在可对成衣制作流程展开可视化分析、对异常情况进行监控与反馈以及对未来的原料库存、顾客需求及流行趋势进行预测分析等三个方面（张振刚等，2021）。

（2）大数据分析赋能内容贯通协同治理。本书从营销、设计、生产等环节入手（Eric and Ralph，2002；孙新波等，2019；杜勇等，2022），构建大数据分析赋能的内容贯通协同治理体系，基本思路为：在数字化精准营销环节中准确获取顾客提出的个性化需求，在O2O个性设计环节准确把握顾客表达的个性化需求，在精益化柔性生产环节准确响应顾客提出的个性化需求，最终化解需求与供给失衡的难题。

第一，借助需求数据分析赋能，酷特智能实施数字化精准营销。利用大数据技术为顾客构建数字化的服装定制场景，顾客在平台录入量体信息后，可从面料、款式、颜色等维度进行选择，实现对顾客个性需求的动态捕捉与实时获取，顾客需求数据与行为偏好数据自动录入企业资源系统。引入大数据技术与用户画像技术对以往顾客和潜在顾客群体进行人群特征分析，刻画出顾客在面试、宴会、职场等不同场合以及初入职场、职场进阶等不同阶段的需求特征，使酷特智能准确了解顾客需求并精准解读顾客消费行为，实现对顾客偏好与市场流行趋势的动态掌握。利用产业互联网平台，对顾客需求数据进行采集、挖掘与分析等处理，可对顾客进行服装产品版型、风格、样式的智能推荐（Chen et al.，2012），满足包括坠臀、凸肚、驼背、塌肩等113种特殊体型的定制需求。

第二，借助需求数据分析赋能，酷特智能实施O2O个性设计。着装顾问使用3D激光量体仪，依据自主开发的标准量体法，通过采集人体19个部位22个数据的关键信息，在7秒内完成顾客量体数据的采集，从而快速精准地获取顾客的量体数据。智能辅助系统可以依据顾客量体数据生成流行服装预测模型，同时利用独有的服装版型智能匹配系统，2秒内完成基于量体数据和流行趋势的服装自动制版。在顾客进行更细致的产品特征选择过程中，酷特智能利用量体数据、物料清单及工艺清单等标准化信息，向顾客直接展示所选产品的3D图像，保证所展示的模型产品与顾客真实偏好之间的准确对应，顾客在数字化场景中完成服装产品的自主设计。

第三，借助需求数据分析赋能，酷特智能实施精益化柔性生产。顾客完成下单后，需求信息会自动流入订单控制系统，定制平台与智能制造系统联动作业，实现订单信息向生产后台的准确传递。订单信息进入分解流程后，拆单排产系统快速规划出最佳可行的生产排程计划，并借助计算机辅助设计技术将量体、款式、工艺、版型数据转为标准化的生产指令，生成生产工艺指导书、订单BOM等生产支持资料。制造执行系统适时通知仓储系统安排相关物料配备，物料到达各操作节点后进行个性化裁剪并为每件服装配备唯一的射频识别电子标签（RFID）芯片卡，悬挂式的自动流转设备带着生产物料有序流动，进入智能生产操作台，工人只需扫描RFID芯片卡，即可得出如钉扣、缝制、剪裁等的生产指令，之后经过合成、加总、整烫、质检等环节，完成服装柔性定制生产（任宗强和赵向华，2014）。

（3）内容贯通协同治理促进价值共建实现。在制造工厂，大数据分析赋能的内容贯通协同治理，化解了需求与供给失衡，促进了顾客、制造企业价值共建。第一，酷特智能借助大数据分析赋能构建线上与线下融合的数字化营销场景，可以准确获取顾客需求并优化顾客消费体验，促使顾客和企业间基于良好的消费体验形成深度连接，有利于顾客、企业双方实现资源要素联结（Johnson et al.，2017）。第二，酷特智能利用大数据分析赋能构建3D立体设计师加着装顾问的服务机制，可以促进顾客需求表达并及时把握顾客需求信息，从而为顾客提供从选面料、定款式到工艺设计的服装需求问题解决方案，有利于顾客、企业双方实现资源识别与获取。第三，酷特智能借助大数据分析赋能搭建连接顾客与企业的产业互联网平台，可以去除渠道商、经销商、零售商等流通环节并快速响应顾客需求，降低产品流通环节的价值附加，形成以顾客为中心的价值共创结构网络，有利于顾客、企业双方供需匹配。

综上所述，可以得出结论1。

结论1：制造企业利用大数据分析能力，赋能C2B个性化定制内容协同治理机制创新，推动制造工厂内容贯通协同治理，可调节需求与供给失衡，从而协同顾客、制造企业实现价值共建。

2. 大数据连接赋能的关系协同治理机制创新

在供应链，各节点企业的目标并非完全一致，在合作过程中也会因谋求自身利益最大化而展开竞争（钟琦等，2021），制造企业将面临供应链节点企业间竞争与合作关系对立的痛点（Henkel，2006）。酷特智能创新大数据连接赋能的关系协同机制解决了这一痛点问题。大数据连接赋能的关系协同治理机制创新的典型证据如表3－14所示，大数据连接赋能的关系协同治理机制创新模型如图3－9所示。

表 3-14 大数据连接赋能的关系协同治理机制创新的典型证据

聚合维度	二阶主题	一阶概念	典型证据援引
大数据连接赋能的关系协同治理机制创新	大数据连接赋能	积淀关系数据资源	利用大数据技术搭建 C2B 定制平台，并向平台系统内其他主体分享信息，使各类主体有机会参与价值共创，积累了大量的伙伴商。(B1)
		激活关系数据属性	通过搭建顾客与企业直连的产业互联网平台，让数据资源可以在平台系统中自由流动与共享。(A1)
		塑造数据连接能力	酷特智能通过建设产业互联网平台，使顾客与制造企业、供应商等连接起来，并在平台上直接交互。(B3)
	关系交互协同治理	伙伴主体选择信任	平台系统内主体可以按照资源与能力互补、相容性等原则，通过识别、过滤、评价的过程选择合作伙伴。(B1)
			致力于了解顾客真实价值诉求，提供关于服装产品及服务的解决方案，维护双方的信任与依赖关系。(A2)
		供应链平台化运营	在企业内部推行去部门化、去科层化等措施，去除冗余的组织结构，实现组织的"自组织、自驱动、自管理"。(B1)
			用工方式趋向于多元化、弹性化，赋予员工更多决策权与资源调配权，创新员工管理模式。(B2)
		供应链系统利益分配	通过设计平台交互端口、激励制度等构建产业互联网平台运行的基础设施体系。(B1)
			酷特智能作为定制系统的核心主体，构建统一的制度与运行规则，平衡平台系统内各方利益诉求与分配。(B3)
	价值共享	主体契合	借助产业互联网平台与可信任的伙伴进行直接的交流互动，建立良好的合作关系。(A1)
		资源编排	通过创新企业组织、营销、员工管理，实现酷特智能与合作伙伴双方资源在平台系统内整合。(B1)
		动态竞合	在产业互联网平台系统内构建支持价值共创活动运行的制度规则，兼顾顾客、员工的诉求，实现系统内主体间竞争与合作关系的协调。(B1)

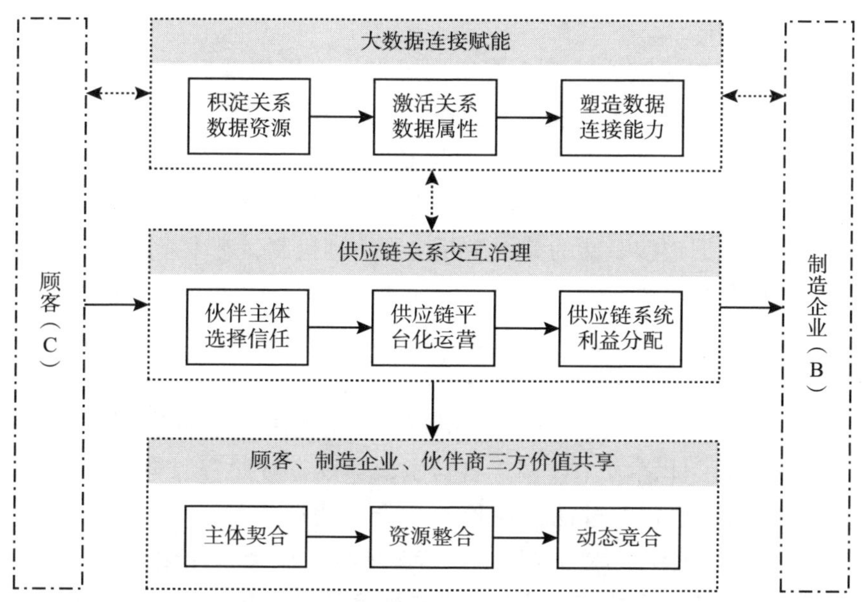

图 3－9　大数据连接赋能的关系协同治理机制创新模型

（1）大数据连接赋能。基于大数据技术的应用，酷特智能通过积淀关系数据资源、激活关系数据属性并塑造数据连接能力，实现对供应链关系交互治理的大数据连接赋能。第一，酷特智能通过推动数字设计平台、数字制造平台、数字供应平台等架构数字化建设，开放产业互联网平台接口，降低伙伴商参与价值共创的准入门槛，只要具备参与顾客价值创造的基本条件就可以在平台上注册备案，成为酷特智能的泛伙伴商，酷特智能积淀了关系数据资源，主要包括外部网络泛伙伴商、泛伙伴商的互补资源等关系数据（吴晓波等，2022）。第二，泛伙伴商凭借自身实力在产业互联网平台上以竞争抢单的方式获取合作机会，酷特智能从中选择最佳伙伴商，并将需求数据以及所需的原辅料等信息向所选择的伙伴商进行分享，保证酷特智能与伙伴商之间异质性信息资源的高效交互与整合，激活了关系数据资源的流动与共享。第三，酷特智能通过搭建产业互联网平台，颠覆了传统的“原料供应商—服装生产商—服装批发商—服装零售商—消费者”链式供应结构，塑造了数据连接能力，即整合利用泛伙伴商关系数据资源以支持 C 端的顾客需求与 B 端制造商及第三方服务商进行直接交互的连接能力，主要体现在酷特智能以网状的多边交互方式实现与顾客、伙伴商等主体的价值生产与传递，打破了平台内主体间的信息及资源壁垒（刘平峰和张旺，2021），促进酷特智能与顾客、员工、服装原料供应商、外部服装设计师、数字服务供应商、干洗店以及物流公司等主体交流互动。

（2）大数据连接赋能关系交互协同治理。在供应链，酷特智能面临三个难题：伙伴主体选择信任的难题（钟琦等，2021）、变革组织结构的难题（刘平峰和张旺，2021）和分配价值共创收益的难题（张化尧等，2021）。因此，本书从伙伴主体选择信任、供应链平台化运营、供应链系统利益分配三个环节出发，构建大数据连接赋能的关系交互协同治理机制，基本思路为：在伙伴主体选择信任环节解决供应链节点企业信任危机，促进关系互动；在供应链平台化运营环节整合供应链节点企业资源，促进关系融洽；在供应链系统利益分配环节实现供应链节点企业价值的合理分配，促进关系维持。

第一，借助关系数据连接赋能，酷特智能实施伙伴主体选择信任。酷特智能产业互联网平台上各方主体基于各自资源禀赋，按照资源与能力互补原则，与其他主体开展甄别、过滤、评价、结合、获取等活动（De Falco et al.，2017），完成各自伙伴主体的选择。酷特智能提供服装个性化设计方案来满足顾客需求预期，不断强化产品依赖并获得顾客信任。基于实时系统数据记录的事后问责制，酷特智能授予一线生产员工必要的资金、物流、仓储、设备等的调配权。而对伙伴企业采用企业声誉信用评级体系，利用信任状态动态调整系统，实现双方信任（汪旭晖和张其林，2017）。酷特智能基于信任选择不同主体作为合作伙伴，进而对内外部资源进行系统性整合，实现产业互联网平台上主体、要素、价值的协同共生。

第二，借助关系数据连接赋能，酷特智能实施供应链平台化运营。传统冗余的供应链运作层级会阻碍酷特智能与伙伴商进行交互，不利于双方协作参与 C2B 个性化定制生产，酷特智能通过推行平台结构改革建设了网格化、扁平化的红领集团个性化定制（Red Collar Made To Measure，RCMTM）平台，打破了组织边界和层级边界。在平台架构变革的基础上，酷特智能在 RCMTM 平台嵌入供应链业务流程，推动制造产能的在线化和可视化，精简了顾客下单、酷特智能生产、伙伴商原料供应、物流运输的供应链业务流程。在优化供应链业务流程的基础上，酷特智能在 RCMTM 平台构建顾客服务管理、要素匹配整合、平台文化建设与融合等机制，促进了酷特智能与伙伴商之间实现 C2B 个性化定制协同生产。

第三，借助关系数据连接赋能，酷特智能实施供应链系统利益分配。通过构建统一的平台交易与治理制度来规范各类主体行为，包括文化、道德、常规等非契约制度与合同、法律等契约制度等，有助于降低机会主义倾向在主体交互时带来的风险，可促进主体实现开放与融合（钟琦等，2021）。基于风险防控管理，在平台系统内遵循互利互惠、按劳分配的原则，平衡顾客、酷特智能、伙伴商三方的投入与风险承担，形成稳定的投入收益匹配制度（Morgan et al.，2013）。基于投入收益匹配制度，制定RCMTM平台参与主体的评价体系，并根据所制定的评价体系对相关主体进行奖励和惩罚，可激励主体主动、积极、持续地参与C2B个性化定制过程，促进利益分配的公平性。

（3）关系交互协同治理促进价值共享实现。在供应链，大数据连接赋能的关系交互协同治理化解了竞争与合作的关系对立，促进了顾客、制造企业、伙伴商价值共享。第一，大数据连接赋能下，供应链各主体基于自身利益诉求进行互动，经过识别、过滤、选择、信任等环节，酷特智能与可信任的伙伴主体达成关系契合，有利于降低主体选择的成本（Wang et al.，2016）。第二，大数据连接赋能下，通过改革供应链组织结构、建设RCMTM平台并创新平台运营管理，平台供应链打破了纵向层级与横向部门的资源约束，调和系统内主体间的交互关系，供应链各主体间实现资源整合，有利于提升供应链统筹管理效率（Baines and Lightfoot，2013）。第三，大数据连接赋能下，从价值共创视角设计平台价值创造、传递与分配的制度规则（Zhu and Furr，2016），兼顾多方利益诉求，使得供应链平台内主体间维持良好关系，促进供应链各主体实现动态竞合，有利于增加竞合收益。

综上所述，可以得出结论2。

结论2：制造企业利用大数据连接能力，赋能C2B个性化定制关系协同治理机制创新，推动供应链关系交互治理，可化解竞争与合作间的关系对立，从而协同顾客、制造企业、伙伴商实现价值共享。

3. 大数据智能赋能的观念协同治理机制创新

在产业生态，生态系统内多元主体追求自身利益最大化的单赢观念与兼顾其他主体利益的多赢观念之间存在冲突（杨学成和涂科，2017）。酷特智能创新大数据智能赋能的观念协同机制解决了这一痛点问题。大数据智能赋能的观念协同治理机制创新的典型证据如表3－15所示，大数据智能赋能的观念协同治理机制创新模型如图3－10所示。

表 3-15 大数据智能赋能的观念协同治理机制创新的典型证据

聚合维度	二阶主题	一阶概念	典型证据援引
大数据智能赋能的观念协同治理机制创新	大数据智能赋能	积淀观念数据资源	酷特智能将自身 C2B 个性化定制转型经验进行标准化与可视化处理，形成传统制造企业定制转型的解决方案，应用大数据采集与处理技术积淀了观念数据资源。(B1)
		激活观念数据属性	改造企业、供应商等在产业互联网平台生态聚集，进一步扩大平台吸引力并促进资源的整合与联结，激活了同边网络效应。(B2)
		塑造数据智能能力	利用大数据技术将产业互联网平台生态内主体转化为网络节点，塑造了数据智能能力。(A1)
	观念重构协同治理	生态节点主张表述	C 端连接顾客需求，B 端连接为生产个性化产品贡献能力的制造商，酷特智能与伙伴商就 C2B 个性化定制进行观念交流。(B2)
			酷特智能提出对外推广 C2B 个性化定制转型解决方案的价值主张，传统制造企业提出谋求 C2B 个性化定制转型的观念主张。(B1)
		生态主体目标兼容	顾客、酷特智能、伙伴商参与 C2B 个性化定制过程中，形成满足顾客的个性需求的一致目标。(B1)
			致力于通过培训辅导、参观学习等方式，为传统制造企业复制 C2B 个性化定制转型解决方案提供支持。(A3)
		生态网络协作共生	产业互联网平台系统内主体在交互的基础上，通过服务交换与资源整合参与到共创活动中。(B2)
			酷特智能与员工、第三方服务商等主体通过交互协作和资源共享实现价值共创与增值。(B1)
	价值共赢	观念致同	产业生态各方通过清晰前瞻的主张表达，可有效跨越主体界限与文化障碍，促进产业生态多元主体观念致同。(A2)
		资源转化	在产业互联网平台生态内，酷特智能与顾客、伙伴商、改造企业等主体达成观念统一，提升了生态系统内的资源转化效率。(B3)
		增值共益	生态系统内各类主体参与价值共同生产过程，实现了生态网络整体增值。(B1)

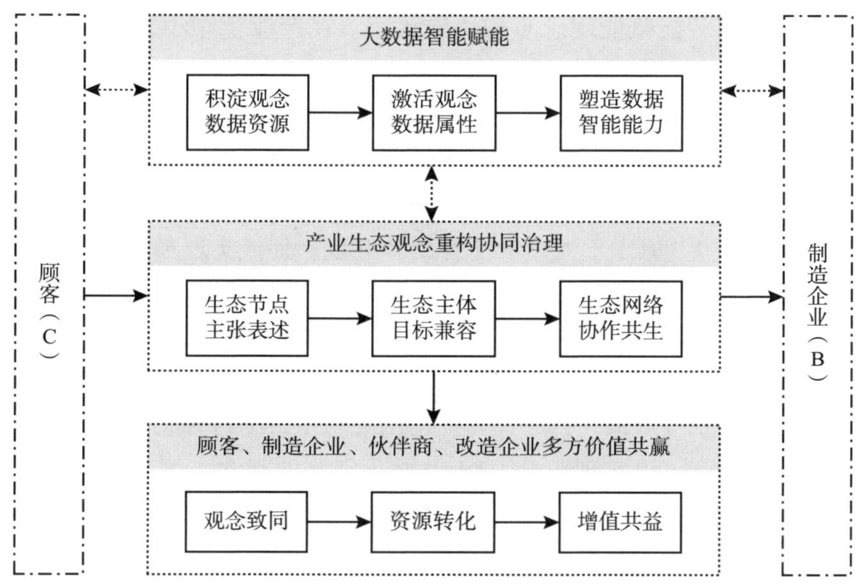

图 3-10 大数据智能赋能的观念协同治理机制创新模型

（1）大数据智能赋能。基于大数据技术的应用，酷特智能通过积淀观念数据资源、激活观念数据属性并塑造数据智能能力，实现对产业生态观念重构治理的大数据智能赋能。第一，酷特智能将自身定制转型经验进行标准化处理及可视化编码，形成一整套传统制造企业向 C2B 个性化定制转型解决方案，并面向传统制造企业开设参观学习、培训辅导、改造咨询等项目，推动 C2B 个性化定制转型方案在产业生态中的复制推广。酷特智能积淀了观念数据资源，主要包括酷特智能转型经验及一套完整的 C2B 个性化定制升级改造方案等观念数据。第二，酷特智能将顾客、上游供应商、物流企业、改造企业等整合起来，构建产业互联网平台生态系统，促进生态系统内主体协同运作，推动了系统内各类主体数据端口相互开放，实现了顾客数据、订单信息等数据关联资源高效整合，促进了同边网络效应激活（王烽权和江积海，2021）。第三，在激活平台供给侧观念数据资源同边网络效应的基础上，将 C2B 个性化定制转型方案进行系统化编码和标准化处理，形成源点论数据工程（Source Data Engineering，SDE）并对外输出，应用大数据存储与管理技术，塑造了重构顾客、酷特智能、伙伴商、改造企业观念的智能能力，包括根据顾客、伙伴商、改造企业等主体表达的观念主张进行主体定位的智能能力、将价值观念融合的主体进行相互匹配的智能能力、对主体在产业互联网平台生态的行为与记录进行监督反馈的智能能力。

（2）大数据智能赋能观念重构协同治理。在产业生态中，针对单赢与多赢的观念冲突，本书从生态节点主张表述、生态主体目标兼容、生态网络协作共生三个环节出发，构建大数据智能赋能的观念重构协同治理机制，基本思路为：在生态节点主张表述环节，通过表达自身价值主张促进多元主体间的观念交换；在生态主体目标兼容环节，实施观念兼容措施促进多元主体观念协调；在生态网络协作共生环节，与多元主体协作共创，促进实现多方观念统一。最终解决单赢与多赢间冲突的难题。

第一，酷特智能利用观念数据智能能力，赋能顾客、制造企业、伙伴商、改造企业等实施生态节点观念主张表达。顾客提出购买定制服装的需求，以满足自身社交、情感等需求，针对顾客提出的观念主张酷特智能相应提出与顾客进行服装共同生产，以实现服装C2B个性化定制的观念主张。顾客提出定制服装的需求后，酷特智能通过识别合作伙伴，与伙伴商基于各自的资源禀赋与知识基础，对共同参与服装C2B个性化定制的观念主张进行交流互动。在审视自身能力的基础上，酷特智能进一步提出对外输出C2B个性化定制解决方案的观念主张，而传统制造企业提出谋求C2B个性化定制解决方案的观念主张，可推动C2B个性化定制解决方案在行业内或跨行业推广拓展（Ramaswamy and Gouillart，2010）。

第二，酷特智能利用观念数据智能能力，赋能顾客、制造企业、伙伴商、改造企业等生态多元主体，实现生态主体目标兼容。顾客与酷特智能完成各自主张表述后，顾客可通过线上或线下的服务端口完成服装产品的选购，个性化订单信息在大数据流的驱动下直达工厂，顾客个性化动态需求得到及时响应和满足（孟炯，2021），双方达成一致的C2B个性化定制观点。伙伴商与酷特智能完成各自主张表达后达成一致的C2B个性化定制观点，酷特智能将顾客需求数据向伙伴商开放，保证系统内信息沟通与资源连接高效开展（Zheng et al.，2020），促进企业内部各生产环节与外部上下游企业协同生产。改造企业与酷特智能完成各自主张表达后，酷特智能通过开设参观学习、改造咨询等项目，对C2B个性化定制经验进行标准化处理，向改造企业输出解决方案，双方达成一致的观念。

第三，酷特智能利用观念数据智能能力，赋能顾客、制造企业、伙伴商、改造企业等生态多元主体实施生态网络协作共生。顾客与酷特智能在目标兼容的基础上开展交互，酷特智能为顾客提供个性化的服装设计方案，确保顾客获得良好的服装定制消费体验。伙伴商与酷特智能在目标兼容的基础上，跨越自身边界发展双方信任与认同的情感联结，并借助服务交换和资源整合来共同创造价值。酷特智能与改造企业在目标兼容的基础上，通过实施路径转换、流程再造、数据中台建设等核心能力建设的辅导，向改造企业推广C2B个性化定制经验，助力传统制造企业向C2B个性化定制转型（Moller and Halinen，2017；Chen et al.，2021）。

（3）观念重构协同治理促进价值共赢实现。在产业生态，大数据智能赋能的观念重构协同治理化解了单赢与多赢的观念冲突，促进了顾客、制造企业、伙伴商、改造企业价值共赢。第一，酷特智能利用大数据智能能力，赋能顾客、制造企业、伙伴商、改造企业等多元主体开展主张表述活动，通过构建更有效率的多边网状观念交换结构，促进了产业生态多元主体观念致同，有利于降低观念表达的成本。第二，酷特智能利用大数据智能能力，赋能顾客、制造企业、伙伴商、改造企业等多元主体开展目标兼容活动，通过构建产业生态多元主体观念协调的耦合结构，促进多元主体间资源的相互转化，有利于提升观念兼容效率。第三，酷特智能利用大数据智能能力，赋能顾客、制造企业、伙伴商、改造企业等多元主体开展协作共生活动，通过构建可持续的价值创造与增值结构，促进了产业生态多元主体的观念统一，有利于增加主体共赢的收益（张新民和陈德球，2020）。

结论3：制造企业利用大数据智能能力，赋能C2B个性化定制观念协同治理机制创新，推动产业生态观念重构治理，可化解单赢与多赢的观念冲突，从而协同顾客、制造企业、伙伴商、改造企业实现价值共赢。

4. 实现价值共创的C2B个性化定制协同治理机制创新过程模型

基于前文给出的“大数据赋能的内容协同治理机制创新模型”“大数据赋能的关系协同治理机制创新模型”与“大数据赋能的观念协同治理机制创新模型”，本书提出实现价值共创的C2B个性化定制协同治理机制创新过程模型（见图3－11）。基于图3－11，可以刻画出实现价值共创的C2B个性化定制协同治理机制创新过程模型的基本功能与创新效用。

（1）基本功能分析。第一，实现价值共创的C2B个性化定制协同治理。从工厂内容协同治理到供应链关系协同治理，再到产业生态观念协同治理，是一个时序递进的过程。在制造工厂内容协同治理阶段，制造企业利用需求大数据分析赋能，构建大数据赋能的内容贯通协同治理体系，化解制造企业向C2B个性化定制转型过程中需求与供给失衡的痛点，协同顾客、制造企业实现价值共建。在供应链关系交互协同治理阶段，制造企业利用关系大数据连接赋能，构建大数据赋能的关系交互协同治理体系，化解制造企业向C2B个性化定制

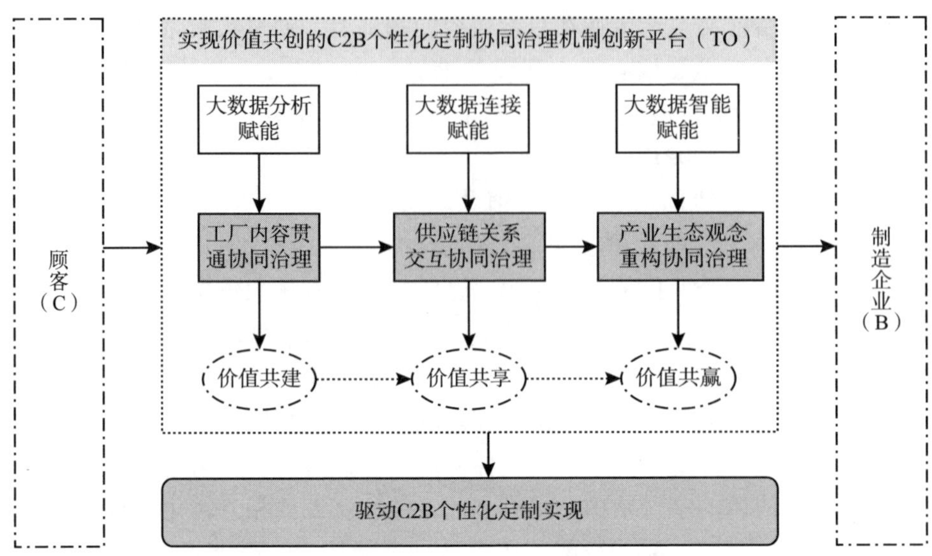

图 3－11 实现价值共创的 C2B 个性化定制协同治理机制创新过程模型

转型过程中竞合关系冲突的痛点，协同顾客、制造企业、伙伴商实现价值共享。在产业生态观念重构协同治理阶段，制造企业利用观念大数据智能赋能，构建大数据赋能的观念重构协同治理体系，化解制造企业向 C2B 个性化定制转型过程中单赢与多赢观念冲突的痛点，协同顾客、制造企业、伙伴商、改造企业实现价值共赢。制造工厂内容协同治理阶段关注的是“C2B 个性化定制工厂转型时期的供需匹配”问题，供应链关系协同治理阶段关注的是“C2B 个性化定制供应链转型时期的主体竞合关系”的问题，产业生态观念协同治理阶段关注的是“C2B 个性化定制产业生态转型时期的主体间观念冲突”的问题，三个阶段呈现出时序递进的逻辑关系（张明超等，2018；孙新波等，2022）。因此，“价值共建→价值共享→价值共赢”是一个时序递进的过程。

第二，实现大数据驱动的 C2B 个性化定制。本节借鉴在颠覆性技术创新过程中的平台网络治理方法（李东红等，2021），解决制造企业向 C2B 个性化定制转型过程中出现的制造工厂需求与供给失衡、供应链主体间竞合关系冲突、产业生态多元主体间单赢与多赢观念冲突等痛点问题，创新了大数据赋能的 C2B 个性化定制价值共创协同机制。进一步，基于大数据赋能的 C2B 个性化定制价值共创协同机制，提出了实现价值共创的 C2B 个性化定制协同治理机制创新过程模型。通过分析实现价值共创的 C2B 个性化定制协同治理机制创新过程模型，可以归纳出 C2B 个性化定制的大数据驱动机理：制造企业利用大数据赋能构建协同治理机制，化解 C2B 个性化定制转型的痛点，促进价值共创实现，从而驱动 C2B 个性化定制。这一研究发现证实了 C2B 个性化定制模式的基本属性：价值共创是 C2B 个性化定制的核心功能；大数据赋能是 C2B 个性化定制的驱动要素，企业利用大数据赋能构建协同治理机制化解转型痛点，从而驱动 C2B 个性化定制实现；C2B 个性化定制是价值共创的重要载体，大数据赋能、协同治理与价值共创在逻辑上统一于 C2B 个性化定制模式。

（2）创新效用分析。第一，提升资源配置效率。在价值共创整合维度，制造企业遵循“积淀数据资源—激活数据属性—塑造数据能力”的路径，利用大数据技术实现对 C2B 个性化定制协同治理流程的驱动。具体而言，制造企业通过线上和线下营销渠道的整合不断积累需求数据资源，在数据的种类与容量方面激活了需求数据属性，从而可以塑造需求数据分析能力，有利于提升内容贯通协同治理环节的资源配置效率；制造企业基于供应链平台可积淀并开发与泛伙伴商等主体间的关系数据资源，激活关系数据资源的流动性与共享性，从而可以塑造关系数据连接能力，有利于提升关系交互协同治理环节的资源配置效率；制造企业通过构建产业互联网平台生态系统，可积淀定制转型经验等观念数据资源，将转型经验对外输出，实现制造企业与改造企业等主体间资源的整合与互联，从而塑造观念数据智能能力，有利于提升观念重构协同治理环节的资源配置效率。

第二，降低共创参与成本。在价值共创互动维度，制造企业在 C2B 个性化定制转型过程中，可从制造工厂内容贯通协同治理、供应链关系交互协同治理、产业生态观念重构协同治理三个阶段创新大数据赋能的 C2B 个性化定制协同治理机制，具体体现在：制造企业通过实施数字化精准营销、O2O 个性设计及柔性化精益生产的制造工厂内容贯通协同治理，达到需求与供给的动态平衡，实现生产与消费相融的产消合一，降低了顾客需求与企业供给间的匹配成本；制造企业通过实施伙伴主体选择信任、供应链平台化运营、供应链系统利益分配的供应链关系交互协同治理，达到竞争与合作的动态协调，实现供应链主体间关系的动态竞合，降低了制造企业与伙伴商间的交互成本；制造企业通过实施生态节点主张表述、生态主体目标兼容、生态网络协作共生的产业生态观念重构协同治理，达到单赢与多赢的动态兼容，实现产业互联网平台生态共生共赢，降低了制造企业与顾客、伙伴商、改造企业等主体的观念重构成本。

第三，增加共创协同收益。在价值共创体验维度，价值共创的三个阶段（价值共建、价值共享、价值共赢）渐次随“大数据赋能的内容协同治理机制”“大数据赋能的关系协同治理机制”与“大数据赋能的观念协同治理机制”的创新而实现，具体体现在：制造企业通过实施大数据赋能的内容贯通协同治理，实现以顾客需求为中心的营销、设计、生产等全环节的数智化改造，使顾客深度参与价值创造过程，释放个性化需要并获得良好的消费体验，以顾客为中心的 C2B 个性化定制的实现，促进了顾客与制造企业的价值共建；制造企业通过实施大数据赋能的关系交互协同治理，颠覆传统的供应链结构，搭建供应链平台，顾客在价值共创中获得良好的消费体验与交换价值，制造企业与伙伴商实现动态竞合，促进了制造企业与顾客、伙伴商价值共享；制造企业通过实施大数据赋能的观念重构协同治理，推动 C2B 个性化定制转型经验在产业内或跨产业复制推广，改造企业快速复制酷特智能的定制方案，促进了制造企业与顾客、伙伴商、改造企业实现价值共赢。

综上所述，可以得出结论 4：制造企业利用大数据赋能实施价值共创协同机制创新，可化解 C2B 个性化定制转型痛点，协同关联主体实现价值共创，从而驱动 C2B 个性化定制。

3.3.3 结论与讨论

1. 研究结论

在大数据技术与制造企业深入融合发展的背景下，顾客可参与产品研发、设计、生产等多个环节，从传统的价值耗用者转为价值合作生产者，制造企业可构建以顾客为中心的协同治理机制，这将促进制造企业向 C2B 个性化定制转型（Thierry et al.，2015）。然而，实践显示，众多个性化定制企业跌倒于转型之路，只有酷特智能、尚品宅配等少数企业得偿所愿，个性化定制行业整体发展受挫。创新大数据赋能的 C2B 个性化定制价值共创协同机制，解决制造工厂供需匹配上需求与供给的失衡、供应链各主体关系上竞争与合作的对立、产业生态多元主体观念上单赢与多赢的冲突等问题，实现供需平衡、动态竞合与共生共赢，是制造企业能否转型成功的关键（Thierry et al.，2015；Zhan et al.，2018）。本书采用探索性单案例研究方法，将大数据赋能、协同治理、价值共创纳入 C2B 个性化定制框架，研究大数据赋能 C2B 个性化定制价值共创协同机制创新，以解决制造企业 C2B 个性化定制转型的痛点问题。研究得出的主要结论如下：第一，制造企业利用大数据分析能力，赋能 C2B 个性化定制内容协同治理机制创新，推动制造工厂内容贯通协同治理，可调节需求与供给失衡，从而协同顾客、制造企业实现价值共建；第二，制造企业利用大数据连接能力，赋能 C2B 个性化定制关系协同治理机制创新，推动供应链关系交互协同治理，可化解竞争与合作间的关系对立，从而协同顾客、制造企业、伙伴商实现价值共享；第三，制造企业利用大数据智能能力，赋能C2B个性化定制观念协同治理机制创新，推动产业生态观念重构协同治理，可化解单赢与多赢的观念冲突，从而协同顾客、制造企业、伙伴商、改造企业实现价值共赢；第四，制造企业利用大数据赋能实施价值共创协同治理机制创新，可化解C2B个性化定制转型痛点，协同关联主体实现价值共创，从而驱动C2B个性化定制。

2. 理论贡献

第一，给出了大数据赋能C2B个性化定制协同治理机制，深化了现有研究，丰富了协同治理理论。现有文献揭示了大数据赋能C2B个性化定制协同治理机制蕴含内容协同治理、关系协同治理与观念协同治理三个维度（李东红等，2021），但鲜有文献进一步探析内容协同治理机制、关系协同治理机制和观念协同治理机制。具体而言，在内容协同治理机制方面，现有研究认为C2B个性化定制内容协同治理为化解制造工厂需求与供给失衡的问题提供了可能（Sena et al.，2019），同时给出了可从营销、设计、生产等环节入手构建内容协同治理机制的基本思路（Eric and Ralph，2002；孙新波等，2019；杜勇等，2022），但尚无文献进一步构建大数据赋能的C2B个性化定制内容协同治理机制；在关系协同治理机制方面，已有研究指出，协调供应链主体间竞争与合作的关系冲突是制造企业面临的紧迫问题（钟琦等，2021），构建大数据赋能的C2B个性化定制关系协同治理机制非常必要（Paavo，2012；Bouncken and Fredrich，2016；白景坤等，2020；吴义爽等，2016；沈蕾和何佳婧，2018），但如何构建大数据赋能的C2B个性化定制关系协同治理机制则尚无文献关注；在观念协同治理机制方面，现有文献认为，制造企业在C2B个性化定制转型过程中存在单赢与多赢的观念冲突，观念协同治理可化解这一冲突（Tiwana et al.，2010），但在C2B个性化定制情境下如何构建观念协同治理机制则尚无文献涉及。基于此，本书从数字化精准营销、O2O个性设计、精益化柔性生产三个环节入手，构建大数据赋能的C2B个性化定制内容协同治理机制，以破解制造工厂需求与供给失衡的难题；从伙伴主体选择信任、供应链平台化运营、供应链系统利益分配三个环节入手，构建大数据赋能的C2B个性化定制关系协同治理机制，以协调供应链主体关系上竞争与合作的对立；从生态节点主张表述、生态主体目标兼容、生态网络协作共生三个环节入手，构建大数据赋能的C2B个性化定制观念协同治理机制，以化解产业生态多元主体观念上单赢与多赢的冲突。因此，本书从内容协同治理、关系协同治理、观念协同治理三个维度出发，探究大数据赋能的 C2B 个性化定制价值共创协同机制，是对现有研究的进一步深化，丰富了协同治理理论。

第二，提出了实现价值共创的 C2B 个性化定制协同治理机制创新过程模型，拓展了现有研究，完善了价值共创理论。现有研究指出，C2B 个性化定制是实现价值共创的重要载体（Zhan et al.，2018），价值共创是 C2B 个性化定制的核心功能（Thierry et al.，2015），大数据可赋能 C2B 个性化定制，定制实现过程也即顾客与企业进行交互与资源整合，不断吸引多方主体参与共创价值的过程（Ban and Rudin，2019；胡海波和卢海涛，2018），但如何构建实现价值共创的 C2B 个性化定制协同治理机制创新过程模型则尚无文献涉及。因此，本书基于内容协同治理机制、关系协同治理机制与观念协同治理机制，提出了实现价值共创的 C2B 个性化定制协同治理机制创新过程模型，进而剖析了其基本功能和创新效用，为制造企业向 C2B 个性化定制转型提供了理论依据，是对现有研究的进一步拓展，完善了价值共创理论，深化了 C2B 个性化定制管理理论。

第三，揭示了 C2B 个性化定制的大数据驱动机理，延伸了既有研究，发展了大数据管理理论。现有研究暗示了大数据赋能、协同治理与价值共创三者在逻辑上统一于 C2B 个性化定制框架（Bharadwaj et al.，2013；Thierry et al.，2015；Zhan et al.，2018；Ban and Rudin，2019；胡海波和卢海涛，2018），但现有文献侧重于对大数据赋能、C2B 个性化定制与价值共创某一个或两个方面的初步探索，且 C2B 个性化定制的大数据驱动机理尚未揭示。基于此，本书将大数据赋能、协同治理及价值共创纳入 C2B 个性化定制框架，研究大数据赋能 C2B 个性化定制价值共创协同机制创新，给出了大数据赋能的 C2B 个性化定制协同治理机制（见图 3－8 至图 3－10），提出了实现价值共创的 C2B 个性化定制协同治理机制创新过程模型（见图 3－11）。综合分析图 3－8 至图 3－11，可以归纳出大数据赋能、协同治理、C2B 个性化定制与价值共创四者间的逻辑关系：企业利用大数据赋能→构建协同治理机制→协同关联主体价值共创→驱动 C2B 个性化定制实现。这一逻辑关系揭示了 C2B 个性化定制的大数据驱动机理，延伸既有研究，发展了大数据管理理论。

3. 管理启示

研究的管理启示体现在企业对策和政府政策两个方面。

（1）在制造企业对策方面。第一，制造企业应构建以价值共创为核心功能的C2B个性化定制平台协同治理体系。制造企业在C2B个性化定制转型过程中，建设以实现价值共创为核心的C2B个性化定制协同治理体系，可促进企业C2B个性化定制转型。第二，制造企业应积极构建数智化系统。可通过中台化、移动化、人工智能物联网化不断升级各类信息系统，构建能够敏捷响应市场需求的制造端数智化系统；可通过线上销售平台、企业App、智能互联产品等渠道，全方位获取和感知客户需求，建设能够有效支撑消费者体验的客户端数智化系统。

（2）在政府政策方面。第一，政府应鼓励酷特智能、尚品宅配、海尔等C2B个性化定制龙头企业开放工业互联网平台，为工厂数字化改造、新旧动能转换、产业升级提供解决方案，推动传统制造企业向C2B个性化定制转型。第二，政府应鼓励有条件的制造企业积极探索大数据驱动的C2B个性化定制模式创新，加大企业数智化转型的资金投入，促进相关企业资源共享与能力协同。第三，政府应推动“政产学研”协同创新，增加对大数据、物联网、人工智能等共性技术研发领域的支持力度，促进传统制造企业向C2B个性化定制转型。

3.4 本章小结

本书构建了大数据驱动的C2B个性化定制管理模型：通过探索基于价值共创的C2B个性化定制运营模式创新，指出了C2B平台运营模式与C2B个性化定制更加匹配，揭示了C2B个性化定制下价值共创强度对产品市场需求、企业创新收益、产品提供系统总收益的正向影响，明确了价值共创是C2B平台运营模式的核心功能，提出了B2B2C供应链运营模式下C2B个性化定制的批发价格激励协调机制；通过探索数智化技术驱动的C2B个性化定制平台运营机制创新，指出了数智化技术可提升C2B智能定制运营的连接能力、数据能力和决策能力，揭示了C2B运营机制创新的数智化技术驱动机理，提出了数智化技术赋能C2B智能定制平台运营机制创新过程模型；通过探索大数据赋能C2B个性化定制价值共创协同机制创新，给出了C2B个性化定制协同治理机制，提出了实现价值共创的C2B个性化定制协同治理机制创新过程模型，揭示了C2B个性化定制的大数据驱动机理。

第4章　大数据驱动的 C2B 个性化定制管理模型优化

本书在大数据驱动的 C2B 个性化定制管理模型的框架下，引入供应链优化方法构建博弈模型，通过探索产品竞争市场分离下的 C2B 个性化定制策略、竞争状态下在线 C2B 个性化定制互动博弈、大数据赋能的 C2B 个性化定制价值共创策略三个问题，给出大数据驱动的 C2B 个性化定制管理模型的优化策略。

4.1　产品竞争市场分离下的 C2B 个性化定制策略

随着社会的发展和人们生活水平的提高，个性化消费正悄然流行，例如：时尚女性为避免撞衫在装扮上刻意与众不同，年轻人为彰显野性定制束绳手工皮靴，新婚夫妻将爱人的头像印在婚戒上等。针对这一现象，厂商持续进行制造模式创新：二战前，主要采用单件手工定制，典型案例是法国高级时装定制；二战后至 21 世纪初，大规模定制（Mass Customization，MC）被广泛采用，如红领集团打造“酷特智能”平台实现 C2B 大规模个性化定制；进入大数据时代，单件、小批量个性化定制模式被提出，如 Shapeways 打造 C2B2C 双面市场服务平台实现 3D 打印个性化定制（黄群慧和贺俊，2013；孟炯和郭春霞，2017）。然而，单件手工定制无法在数量上满足广大消费者的需求，大规模定制无法深度融入消费者的创新思想，单件、小批量个性化定制模式目前也只局限在有限范围内（孟炯，2016）。可以预期，在未来一个时期，个性化产品尚无法完全取代大众化产品，大众化产品也无法阻止个性化产品的市场增长，两类产品或将长期处于竞争状态。

本书基于消费者的个性化偏好，借助尚品宅配个性化定制案例的博弈分析，构建个性化产品与大众化产品竞争市场分离博弈模型，进一步分析 C2B 个性化定制策略。

4.1.1　尚品宅配案例

B2C 传统制造难以保证家具与房子之间的个性化匹配，单件或小规模个性化定制又无法在效率上满足消费者的需求。因此，随着住宅规模的显著增长和消费者个性化需求的不断升级，C2B 个性化定制成为传统家具制造企业转型升级的重要方向。

2006 年，没有一个家具企业的市场份额超过 1%，众多同质化企业因为激烈竞争正大量渗血，整个中国家具行业成为一个典型的红海①。面对激烈的市场竞争，佛山维尚家具创立了尚品宅配公司，并对 B2C 传统家具制造模式实施创新，找到了能够满足个性化需求的商业模式。第一，针对 B2C 传统制造模式的缺陷，尚品宅配利用互联网在产品设计、制造环节充分整合吸收消费者的知识和解决方案，大胆实施 C2B 个性化定制模式创新，充分满足消费者个性化需求。第二，尚品宅配成立之初就将目标消费群定位于中端白领市场，依托大数据管理系统高效匹配消费者的个性化需求，采用混合排产的方式解决效率低下问题。第三，尚品宅配以消费者为核心，重构产品个性化研发、柔性化生产、大规模定制的智能制造体系，利用云计算与物联网融入顾客参与设计产品服务的流程，实现价值增值②。因此，尚品宅配以顾客参与设计为导向，利用大数据有效解决个性化定制与规模化生产之间的矛盾，实现了 C2B 个性化定制模式创新。

虽然 C2B 个性化定制模式在家具行业的渗透比例正在逐渐增加，但短期内还不足以完全取代 B2C 传统大众化制造模式。第一，受经济水平和消费观念的影响，三四线城市采用 C2B 个性化定制模式定制家具的家庭比例相对较低。第二，来自产业链其他竞争环节的挑战，如板材企业通过与地方家具厂合作，定制生产半成品甚至成品家具，不仅提高了产品附加值，同时通过延伸服务链条增加用户的黏性。因此，从目前的趋势来看，C2B 个性化定制家具与 B2C 传统制造家具处于共同抢占市场份额的竞争状态。基于上述描述，可刻画出 C2B 个性化定制产品与 B2C 传统大众化制造产品的市场竞争模型，如图 4 – 1 所示。

---

① 吴义爽，盛亚，蔡宁．基于互联网 + 的大规模智能定制研究——青岛红领服饰与佛山维尚家具案例［J］．中国工业经济，2016（4）：127 – 143.

② 广州尚品宅配家居股份有限公司．尚品宅配：2019 年年度报告［R］．广州：广州尚品宅配家居股份有限公司，2020.

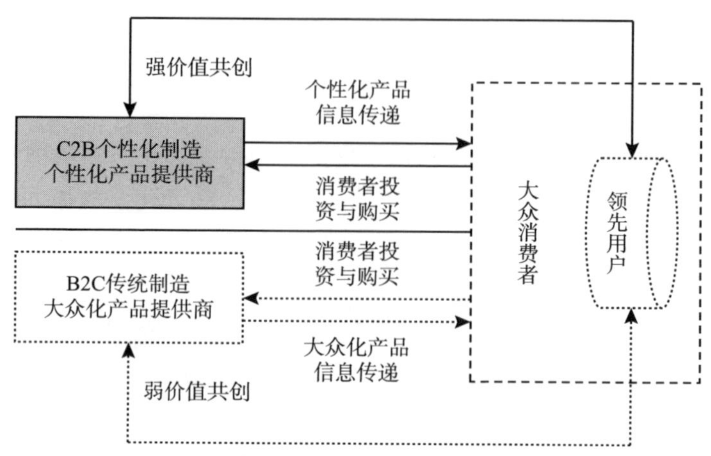

图4－1 两类产品的市场竞争结构图

在图4－1中，由个性化产品提供商、大众化产品提供商、市场消费者（含领先用户、大众消费者）构成了产品市场竞争系统。市场消费者面对同种产品的两个类型：一类是个性化产品，另一类是大众化产品，这两类产品被个性化水平差异化，两类产品的个性化水平分别对应于强价值共创与弱价值共创（周振红和黄深泽，2019）。受超前感知能力、创新收益、使用经验与知识水平等因素的限制，大众消费者通常无法直接参与价值共创活动，而由领先用户代为实施，这是因为大众消费者的需求变化经常受到潮流的驱动，而领先用户处于市场潮流的前端，对大众消费者的需求具有较强的引导作用。当前，尚品宅配在中国家具市场保持领先地位，成为集智能制造、智慧物流、电子商务平台为一体的“互联网企业”，并于2017年成功上市。从财务状况分析来看，主营业务收入、净利润增长、毛利率、净资产收益率、资产负债率、现金流等方面的表现都非常优秀。

应当指出，在竞争激烈的家具市场，尚品宅配采取的产品个性化信息传递策略和C2B个性化定制模式下消费者投资与购买策略，与本书研究的应用情境相当吻合。

4.1.2 案例的博弈分析

为便于分析，在图4－1的基础上，做如下基本假设。

假设4－1：每个消费者都对某一类产品有需求，个性化产品带给消费者的价值高于大众化产品。

假设4-2：消费者个性化偏好体现在产品更高的价值上，这取决于产品个性化水平的高低。

假设4-3：非对称信息下，个性化产品提供商的策略空间为{传递弱产品个性化信息，传递强产品个性化信息}，消费者的策略空间为{不购买，购买}，厂商与消费者的理性选择均为自身利益最大化。

1. 产品竞争模型

令V表示消费者购买产品的价值，A表示消费者购买产品的效用，ε表示消费者的个性化偏好，ε′表示消费者个性化偏好的上限，I表示单位产品个性化水平带给消费者的价值。那么，厂商提供给消费者的产品价值为：

$$V = A + \varepsilon I \quad \varepsilon \in [0,\ \varepsilon') \tag{4-1}$$

顾客让渡价值函数V(ε)可表示为：

$$V(\varepsilon) = A + \varepsilon I - P \tag{4-2}$$

这里，P表示单位产品售价。如果V(ε)>0，消费者将购买产品。令g表示厂商采用强价值共创、实施C2B个性化定制、提供个性化产品，b表示厂商采用弱价值共创、实施B2C传统大众化制造、提供大众化产品。消费者将在这两类产品中选择最大化的顾客让渡价值，则：

$$V(\varepsilon,\ x) = xV_g(\varepsilon) + (1-x)V_b(\varepsilon) \quad x \in \{0,\ 1\} \tag{4-3}$$

这里，V(ε，x)表示消费者的选择购买，x表示消费者选择购买的可变指示变量，$V_g(\varepsilon)$表示消费者购买g类产品的顾客让渡价值，$V_b(\varepsilon)$表示消费者购买b类产品的顾客让渡价值。

那么，消费者购买个性化产品的顾客让渡价值为：

$$V_g(\varepsilon) = A + \varepsilon I_g - P_g \tag{4-4}$$

这里，I_g表示单位g类产品个性化水平带给消费者的价值，P_g表示单位个性化产品售价。

消费者购买大众化产品的顾客让渡价值为：

$$V_b(\varepsilon) = A + \varepsilon I_b - P_b \tag{4-5}$$

这里，I_b表示单位b类产品个性化水平带给消费者的价值，P_b表示单位大众化产品售价。

将式（4-4）和式（4-5）代入式（4-3），可得：

$$V(\varepsilon,\ x) = A + x(\varepsilon I_b - P_b) + (1-x)(\varepsilon I_g - P_g) \tag{4-6}$$

在两类产品中消费者选择购买的分界点为：

$$\varepsilon^* = (P_g - P_b)/(I_g - I_b) \tag{4-7}$$

分析式（4-6）和式（4-7）可知，当消费者的个性化偏好值处于区间 $[\varepsilon^*, \varepsilon')$ 时，消费者选择购买个性化产品；当消费者的个性化偏好值处于区间 $[0, \varepsilon^*)$ 时，消费者选择购买大众化产品。

接下来，分析两类厂商的期望收益。

令整个消费者群体为 1，$r(r \in [0, 1))$ 表示消费者认为产品个性化价值高的比例，$F(\varepsilon)$ 表示消费者个性化偏好的分布函数，则：

$$F(\varepsilon) = 1 - r + r\varepsilon/\varepsilon', \quad \varepsilon \in [0, \varepsilon'] \tag{4-8}$$

令 c_g 和 c_b 分别表示 g 类和 b 类产品的单位生产成本，π_g 表示个性化产品提供商的期望收益，π_b 表示大众化产品提供商的期望收益。

那么，个性化产品提供商的期望收益为：

$$\pi_g = \int_{\varepsilon^*}^{\varepsilon'} (P_g - c_g) dF(\varepsilon) = r(\varepsilon' - \varepsilon^*)(P_g - c_g)/\varepsilon' \tag{4-9}$$

大众化产品提供商的期望收益为：

$$\pi_b = \int_0^{\varepsilon^*} (P_b - c_b) dF(\varepsilon) = r\varepsilon^*(P_b - c_b)/\varepsilon' \tag{4-10}$$

假设 $A - P_b > 0$，以保证消费者必购买产品。令 $\partial\pi_g/\partial P_g = 0$ 及 $\partial\pi_b/\partial P_b = 0$，联立求解，可求出个性化产品的市场均衡价格为：

$$P_g^* = \frac{2c_g + c_b + 2(I_g - I_b)\varepsilon'}{3} \tag{4-11}$$

大众化产品的市场均衡价格为：

$$P_b^* = \frac{c_g + 2c_b + (I_g - I_b)\varepsilon'}{3} \tag{4-12}$$

将 P_g^* 和 P_b^* 代入式（4-7），可得：

$$\varepsilon^* = \frac{(c_g - c_b)/(I_g - I_b) + \varepsilon'}{3} \tag{4-13}$$

因为个性化产品能够较好地满足消费者的个性化需求，且相应的边际成本较高，故 $\varepsilon^* > 0$。

将式（4-11）和式（4-13）代入式（4-9），可得：

$$\pi_g^* = \frac{r[c_b - c_g + 2(I_g - I_b)\varepsilon']^2}{9(I_g - I_b)\varepsilon'} \tag{4-14}$$

将式（4-12）和式（4-13）代入式（4-10），可得：

$$\pi_b^* = \frac{r[c_g - c_b + (I_g - I_b)\varepsilon']^2}{9(I_g - I_b)\varepsilon'} + \frac{(1-r)[c_g - c_b + (I_g - I_b)\varepsilon']}{3} \tag{4-15}$$

2. 厂商策略分析

考虑两阶段博弈，在第一阶段，个性化产品提供商与消费者所拥有的产品个性化信息是不对称的，且厂商信息占优。由于消费者不清楚厂商的类型，消费者对两类厂商提供同一种补偿。如果这种补偿对个性化产品提供商有吸引力，那么也对大众化产品提供商有吸引力，且较低的补偿只对大众化产品提供商有吸引力。令 S 表示厂商传递产品个性化信息的成本，$S=1$ 表示厂商采取保守的产品个性化信息传递策略；$S=0$ 表示厂商采取积极产品个性化信息传递策略。假设非信息对称下，厂商每阶段的产品售价等于消费者的预期。那么，给定产品个性化信息传递强度 S，消费者遵循如下预期：对于采取积极信息传递策略的厂商，消费者认为其实施 C2B 个性化定制的概率为 $1-S\alpha$；而对于采取保守信息传递策略的厂商，消费者认为其采用实施 B2C 传统大众化制造的概率为 $S(1-\alpha)$。

（1）逆向选择。令 $\beta(\beta\in(0,1))$ 表示消费者认为厂商实施 C2B 个性化定制的先念概率，$p_i(i=1,2)$ 表示在非对称信息下进行两阶段博弈时厂商每阶段的单位产品售价，$V(e)$ 表示非对称信息下在第一阶段博弈中消费者对产品的期望价值，$\prod_{ij}(i=1,2,j=g,b)$ 表示非对称信息下厂商在两阶段博弈中的期望收益。为简化分析，假设 $I_b=0$ 和 $A=0$。则：

$$\varepsilon^*=\frac{1}{3}[\varepsilon'+(c_g-c_b)/I_g] \tag{4-16}$$

那么，$V_g=\varepsilon^* I_g=\frac{1}{3}(c_g-c_b+I_g\varepsilon')$，$V_b=0$。

命题 4-1：产品个性化信息不对称条件下，当 $3c_g/(c_g-c_b+I_g\varepsilon')\geqslant\beta\geqslant 3c_b/(c_g-c_b+I_g\varepsilon')$ 时，市场中将出现大众化产品驱逐个性化产品的逆向选择问题。

证明：在第一阶段博弈中，消费者对产品的预期价值为：

$$V(e)=\beta V_g+(1-\beta)V_b=\frac{1}{3}(c_g-c_b+I_g\varepsilon')\beta \tag{4-17}$$

那么：

$$P_1=\frac{1}{3}(c_g-c_b+I_g\varepsilon')\beta$$

个性化产品提供商的期望收益为：

$$\prod_{1g}=\frac{1}{3}(c_g-c_b+I_g\varepsilon')\beta-c_g \tag{4-18}$$

大众化产品提供商的期望收益为：

$$\prod_{1b}=\frac{1}{3}(c_g-c_b+I_g\varepsilon')\beta-c_b \tag{4-19}$$

因此，当 $3c_g/(c_g - c_b + I_g\varepsilon') \geqslant \beta \geqslant 3c_b/(c_g - c_b + I_g\varepsilon')$ 时，$\prod_{1b} \geqslant 0$ 及 $\prod_{1g} < 0$。证毕。

命题 4-1 显示：厂商信息占优时，由于难以区分个性化产品和大众化产品，消费者很难买到个性化产品。此时，消费者通常会将价格较高的个性化产品排除而选择价格较低的大众化产品。

（2）分离均衡。为解决逆向选择问题，本部分将分析能够确保市场出现分离均衡的产品个性化信息传递策略（Akerlof，1970；Michael，1973；周建亨和赵瑞娟，2018；林舒进等，2018）。令 $\rho(\rho \in [0, 1])$ 为贴现因子。

命题 4-2：在第二阶段博弈中，如果$\frac{1}{3}(c_g - c_b + I_g\varepsilon')\beta + \frac{1}{3}(c_g - c_b + I_g\varepsilon')\rho - (1+\rho)c_g \geqslant S > \frac{1}{3}(c_g - c_b + I_g\varepsilon')\beta - c_b$，那么，在市场中，个性化产品与大众化产品存在分离均衡。

证明：在第二阶段博弈中，个性化产品提供商的产品售价为 $P_2 = \frac{1}{3}(c_g - c_b + I_g\varepsilon')$。因此，如果$\frac{1}{3}(c_g - c_b + I_g\varepsilon')\beta + \frac{1}{3}(c_g - c_b + I_g\varepsilon')\rho - (1+\rho)c_g \geqslant S > \frac{1}{3}(c_g - c_b + I_g\varepsilon')\beta - c_b$，那么，个性化产品提供商的期望收益为：

$$\prod_{2g}^{*} = \frac{1}{3}(c_g - c_b + I_g\varepsilon')\beta + \frac{1}{3}(c_g - c_b + I_g\varepsilon')\rho - (1+\rho)c_g - S \geqslant 0$$

大众化产品提供商的期望收益为：

$$\prod_{2b}^{*} = \frac{1}{3}(c_g - c_b + I_g\varepsilon')\beta - c_b - S < 0$$

证毕。

命题 4-2 显示：当满足条件：

$\prod_{2g}^{*} = \frac{1}{3}(c_g - c_b + I_g\varepsilon')\beta + \frac{1}{3}(c_g - c_b + I_g\varepsilon')\rho - (1+\rho)c_g - S \geqslant 0$ 时，大众化产品提供商无法冒充个性化产品提供商传递产品个性化信息。

分析命题 4-1 和命题 4-2 可知：非对称信息时，个性化产品提供商发出强度令大众化产品提供商难以模仿的产品个性化信息，市场将出现理想的分离均衡。

进一步，由于 S 表示厂商传递产品个性化信息的成本，故 S 是厂商传递的产品个性化信息以及产品个性化水平的函数，即 $S = S(P, V)$。令 $\bar{P}$ 表示厂商能向消费者传递的最高产品个性化信息，n 表示厂商的数量，$\alpha(\alpha \in [0, 1])$ 表示消费者认为厂商实施 C2B 个性化定制的概率。那么，要使市场出现理想的分离均衡，个性化产品提供商传递的信息强度由大众化产品提供商所能接受的信息成本决定。

大众化产品提供商所能接受的信息成本为：

$$S(\bar{P}, V_b) = \frac{1-(1-\alpha)^n}{n^\alpha}\left[\frac{1}{3}(c_g - c_b + I_g\varepsilon') - c_b\right] - \frac{1}{n}\left[\frac{\alpha}{3}(c_g - c_b + I_g\varepsilon') - c_b\right] \tag{4-20}$$

那么，个性化产品提供商传递相同强度信息的成本为：

$$S(\bar{P}, V_g) < \frac{1}{n^\alpha}[1-(1-\alpha)^n]\left[\frac{1}{3}(c_g - c_b + I_g\varepsilon') - c_g\right] - \frac{1}{n}\left[\max\left\{\frac{\alpha}{3}(c_g - c_b + I_g\varepsilon'), c_g\right\} - c_g\right] \tag{4-21}$$

命题 4－3：随着厂商传递产品个性化信息强度的提高，消费者认为个性化产品提供商实施 C2B 个性化定制的概率上升，认为大众化产品提供商实施 C2B 个性化定制的概率下降。

证明：因为：

$$\frac{\partial(1-S\alpha)}{\partial S} = -\alpha < 0 \tag{4-22}$$

$$\frac{\partial[S(1-\alpha)]}{\partial S} = 1-\alpha > 0 \tag{4-23}$$

所以，随着厂商传递产品个性化信息强度的提高，消费者认为个性化产品提供商实施 C2B 个性化定制的概率上升，认为大众化产品提供商实施 C2B 个性化定制的概率下降。证毕。

命题 4－3 表明：增加产品个性化信息传递的强度是塑造个性化产品形象、提升消费者对个性化产品信心的有效策略（张希等，2019）。

分析命题 4－2 和命题 4－3 可知：个性化产品提供商采取积极的产品个性化信息传递策略，发出强度令大众化产品提供商难以模仿的信息，市场会出现理想的分离均衡，这有利于强化消费者的产品个性化信念，确保消费者做出正确的投资决策与购买决策。

3. 消费者策略分析

接下来，基于市场分离均衡，分析消费者的投资策略与购买策略。

（1）估价模型。假设在 C2B 个性化定制行为估价模型中，消费者的原始资本 T 可分配为：储蓄 X、购买个性化产品提供商的股份 G_g、购买大众化产品提供商的股份 G_b、捐赠 C2B 个性化定制事业 D（如科研机构、非政府组织等致力于推进 C2B 个性化定制事业发展所需的费用）、支持领先用户与厂商价值共创所需费用 L，个性化定制提供商的收益和社会贡献可由消费者的投资组合来估量。

那么，消费者投资的约束条件为：

$$T + G_b^0 m_b + G_g^0 m_g \geqslant G_b m_b + G_g m_g + D + L \tag{4-24}$$

这里，(G_g^0, G_b^0) 表示消费者购买个性化产品提供商和大众化产品提供商的原始股票，m_g 表示个性化产品提供商的市场价值，m_b 表示大众化产品提供商的市场价值。

则储蓄 X 为：

$$X = T + G_b^0 m_b + G_g^0 m_g - G_b m_b - G_g m_g - D - L \tag{4-25}$$

令 J^* 表示个性化产品提供商对消费者 C2B 个性化定制要求的事前反应，θ 表示个性化产品提供商对消费者 C2B 个性化定制要求的事前反应的边际成本，个性化产品提供商将其生产利润 π_g^* 的 $\kappa(\kappa \in [0, 1])$ 捐献给 C2B 个性化定制事业，则个性化产品提供商的收益为 $(1-\kappa)\pi_g^* - \theta J^*$，个性化产品提供商对 C2B 个性化定制事业的贡献为 $\kappa\pi_g^* + \theta J^*$。令 $\sigma = 1$ 表示个性化产品提供商被领先用户选作价值共创互动目标，$\sigma = 0$ 表示大众化产品提供商被领先用户选作价值共创互动目标。厂商被选中为价值共创互动目标将导致一个成本 $\theta\Delta_j^*$，$j = g, b$，$\Delta^* \in \{\Delta_g^*, \Delta_b^*\}$ 是领先用户与目标厂商讨价还价达成的协议。则消费者的收益 E 为：

$$\begin{aligned} E = {} & T + G_b^0 m_b + G_g^0 m_g + G_b[\pi_b^* - \theta(1-\sigma)\Delta_b^* - m_b] \\ & + G_g[(1-\kappa)\pi_g^* - \theta(J^* + \sigma\Delta_g^*) - m_g] - D - L \end{aligned} \tag{4-26}$$

式（4-26）表明，消费者的收益取决于投资组合。

进一步，假设消费者是利己偏好的，消费者产品个性化满意来自厂商 C2B 个性化定制为社会所作的贡献，消费者从投资行为中获得产品个性化满意度。令 $t \in [0, 1]$ 表示相对于个人捐赠 C2B 个性化定制事业，消费者从购买个性化产品提供商的股票、支持领先用户与厂商价值共创获得的边际产品个性化满意度。如果 $t = 1$，消费者购买个性化产品提供商的股票和支持领先用户与厂商价值共创是对个人捐赠 C2B 个性化定制事业的完美替代；如果 $t = 0$，消费者不会从购买个性化产品提供商的股票、支持领先用户与厂商价值共创中获得产品个性化满意度。来自支持领先用户与厂商价值共创的社会贡献为 $\frac{L\theta\Delta^*}{\Sigma^*}$，其

中 Σ^* 是整个消费者群体支持领先用户与厂商价值共创的资金总和。假设消费者认为个性化产品提供商实施 C2B 个性化定制行为和领先用户与厂商价值共创，不能完全代替个人捐赠 C2B 个性化定制事业，且消费者初始没有从大众化产品提供商接受产品个性化满意度，则消费者接受的总个性化满意度为：

$$N = t\left[G_g(\kappa\pi_g^* + \theta J^*) + \frac{L\theta\Delta^*}{\Sigma^*}\right] + D \tag{4-27}$$

消费者的效用可表示为：

$$U = dN^L + V(\varepsilon) + E \tag{4-28}$$

在这里，$L \in (0, 1)$，$d > 0$。

将式（4-26）代入式（4-28）得：

$$\begin{aligned} U = {} & dN^L + V(\varepsilon) + T + G_b^0 m_b + G_g^0 m_g + G_b[\pi_b^* - \theta(1-\sigma)\Delta_b^* - m_b] \\ & + G_g[(1-\kappa)\pi_g^* - \theta(J^* + \sigma\Delta_g^*) - m_g] - D - L \end{aligned} \tag{4-29}$$

因此，消费者可以通过选择（G_g，G_b，L，D）获取最大化效用，则均衡（G_g^*，G_b^*，L^*，D^*）的必要条件是：

$$\begin{cases} \dfrac{\partial U}{\partial G_g} = (1-\kappa)\pi_g^* - \theta(J^* + \sigma\Delta_g^*) - m_g^* + dLN^{L-1}(\kappa\pi_g^* + \theta J^*)t \leqslant 0 \\ \dfrac{\partial U}{\partial G_g} G_g^* = 0 \end{cases} \tag{4-30}$$

$$\begin{cases} \dfrac{\partial U}{\partial G_b} = \pi_b^* - \theta(1-\sigma)\Delta_b^* - m_b^* \leqslant 0 \\ \dfrac{\partial U}{\partial G_b} G_b^* = 0 \end{cases} \tag{4-31}$$

$$\begin{cases} \dfrac{\partial U}{\partial L} = \dfrac{dLt\theta\Delta^*}{\Sigma^*} N^{L-1} - 1 \leqslant 0 \\ \dfrac{\partial U}{\partial L} L^* = 0 \end{cases} \tag{4-32}$$

$$\begin{cases} \dfrac{\partial U}{\partial D} = dLN^{L-1} - 1 \leqslant 0 \\ \dfrac{\partial U}{\partial D} D^* = 0 \end{cases} \tag{4-33}$$

因此，大众化产品提供商的均衡市场价值为：

$$m_b^* = \pi_b^* - \theta(1-\sigma)\Delta_b^* \tag{4-34}$$

令 t^* 表示消费者购买个性化产品提供商的股票或支持领先用户与厂商价值共创，与个人捐赠 C2B 个性化定制事业的分界点。将式（4-30）代入式

(4－33)，可得出个性化产品提供商的均衡市场价值为：

$$m_g^* = t^*(\kappa\pi_g^* + \theta J^*) + (1-\kappa)\pi_g^* - \theta(J^* + \sigma\Delta_g^*) \tag{4-35}$$

(2) 投资策略。在上述估价模型的基础上，接下来将分析消费者的投资与捐赠策略。

第一，分析高产品个性化满意度消费者的投资策略。

命题4－4：$\forall t \in [0, 1]$，当 $t \in [t^*, 1]$，$D^*(t) = 0$ 时，$G_g^*(t) > 0$，$L^*(t) > 0$。

证明：假设 $\forall \bar{t} \in (t^*, 1)$。当 $t \in (t^*, \bar{t})$ 时，$G_g^*(t) > 0$ 且 $L^*(t) = 0$；当 $t > \bar{t}$ 时，$L^*(t) > 0$。因此，当 $t \in (t^*, \bar{t})$，$G_g^*(t) > 0$ 且 $L^*(t) = 0$ 时，则：

$$\frac{\partial U}{\partial L} = \frac{dLt\theta\Delta^*}{\Sigma^*} N^{L-1} - 1 < 0 \tag{4-36}$$

因为 $G_g^*(t) > 0$，将式(4－35)代入式(4－30)得：

$$dLtN^{L-1} - t^* = 0 \tag{4-37}$$

将式(4－37)代入式(4－36)得：

$$t^* < \frac{\Sigma^*}{\theta\Delta^*} \tag{4-38}$$

当 $t > \bar{t}$ 时，$\frac{\partial U}{\partial L} = \frac{dLt\theta\Delta^*}{\Sigma^*} N^{L-1} - 1 = 0$。这时，$G_g^*(t) = 0$ 或 $G_g^*(t) > 0$。运用反证法，假设 $G_g^*(t) = 0$，则：

$$dLtN^{L-1} - t^* < 0 \tag{4-39}$$

将 $\frac{dLt\theta\Delta^*}{\Sigma^*} N^{L-1} - 1 = 0$ 代入上式得：

$$t^* > \frac{\Sigma^*}{\theta\Delta^*} \tag{4-40}$$

这与式(4－38)相矛盾。因此，当 $t > \bar{t}$ 时，$G_g^*(t) > 0$。

又运用反证法，假设 $G_g^*(t) > 0$，则 $dLtN^{L-1} - t^* = 0$。因为 $L^*(t) > 0$，所以：

$$\frac{\partial U}{\partial L} = \frac{dLt\theta\Delta^*}{\Sigma^*} N^{L-1} - 1 = 0$$

则 $t^* = \frac{\Sigma^*}{\theta\Delta^*}$，但这与式(4－38)相矛盾，因此式(4－36)不成立。所以：

$$\frac{\partial U}{\partial L} = \frac{dLt\theta\Delta}{\Sigma^*} N^{L-1} - 1 = 0$$

结果，$\forall t\in[0,1]$，当 $t\in[t^*,1]$ 时，$G_g^*(t)>0$，$L^*(t)>0$。证毕。

命题4-4表明：$\forall t\in[0,1]$，当 $t\in[t^*,1]$，$D^*(t)=0$ 时，$G_g^*(t)>0$，$L^*(t)>0$。这表明，高产品个性化满意度的消费者，应当选择购买个性化产品提供商的股票或支持领先用户与厂商价值共创，这种选择是对捐赠C2B个性化定制事业的较好替代。

第二，分析低产品个性化满意度消费者的投资策略。

命题4-5：$\forall t\in[0,1]$，当 $t\in[0,t^*)$，$D^*(t)>0$ 时，$G_g^*(t)=0$ 和 $L^*(t)=0$。

证明：如果 $D^*(t)>0$，由式（4-33）可知 $\frac{\partial U}{\partial D}D^*(t)=0$，那么：

$$\frac{\partial U}{\partial D}=dLN^{L-1}-1=0 \tag{4-41}$$

当 $t\in[0,t^*)$，将式（4-41）代入式（4-30）可知：

$$\frac{\partial U}{\partial G_g}=(1-\kappa)\pi_g^*-\theta(J^*+\sigma\Delta_g^*)-m_g^*+(\kappa\pi_g^*+\theta J^*)t<0 \tag{4-42}$$

运用反证法，令 $G_g^*(t)>0$。由于 $\frac{\partial U}{\partial G_g}G_g^*=0$，因此：

$$\frac{\partial U}{\partial G_g}=(1-\kappa)\pi_g^*-\theta(J^*+\sigma\Delta_g^*)-m_g^*+dLN^{L-1}(\kappa\pi_g^*+\theta J^*)t=0$$

将式（4-41）代入上式，可得：

$$\frac{\partial U}{\partial G_g}=(1-\kappa)\pi_g^*-\theta(J^*+\sigma\Delta_g^*)-m_g^*+(\kappa\pi_g^*+\theta J^*)t=0 \tag{4-43}$$

则式（4-43）与式（4-42）相矛盾，所以 $G_g^*(t)>0$ 不成立，必有 $G_g^*(t)=0$。

同理，运用反证法，令 $L^*(t)>0$。由于 $\frac{\partial U}{\partial L}L^*(t)=0$，因此：

$$\frac{\partial U}{\partial L}=\frac{dLt\theta\Delta^*}{\Sigma^*}N^{L-1}-1=0$$

将式（4-41）代入上式得：

$$\frac{\partial U}{\partial L}=\frac{t\theta\Delta^*}{\Sigma^*}-1=0 \tag{4-44}$$

仅当 $t=t^*$ 时，式（4-44）成立，即：

$$\frac{t^*\theta\Delta^*}{\Sigma^*}-1=0\Rightarrow t^*=\frac{\Sigma^*}{\theta\Delta^*} \tag{4-45}$$

那么，当 $t\in[0,t^*)$ 时，式（4-44）不成立。故 $L^*(t)>0$ 不成立，则

$L^*(t)=0$。证毕。

命题 4-5 表明：当 $t\in[0, t^*)$ 时，$D^*(t)>0$，$G_g^*(t)=L^*(t)=0$。这表明，当消费者个性化满意度低时，消费者既不购买个性化产品提供商的股票，也不支持领先用户与厂商价值共创，而是选择个人捐赠科研机构和非政府组织以推进 C2B 个性化定制事业发展。

（3）购买策略。基于市场分离均衡，通过分析消费者在产品购买中的顾客让渡价值大小，给出消费者的最优购买策略。

命题 4-6：如果两类产品个性化水平差异较大，那么两类产品带给消费者的顾客让渡价值差，随消费者个性化偏好的增大而增大。

证明：消费者将在两类产品中选择较大的顾客让渡价值，而顾客让渡价值 $V(\varepsilon)=V(\varepsilon, x^*)$，$x^*$ 表示消费者的乐观选择，则：

$$V_g(\tau)=A+I_g\varepsilon-\frac{1}{3}[2(I_g-I_b)\varepsilon'+2c_g+c_b],\ \varepsilon\in[\varepsilon^*, \varepsilon'] \tag{4-46}$$

$$V_b(\varepsilon)=A+\varepsilon I_b-\frac{1}{3}[\varepsilon'(I_g-I_b)+c_g+2c_b],\ \varepsilon\in[0, \varepsilon^*) \tag{4-47}$$

令 $I_b=0$，如果消费者购买大众化产品，则：

$$V_b(\varepsilon)=A-\frac{1}{3}(I_g\varepsilon'+c_g+2c_b) \tag{4-48}$$

如果消费者购买个性化产品，那么：

$$V_g(\varepsilon)=A-\frac{1}{3}(2I_g\varepsilon'+2c_g+c_b)+I_g\varepsilon,\ \varepsilon\in[\varepsilon^*, \varepsilon'] \tag{4-49}$$

两类产品的顾客让渡价值差为：

$$V_g(\varepsilon)-V_b(\varepsilon)=\frac{1}{3}(c_b-c_g-I_g\varepsilon')+I_g\varepsilon,\ \varepsilon\in[\varepsilon^*, \varepsilon']$$

因此，如果 I_g-I_b 较大，那么 $V_g(\varepsilon)-V_b(\varepsilon)$ 恒为 ε 的线性增加函数。证毕。

命题 4-6 表明：如果两类产品个性化差别较大，对个性化有更大偏好的消费者的占优策略是选择定制个性化产品。

综上所述，随着新兴信息技术（如大数据、物联网、云计算）与先进制造技术（如 AI 制造、3D 打印技术）的发展融合，消费者可作为共同创造者参与产品设计和制造，厂商也可充分吸收和整合消费者的各种创新知识和解决方案，这必然导致价值共创理论与 C2B 个性化定制的快速发展，个性化产品与大众化产品或将长期并存于市场，并处于竞争状态。本书基于消费者的个性化偏好，借助尚品宅配个性化定制案例的博弈分析，研究产品竞争市场分离下的

C2B 个性化定制策略。结果表明：个性化产品提供商采取积极的产品个性化信息传递策略，发出强度令大众化产品提供商难以模仿的信息，市场会出现理想的分离均衡，这有利于强化消费者的产品个性化信念，确保消费者做出正确的投资与购买决策；高产品个性化满意度的消费者选择购买个性化产品提供商的股票，支持领先用户与厂商价值共创，低产品个性化满意度的消费者选择个人捐赠大学、科研院所、NGO 等机构以推进产品个性化定制行业发展；如果个性化产品提供商具有显著的产品个性化优势，对个性化有较大偏好的消费者选择购买个性化产品，可获得更大的顾客让渡价值。研究结论具有重要的理论意义与实践价值。理论意义体现在研究结论透视了产品个性化竞争下的企业行为与消费者行为，丰富和发展了 C2B 个性化定制理论，为《中国制造 2025》和党的十九大报告提出的“制造强国”战略提供了理论支撑与决策借鉴。实践价值体现在个性化产品提供商可采用积极的产品个性化信息传递策略，使市场出现理想的分离均衡，进而树立消费者对个性化产品的信心；消费者可根据自己对个性化产品提供商的 C2B 个性化定制行为的满意度做出正确的投资、捐赠与购买决策。

4.2　竞争状态下在线 C2B 个性化定制互动博弈

信息化时代，随着消费者个性化需求和价值共创意愿的不断升级，在线 C2B 个性化定制成为制造企业转型的重要方向（黄群慧和贺俊，2013；周文辉等，2016；张凯等，2017）。如：红领集团、维尚、小米和海尔等均已实现在线 C2B 个性化定制运营，阿里巴巴拟联合 vivo 向在线 C2B 个性化定制转型（吴义爽等，2016；孟炯和郭春霞，2017）。然而，与传统 B2C 大众化制造相比，在线 C2B 个性化定制尚局限于有限范围（孟炯，2016）。可以预期，在未来一个时期，个性化产品尚无法完全取代大众化产品，大众化产品也无法阻止个性化产品的市场增长，两类产品或将长期处于竞争状态。

因此，本书应用博弈论的基本思想，研究竞争状态下在线 C2B 个性化定制互动博弈。

4.2.1　尚品宅配案例

本节以尚品宅配为例，分析竞争状态下在线 C2B 个性化定制互动博弈。

早期的家具行业以大众化制造为主，难以满足客户的个性化需求，直到 2006 年，佛山维尚家具成立了尚品宅配公司，对传统 B2C 大众化制造模式进行创新，找到了能够满足个性化需求的商业模式。首先，为了解决传统 B2C 大众化制造模式难以满足消费者个性化需求的难题，尚品宅配充分利用物联网、大数据等新兴信息技术，实施在线 C2B 个性化定制模式创新，将顾客需求与企业生产有机结合起来，让消费者参与到产品的研发过程中，充分满足顾客个性化需求。其次，针对目标消费群体，尚品宅配以大数据管理为支撑，采用混合排产的方式，既满足消费者的个性化需求，又保证生产效率。最后，尚品宅配以顾客为核心，将云计算、物联网与顾客参与设计产品服务的流程进行无缝对接，通过"用户需求驱动"和"智能制造"两大关键环节，实现了在线 C2B 个性化定制模式创新。短期内，在线 C2B 个性化定制模式还不足以完全取代传统 B2C 大众化制造模式，两种模式将处于竞争状态。基于上述描述，可刻画出两种制造模式的市场竞争模型，如图 4－2 所示。

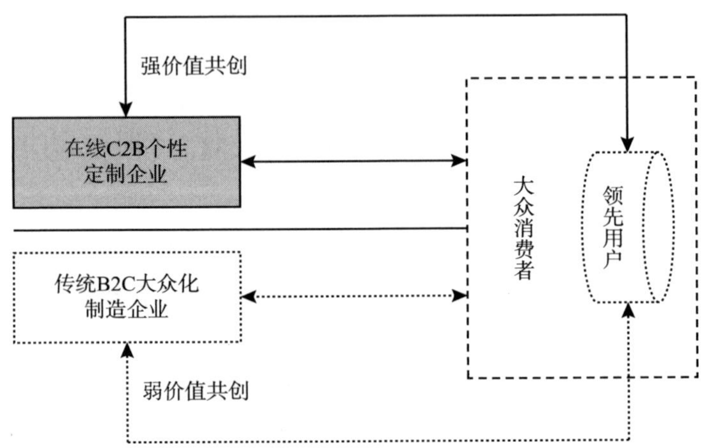

图 4－2 个性化产品与大众化产品的市场竞争模型

在图 4－2 中，由在线 C2B 个性化定制企业、传统 B2C 大众化制造企业、顾客（含领先用户、大众用户）构成了产品市场竞争系统。由于企业与顾客间存在信息不对称的情况，顾客难以做出有效选择，为了解决这一难题，在线 C2B 个性化定制企业采用强价值共创策略，加大与竞争产品个性化差异，可有效解决企业与顾客间信息不对称问题，促进顾客优先选择在线 C2B 个性化定制产品，从而提升顾客选择在线 C2B 个性化定制产品的意愿。

4.2.2　案例的博弈分析

在图 4－2 中，每一顾客都对某一类产品有需求，个性化产品带给顾客的价值高于大众化产品，顾客个性化偏好体现在产品更高的价值上，这取决于产品个性化水平的高低。

1. 产品市场竞争

令 D 为顾客购买产品的价值，U 为顾客购买产品的效用，b 为顾客的个性化偏好，$\bar{b}$ 为顾客个性化偏好的上限，I 为单位产品个性化水平带给顾客的价值。那么，企业提供给顾客的产品价值为：

$$D = U + bI \quad b \in [0, \bar{b}) \tag{4-50}$$

顾客让渡价值函数 D(b) 为：

$$D(b) = U + bI - P \tag{4-51}$$

这里，P 为单位产品零售价格。如果 D(b) >0，顾客将购买产品。

令 x 为企业采用强价值共创、实施在线 C2B 个性化定制、提供个性化产品；y 为企业采用弱价值共创、实施传统 B2C 大众化制造、提供大众化产品。顾客在这两类产品中选择最大化的顾客让渡价值，则：

$$D(b, \varepsilon) = \varepsilon D_x(b) + (1 - \varepsilon) D_y(b) \quad \varepsilon \in \{0, 1\} \tag{4-52}$$

这里，D(b, ε) 表示顾客选择，ε 表示顾客选择的可变指示变量，$D_x(b)$ 表示购买个性化产品的顾客让渡价值，$D_y(b)$ 表示购买大众化产品的顾客让渡价值。

因此，购买个性化产品的顾客让渡价值为：

$$D_x(b) = U + bI_x - P_x \tag{4-53}$$

这里，I_x 表示每单位个性化产品的个性化水平带给顾客的价值，P_x 表示每单位个性化产品的售价。

购买大众化产品的顾客让渡价值为：

$$D_y(b) = U + bI_y - P_y \tag{4-54}$$

这里，I_y 表示每单位大众化产品的个性化水平带给顾客的价值，P_y 表示每单位大众化产品的售价。

将式（4－53）和式（4－54）代入式（4－52），可得：

$$D(b, \varepsilon) = U + \varepsilon(bI_y - P_y) + (1 - \varepsilon)(bI_y - P_y) \tag{4-55}$$

那么，顾客选择购买的界限为：

$$b^* = (P_x - P_y)/(I_x - I_y) \tag{4-56}$$

令整个顾客群为1，$\sigma(\sigma \in [0, 1))$ 为顾客个性化偏好高的比例，$F(b)$ 为顾客个性化偏好的分布函数，则：

$$F(b) = 1 - \sigma + \sigma b/\bar{b}, \quad b \in [0, \bar{b}] \tag{4-57}$$

令 C_x 为个性化产品的单位生产成本，令 C_y 为大众化产品的单位生产成本。个性化产品提供商的期望收益 $\prod_x$ 为：

$$\prod_x = \int_{b^*}^{\bar{b}} (P_x - C_x) dF(b) = \sigma(\bar{b} - b^*)(P_x - C_x)/\bar{b} \tag{4-58}$$

大众化产品提供商的期望收益 $\prod_y$ 为：

$$\prod_y = \int_0^{b^*} (P_y - C_y) dF(b) = \sigma b^* (P_y - C_y)/\bar{b} \tag{4-59}$$

令 $U - P_y > 0$，以确保顾客购买产品。进一步，令 $\partial \prod_x / \partial P_x = 0$ 及 $\partial \prod_y / \partial P_y = 0$ 并联立求解，则个性化产品的市场均衡价格为：

$$P_x^* = \frac{2C_x + C_y + 2(I_x - I_y)\bar{b}}{3} \tag{4-60}$$

大众化产品的市场均衡价格为：

$$P_y^* = \frac{C_x + 2C_y + (I_x - I_y)\bar{b}}{3} \tag{4-61}$$

将 P_x^* 和 P_y^* 代入式（4-56）可得：

$$b^* = \frac{(C_x - C_y)/(I_x - I_y) + \bar{b}}{3} \tag{4-62}$$

由于个性化产品的边际成本相对较高，故 $b^* > 0$。

又将式（4-60）和式（4-62）代入式（4-58）得：

$$\prod_x^* = \frac{\sigma[C_y - C_x + 2(I_x - I_y)\bar{b}]^2}{9(I_x - I_y)\bar{b}} \tag{4-63}$$

同理，将式（4-61）和式（4-62）代入式（4-59）得：

$$\prod_y^* = \frac{\sigma[C_x - C_y + (I_x - I_y)\bar{b}]^2}{9(I_x - I_y)\bar{b}} + \frac{(1-\sigma)[C_x - C_y + (I_x - I_y)\bar{b}]}{3} \tag{4-64}$$

2. *产品市场互动*

假设产品售价等于顾客预期，在企业与顾客第一阶段互动博弈中，在线

C2B 个性化定制企业与顾客拥有非对称信息，在线 C2B 个性化定制企业的策略空间为｛弱价值共创，强价值共创｝，顾客策略空间为｛购买大众化产品，在线 C2B 个性化定制产品｝，顾客将对个性化产品和大众化产品提供同一种补偿。令顾客认为在线 C2B 个性化定制企业实施强价值共创的先念概率为 $e(e \in (0,1))$，$P_i(i=1,2)$ 表示两阶段博弈中的产品单位售价，D^E 表示在第一阶段互动博弈中顾客的产品期望价值，$\prod_{ij}(i=1,2,j=x,y)$ 表示两阶段互动博弈中在线 C2B 个性化定制企业的期望收益。

令 $I_y=0$ 及 $U=0$ 以简化分析，那么：

$$b^* = \frac{1}{3}[\bar{b} + (C_x - C_y)/I_x] \tag{4-65}$$

因此，$D_x = b^* I_x = \frac{1}{3}(C_x - C_y + I_x\bar{b})$，$D_y = 0$。

命题 4-7：当 $3C_x/(C_x - C_y + I_x\bar{b}) \geqslant e \geqslant 3C_y/(C_x - C_y + I_x\bar{b})$ 时，顾客选择购买大众化产品，放弃在线 C2B 个性化定制产品。

证明：顾客的产品预期价值为：

$$D^E = eD_x + (1-e)D_y = \frac{e}{3}(C_x - C_y + I_x\bar{b}) \tag{4-66}$$

那么，$P_1 = \frac{e}{3}(C_x - C_y + I_x\bar{b})$

在线 C2B 个性化定制企业的期望收益为：

$$\prod_{1x} = \frac{e}{3}(C_x - C_y + I_x\bar{b}) - C_x \tag{4-67}$$

传统 B2C 大众化制造企业的期望收益为：

$$\prod_{1y} = \frac{e}{3}(C_x - C_y + I_x\bar{b}) - C_y \tag{4-68}$$

因此，当 $3C_x/(C_x - C_y + I_x\bar{b}) \geqslant e \geqslant 3C_y/(C_x - C_y + I_x\bar{b})$ 时，可以得出 $\prod_{1y} \geqslant 0$ 和 $\prod_{1x} < 0$。证毕。

命题 4-7 显示：由于在线 C2B 个性化定制企业与顾客拥有非对称信息，顾客更愿意选择购买传统 B2C 大众化制造产品，而不愿意接受在线 C2B 个性化定制产品，这也是在线 C2B 个性化定制行业迟迟未火的主要原因。

接下来，基于这一现实问题，分析在第二阶段互动博弈中，在线 C2B 个性化定制企业的策略。令 $\alpha(\alpha \in [0,1])$ 表示贴现因子，A 表示在线 C2B 个性化定制企业与顾客价值共创所需成本。

命题 4-8：在线 C2B 个性化定制企业采用强价值共创策略，可提升顾客选择在线 C2B 个性化定制产品的意愿。

证明：在线 C2B 个性化定制企业与顾客第二阶段互动博弈中，$P_2=\frac{1}{3}(C_x-C_y+I_x\bar{b})$。如果：

$$\frac{1}{3}(C_x-C_y+I_x\bar{b})e+\frac{1}{3}(C_x-C_y+I_x\bar{b})\alpha-(1+\alpha)C_x\geqslant A>\frac{1}{3}(C_x-C_y+I_x\bar{b})e-C_y$$

在线 C2B 个性化定制企业的期望收益为：

$$\prod\nolimits_{2x}^{*}=\frac{e}{3}(C_x-C_y+I_x\bar{b})+\frac{\alpha}{3}(C_x-C_y+I_x\bar{b})-(1+\alpha)C_x-A\geqslant 0$$

传统 B2C 大众化制造企业的期望收益为：

$$\prod\nolimits_{2y}^{*}=\frac{e}{3}(C_x-C_y+I_x\bar{b})-C_y-A<0$$

证毕。

命题 4－8 显示：在线 C2B 个性化定制企业采用强价值共创策略，有助于解决企业与顾客间信息不对称问题，强化顾客的产品个性化信念，从而提升顾客选择在线 C2B 个性化定制产品的意愿。

进一步，基于在线 C2B 个性化定制企业的强价值共创策略，通过分析顾客让渡价值大小，给出顾客的占优策略。

命题 4－9：如果在线 C2B 个性化定制企业采用强价值共创策略，加大个性化产品和大众化产品的个性化差异，那么这两类产品带给顾客的顾客让渡价值差随顾客个性化偏好的增大而增大。

证明：顾客让渡价值为 $D(b)=V(b,\ \varepsilon^*)$，$\varepsilon^*$ 表示顾客选择。

因此，个性化产品的顾客让渡价值为：

$$D_x(b)=U+I_xb-\frac{1}{3}[2(I_x-I_y)\bar{b}+2C_x+C_y],\ b\in[b^*,\ \bar{b}] \quad (4-69)$$

大众化产品的顾客让渡价值为：

$$D_y(b)=U+bI_y-\frac{1}{3}[\bar{b}(I_x-I_y)+C_x+2C_y],\ b\in[0,\ b^*) \quad (4-70)$$

令 $I_y=0$，若顾客选择大众化产品，则：

$$D_y(b)=U-\frac{1}{3}(I_x\bar{b}+C_x+2C_y) \quad (4-71)$$

若顾客选择个性化产品，则：

$$D_x(b)=U-\frac{1}{3}(2I_x\bar{b}+2C_x+C_y)+I_xb,\ b\in[b^*,\ \bar{b}] \quad (4-72)$$

个性化产品和大众化产品的顾客让渡价值差为：

$$D_x(b) - D_y(b) = \frac{1}{3}(C_y - C_x - I_x\bar{b}) + I_x b, \ b \in [b^*, \bar{b}]$$

证毕。

命题 4－9 显示：如果在线 C2B 个性化定制企业采用强价值共创策略，加大个性化产品和大众化产品的个性化差异，在线 C2B 个性化定制产品是具有较大个性化偏好顾客的占优选择。

3. 数值分析

下面将利用数值算例对前文博弈分析结论进行验证。

算例：产品市场互动博弈的数值分析。令算例涉及的参数取值如表 4－1 所示。

表 4－1　算例涉及的参数取值

C_x	C_y	I_x	I_y	$\bar{b}$	α	λ
55	50	200	0	0.9	0.7	0.85

第一，验证命题 4－7。令 U＝0，当 $0.81 \leqslant e \leqslant 0.89$ 时，$\prod_{1y} \geqslant 0$ 及 $\prod_{1x} < 0$。这时，顾客选择购买大众化产品，而排除在线 C2B 个性化定制产品。命题 4－7 得以验证。

第二，验证命题 4－8。令 e＝0.85，当 $2.42 \leqslant A \leqslant 7.58$ 时，$\prod_{1y} < 0$ 及 $\prod_{1x} \geqslant 0$。这时，在线 C2B 个性化定制企业采用强价值共创策略，有助于解决企业与顾客间信息不对称问题，强化顾客的产品个性化信念，从而提升顾客选择在线 C2B 个性化定制产品的意愿。命题 4－8 得以验证。

第三，验证命题 4－9。令 U＝200，大众化产品带给顾客的顾客让渡价值为常数。当 $b \in [b^*, \bar{b}) = [0.31, 0.90)$ 时，在线 C2B 个性化定制产品带给顾客的顾客让渡价值随 b 的增加而增大。因此，如果在线 C2B 个性化定制企业采用强价值共创策略，加大个性化产品和大众化产品的个性化差异，具有较大个性化偏好顾客的占优策略是选择在线 C2B 个性化定制产品。命题 4－9 得以验证。

综上所述，随着新兴信息技术（如大数据、物联网、云计算）与先进制造技术（如 AI 制造、3D 打印技术）的发展融合，顾客可作为共同创造者参与产品设计和制造，厂商也可充分吸收和整合顾客的各种创新知识和解决方案，这将导致在线C2B个性化定制的快速发展。个性化产品与大众化产品或将长期并存于市场，并处于竞争状态。本书从消费者的个性化偏好入手，应用博弈论的基本思想，基于从尚品宅配案例提炼出的产品竞争模型，研究竞争状态下在线C2B个性化定制互动博弈。具体而言，本书研究结论可以表述为以下两个方面。第一，在与传统B2C大众化制造企业的竞争中，在线C2B个性化定制企业采用强价值共创策略，加大与竞争产品个性化差异，可有效解决企业与顾客间信息不对称问题，促进顾客优先选择在线C2B个性化定制产品。这一研究结论不仅揭示了在线C2B个性化定制行业迟迟不火的主要原因，而且揭示了克服企业与顾客间信息不对称问题的具体方案。这一研究结论是对“基于在线3D打印平台研究共同创造与用户创新”的进一步深化（Thierry，2015）。第二，在产品竞争市场，如果在线C2B个性化定制产品与传统B2C大众化制造产品的个性化差异较大，具有较大个性化偏好的顾客选择在线C2B个性化定制产品可获得较大的顾客让渡价值，这有利于强化顾客的产品个性化信念。这一研究结论既给出了产品市场基于顾客让渡价值的顾客购买策略，也暗示了在线C2B个性化定制企业采用强价值共创策略对于强化顾客产品个性化信念的重要性。这一研究结论是对张凯等研究双边市场中用户满意度与平台战略的选择的完善（张凯等，2017）。

4.3 大数据赋能的C2B个性化定制价值共创策略

我国制造业正面临个性化需求大于供给的结构性矛盾（肖迪和侯书勤，2017）。因此，要推动大数据和实体经济深度融合，以化解这一结构性矛盾。基于此，尚品宅配利用大数据，实施C2B个性化定制模式创新，吸引用户参与价值共创，充分满足用户需求，获取独特竞争优势（孟炯，2019）。但是，制造企业向C2B个性化定制转型，促进用户与企业价值共创，获取竞争优势并非易事。第一，影响C2B个性化定制价值共创行为的关键因素尚需挖掘（简兆权等，2016）。第二，大数据作用于C2B个性化定制价值共创行为演化的内在机理尚需揭示（孟炯，2021）。第三，制造企业进一步持续深化数字化转型动机尚需洞察（陈国青等，2018）。因此，本节研究大数据赋能的C2B个性化定制价值共创策略，为传统制造企业实施数字化转型升级战略提供理论依据。

4.3.1　典型案例

尚品宅配早期专注开发家居设计软件，在为用户提供个性化设计服务时，尚品宅配发现了家居个性化定制的潜力，开始计划转型。

2004 年初，尚品宅配开始为大众提供家居个性化定制服务，业务流程如下：个性化需求交互在线下门店进行，用户和企业共同确定个性化产品设计方案；将个性化设计方案生成订单，发送至分布在全国各地的智能工厂；在智能工厂，对订单实施同质化解构、标准化生产、个性化加总，将匹配个性化需求的产品提供给用户。尚品宅配通过创新 C2B 个性化定制模式，促进了用户和企业价值共创，但仍存不足：用户和企业价值共创局限于线下门店，耗费的成本较大；用户和企业双方通过非标准化对话设计产品，价值共创带给用户与企业的效用有限；用户和企业双方价值共创限于产品设计环节，在订单控制、拆单排产环节的价值共创尚需激发。这些不足导致用户和企业价值共创意愿较低、行为较弱，用户与企业通过价值共创获得的整体效用较低。

2010 年，尚品宅配针对产品设计流程进行改造，开展数字化转型，在产品设计环节提升用户和企业的价值共创意愿和行为。尚品宅配通过累积大数据，建立了具有自主知识产权的产品方案大数据库，在“新居网”“维意定制”等平台植入产品方案大数据库。用户参与设计时，在产品方案大数据库中根据自身喜好匹配产品设计方案，便可轻松完成产品设计。这一环节的改造以大数据的形式推动用户和企业的标准化对话，激发了众多用户和企业价值共创的意愿，促进了用户和企业价值共创意愿和行为由弱向强高效率演化。在初步数字化转型取得成功后，尚品宅配开始将数字化理念贯彻到全个性化定制流程，进一步持续深化数字化转型。2017 年，尚品宅配基于“新居网”“维意定制”等互联网平台，着手打造大数据生态圈，将用户和企业置于大数据网，借助大数据驱动用户和企业实现全流程价值共创①。

尚品宅配 C2B 个性化定制价值共创行为演化转变过程如图 4－3 所示。实践表明：尚品宅配虽然耗费了超 3 亿元持续深化数字化转型，但借助大数据赋能成功引流了忠实用户超 1 亿人①。

① 吴义爽，盛亚，蔡宁．基于互联网＋的大规模智能定制研究——青岛红领服饰与佛山维尚家具案例［J］．中国工业经济，2016（4）：127－143.

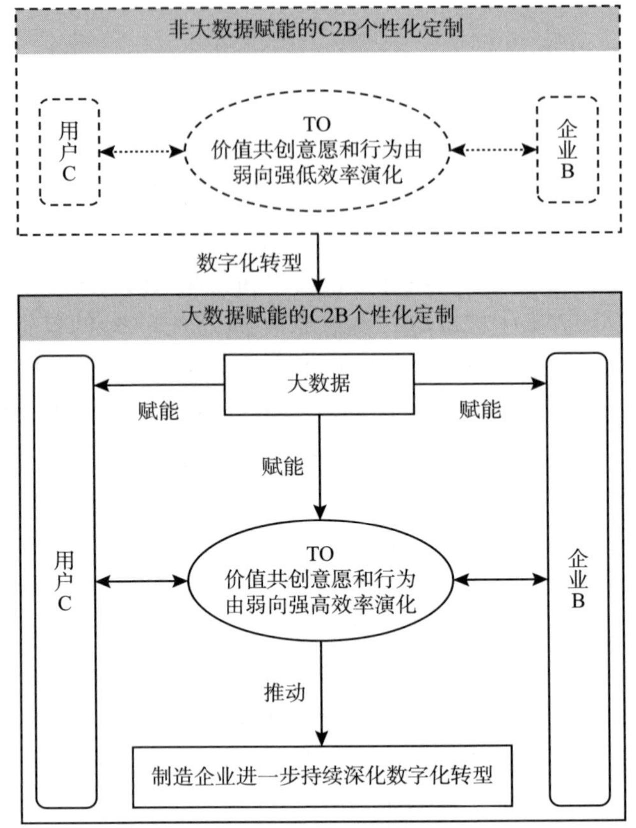

图 4-3 尚品宅配 C2B 个性化定制价值共创行为演化转变过程

4.3.2 案例的博弈分析

1. 基本假设

基于图 4-3，构建与求解演化博弈模型，基本假设如下。

假设 4-4：用户、企业均为有限理性选择策略。$\beta=(\beta_1+\beta_2)=$(积极参与价值共创，消极参与价值共创）为企业策略空间，且选择 β_1 的概率为 y、选择 β_2 的概率为（1-y），企业价值共创的意愿为 y，$y\in[0,1]$；$\alpha=(\alpha_1,\alpha_2)=$(积极参与价值共创，消极参与价值共创）为用户的策略空间，且选择 α_1 的概率为 x，选择 α_2 的概率为（1-x），x 表示用户价值共创的意愿，$x\in[0,1]$。

假设 4-5：如果用户和企业消极参与价值共创，企业获得基本收益 r_0，用户获得基本效用 u_0，双方价值共创努力忽略不计。

假设 4－6：在非大数据情境下，$c_u e_u$ 为用户价值共创成本，$c_m e_m$ 为企业价值共创成本，$U = pu_1$ 为单位价值共创用户个性化定制效用，$R = pr_1$ 为单位价值共创企业个性化定制收益。

假设 4－7：在大数据情境下，$c'_u e_u = (1 - d\gamma_u) c_u e_u$ 为用户价值共创成本，$c'_m e_m = (1 - d\gamma_m) c_m e_m$ 为企业价值共创成本，$U' = (1 + d\delta) U$ 为单位价值共创用户个性化定制效用，$R' = (1 + d\delta) R$ 为单位价值共创企业个性化定制收益。

模型中，参数与变量的定义如表 4－2 所示。

表 4－2　参数与变量的定义

参数	定义
x	用户价值共创意愿，即用户积极参与价值共创概率，$0 \leqslant x \leqslant 1$
y	企业价值共创意愿，即企业积极参与价值共创概率，$0 \leqslant y \leqslant 1$
u_0	消极价值共创的用户基本效用
r_0	消极价值共创的企业基本收益
e_u	价值共创用户努力水平，$0 \leqslant e_u \leqslant 1$
e_m	价值共创企业努力水平，$0 \leqslant e_m \leqslant 1$
w	价值共创耦合系数，$0 \leqslant w \leqslant 1$
c_u	非大数据情境下，单位价值共创用户成本
c_m	非大数据情境下，单位价值共创企业成本
p	单位价值共创的个性化定制水平
u_1	单位个性化定制水平的用户效用
r_1	单位个性化定制水平的企业收益
U	非大数据情境下，单位价值共创用户个性化定制效用
R	非大数据情境下，单位价值共创企业个性化定制收益
d	大数据赋能水平，$d \geqslant 0$
γ_u	单位大数据赋能水平降低用户单位价值共创成本比例，$0 \leqslant \gamma_u \leqslant 1$
γ_m	单位大数据赋能水平降低企业单位价值共创成本比例，$0 \leqslant \gamma_m \leqslant 1$
δ	单位大数据赋能水平提升单位价值共创个性化定制水平比例，$0 \leqslant \delta \leqslant 1$
c'_u	大数据情境下，单位价值共创用户成本
c'_m	大数据情境下，单位价值共创企业成本
U'	大数据情境下，单位价值共创个性化定制用户效用
R'	大数据情境下，单位价值共创个性化定制企业收益

续表

参数	定义
$\bar{E}_u^*$	非大数据情境下，价值共创用户获得的整体效用
$(\bar{E}_u^*)'$	大数据情境下，价值共创用户获得的整体效用
$\bar{E}_m^*$	非大数据情境下，价值共创企业获得的整体收益
$(\bar{E}_m^*)$	大数据情境下，价值共创企业获得的整体收益
S_2	非大数据情境下，用户和企业价值共创意愿和行为由弱向强演化的概率，$0 \leqslant S_2 \leqslant 1$
S_2'	大数据情境下，用户和企业价值共创意愿和行为由弱向强演化的概率，$0 \leqslant S_2' \leqslant 1$

2. 模型构建与求解

在非大数据、大数据两种情境下，构建与求解C2B个性化定制价值共创行为演化博弈模型。

（1）在非大数据情境下，构建C2B个性化定制价值共创行为演化博弈支付矩阵，如表4－3所示。

表4－3　非大数据情境下C2B个性化定制价值共创行为演化博弈支付矩阵

用户	企业	
	积极参与 y	消极参与 1－y
积极参与 x	$u_0 + (e_u + e_m + we_u e_m)U - c_u e_u$ $r_0 + (e_u + e_m + we_u e_m)R - c_m e_m$	$u_0 + e_u U - c_u e_u$ $r_0 + e_u R$
消极参与 1－x	$u_0 + e_m U$ $r_0 + e_m R - c_m e_m$	u_0 r_0

分析表4－3可以得出，用户积极参与价值共创获得的期望效用为：

$$\begin{aligned} E_{u1} &= y[u_0 + (e_u + e_m + we_u e_m)U - c_u e_u] + (1-y)(u_0 + e_u U - c_u e_u) \\ &= y(e_m + we_u e_m)U + u_0 + e_u U - c_u e_u \end{aligned} \quad (4-73)$$

用户消极参与价值共创获得的期望效用为：

$$E_{u2} = y(u_0 + e_m U) + (1-y)u_0 = ye_m U + u_0 \quad (4-74)$$

如果用户参与博弈，期望效用为：

$$\bar{E}_u = xE_{u1} + (1-x)E_{u2} \quad (4-75)$$

综合式（4－73）至式（4－75），用户策略复制动态方程为：

$$F(x)=\frac{dx}{dt}=x(E_{u1}-\bar{E}_u)=x(1-x)(E_{u1}-E_{u2})$$
$$=x(1-x)(ywe_ue_mU+e_uU-c_ue_u) \tag{4-76}$$

同理，企业选择积极参与价值共创的期望收益为：

$$E_{m1}=x[r_0+(e_u+e_m+we_ue_m)R-c_me_m]+(1-x)(r_0+e_mR-c_me_m)$$
$$=x(e_u+we_ue_m)R+r_0+e_mR-c_me_m \tag{4-77}$$

企业消极参与价值共创获得的期望收益为：

$$E_{m2}=x(r_0+e_uR)+(1-x)r_0=xe_uR+r_0 \tag{4-78}$$

如果企业参与博弈，期望收益为：

$$\bar{E}_m=yE_{m1}+(1-y)E_{m2} \tag{4-79}$$

综合式（4-77）至式（4-79），企业策略复制动态方程为：

$$F(y)=\frac{dy}{dt}=y(E_{m1}-\bar{E}_m)=y(1-y)(E_{m1}-E_{m2})$$
$$=y(1-y)(xwe_me_uR+e_mR-c_me_m) \tag{4-80}$$

非大数据情境下，由式（4-76）与式（4-80）可知价值共创行为演化系统 D 为：

$$\begin{cases}\dfrac{dx}{dt}=x(1-x)(ywe_ue_mU+e_u-c_ue_u)\\[2ex]\dfrac{dy}{dt}=y(1-y)(xwe_me_uR+e_mR-c_me_m)\end{cases} \tag{4-81}$$

接下来，基于系统 D，揭示用户和企业价值共创意愿和行为的演化规律。

第一，令$\frac{dx}{dt}=0$与$\frac{dy}{dt}=0$，则 $N_1(0,\ 0)$，$N_2(1,\ 0)$，$N_3(0,\ 1)$，$N_4(1,\ 1)$，$N_5(x^*,\ y^*)$ 为系统 D 的均衡点。其中 $x^*=\frac{c_me_m-e_mR}{we_me_uR}$，$y^*=\frac{c_ue_u-e_uU}{we_ue_mU}$。因为 x^*、y^* 分别表示用户和企业策略选择的概率，所以 $0\leqslant x^*\leqslant 1$、$0\leqslant y^*\leqslant 1$。求解不等式 $0<x^*<1$、$0<y^*<1$，可得式（4-82）和式（4-83）。

$$we_ue_mU+e_uU>c_ue_u>e_uU \tag{4-82}$$
$$we_ue_mR+e_mR>c_me_m>e_mR \tag{4-83}$$

第二，构建系统 D 的 Jacobian 矩阵：

$$J=\begin{bmatrix}\dfrac{\partial F(x)}{\partial x} & \dfrac{\partial F(x)}{\partial y}\\[2ex]\dfrac{\partial F(y)}{\partial x} & \dfrac{\partial F(y)}{\partial y}\end{bmatrix} \tag{4-84}$$

其中：$\frac{\partial F(x)}{\partial x}=(1-2x)(ywe_ue_mU+e_uU-c_ue_u)$，$\frac{\partial F(x)}{\partial y}=x(1-x)$

we_ue_mU，$\frac{\partial F(y)}{\partial x} = y(1-y)we_ue_mR$，$\frac{\partial F(y)}{\partial y} = (1-2y)(xwe_ue_mR + e_mR - c_me_m)$。

第三，基于Jacobian矩阵，求解系统D不同均衡点特征值。由于均衡稳定点（ESS）仅存于纯策略中（Friedman，1998）。因此，混合策略$N_5(x^*, y^*)$不讨论。

第四，假如某均衡点的Jacobian矩阵特征值均为负，这一均衡点就是演化均衡稳定点（Boccaletti et al.，2000）。因此，系统D的均衡点稳定性分析结果如表4-4所示。

表4-4　系统D均衡点稳定性分析结果

均衡点	Jacobian矩阵特征值		稳定性分析结果
	(λ_1, λ_2)	实部符号	
$N_1(0, 0)$	$e_uu_1 - c_ue_u$，$e_mr_1 - c_me_m$	(-，-)	ESS
$N_2(1, 0)$	$c_ue_u - e_uu_1$，$we_ue_mr_1 + e_mr_1 - c_me_m$	(+，+)	不稳定点
$N_3(0, 1)$	$c_me_m - e_mr_1$，$we_ue_mu_1 + e_mu_1 - c_ue_u$	(+，+)	不稳定点
$N_4(1, 1)$	$c_ue_u - e_uu_1 - we_ue_mu_1$，$c_me_m - e_mr_1 - we_ue_mr_1$	(-，-)	ESS

分析表4-4，则$N_1(0, 0)$、$N_4(1, 1)$为系统D两个演化均衡稳定点。系统D的演化相位图如图4-4所示。

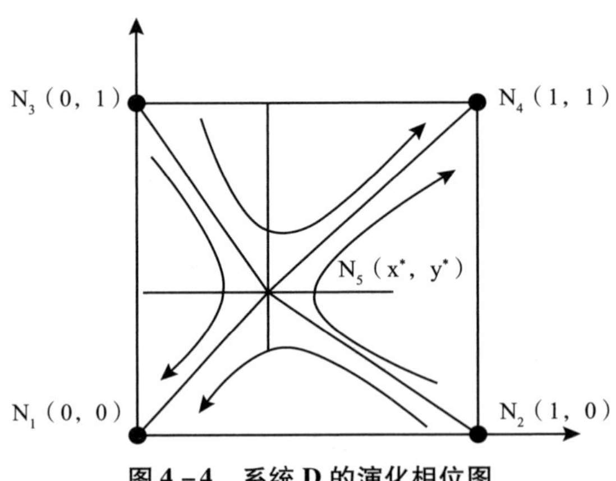

图4-4　系统D的演化相位图

分析系统D的演化相位图，可知用户和企业双方经过不断博弈，会向$N_1(0, 0)$（消极参与价值共创，消极参与价值共创）或$N_4(1, 1)$（积极参与价值共创，积极参与价值共创）方向演进。

当图 4-4 中 $N_3N_4N_2N_5$ 区域为用户和企业价值共创初始意愿时，双方价值共创意愿和行为由强向弱演化，最终系统 D 稳定于 $N_1(0,0)$。当图 4-4 中 $N_3N_4N_2N_5$ 区域为用户和企业价值共创初始意愿时，双方价值共创意愿和行为由弱向强演化，最终系统 D 稳定于 $N_4(1,1)$。令面积 S_1 为 $N_3N_1N_2N_5$ 区域，S_1 的表达式为：

$$S_1=\frac{1}{2}(x^*+y^*)=\frac{1}{2}\left(\frac{c_ue_u-e_uU}{we_ue_mU}+\frac{c_me_m-e_mR}{we_me_uR}\right) \tag{4-85}$$

令面积 S_2 为 $N_3N_4N_2N_5$ 区域，S_2 的表达式为：

$$S_2=1-S_1=1-\frac{1}{2}(x^*+y^*)=1-\frac{1}{2}\left(\frac{c_ue_u-e_uU}{we_ue_mU}+\frac{c_me_m-e_mR}{we_me_uR}\right) \tag{4-86}$$

非大数据情境下，S_1 为用户和企业价值共创意愿和行为由强向弱演化的概率，S_2 为用户和企业价值共创意愿和行为由弱向强演化的概率。

（2）大数据情境下 C2B 个性化定制价值共创行为演化博弈支付矩阵如表 4-5 所示。

表 4-5　大数据情境下 C2B 个性化定制价值共创行为演化博弈支付矩阵

用户	企业	
	积极参与 y	消极参与 1-y
积极参与 x	$u_0+(e_u+e_m+we_ue_m)(1+d\delta)U-(1-d\gamma_u)c_ue_u$ $r_0+(e_u+e_m+we_ue_m)(1+d\delta)R-(1-d\gamma_m)c_me_m$	$u_0+e_u(1+d\delta)U-(1-d\gamma_u)c_ue_u$ $r_0+e_u(1+d\delta)R$
消极参与 1-x	$u_0+e_m(1+d\delta)U$ $r_0+e_m(1+d\delta)R-(1-d\gamma_m)c_me_m$	u_0 r_0

与非大数据情境同理，由表 4-5 可得大数据情境下用户和企业策略选择的复制动态方程为：

$$\begin{aligned}F(x)'=\frac{dx}{dt}&=x(E_{u1}-\bar{E}_u)=x(1-x)(E_{u1}-E_{u2})\\&=x(1-x)[ywe_ue_m(1+d\delta)U+e_u(1+d\delta)U-(1-d\gamma_u)c_ue_u]\end{aligned} \tag{4-87}$$

$$\begin{aligned}F(y)'=\frac{dy}{dt}&=y(E_{m1}-\bar{E}_m)=y(1-y)(E_{m1}-E_{m2})\\&=y(1-y)[xwe_ue_m(1+d\delta)R+e_m(1+d\delta)R-(1-d\gamma_m)c_me_m]\end{aligned} \tag{4-88}$$

大数据情境下，由式（4-87）、式（4-88）组成 C2B 个性化定制价值共创行为演化博弈系统 D′：

$$\begin{cases}\dfrac{dx}{dt}=x(1-x)\begin{bmatrix}ywe_ue_m(1+d\delta)U+e_u\\(1+d\delta)U-(1-d\gamma_u)c_ue_u\end{bmatrix}\\\dfrac{dy}{dt}=y(1-y)\begin{bmatrix}xwe_ue_m(1+d\delta)R+e_m\\(1+d\delta)R-(1-d\gamma_m)c_me_m\end{bmatrix}\end{cases}\tag{4-89}$$

下面，应用系统 D′研究用户和企业价值共创行为意愿和行为演化规律。

第一，令$\frac{dx}{dt}=0$，$\frac{dy}{dt}=0$，则 $N_1'(0,0)$，$N_2'(1,0)$，$N_3'(0,1)$，$N_4'(1,1)$，$N_5'((x^*)',(y^*)')$ 为系统 D′的均衡点。其中，$(x^*)'=\frac{(1-d\gamma_m)c_me_m-e_m(1+d\delta)R}{we_me_u(1+d\delta)R}$，$(y^*)'=\frac{(1-d\gamma_u)c_ue_u-e_u(1+d\delta)U}{we_ue_m(1+d\delta)U}$。由于用户和企业策略概率为 $(x^*)'$、$(y^*)'$，故 $0<(x^*)'<1$、$0<(y^*)'<1$。求解 $0<(x^*)'<1$、$0<(y^*)'<1$ 可得：

$$we_ue_m(1+d\delta)U+e_u(1+d\delta)U>(1-d\gamma_u)c_ue_u>e_u(1+d\delta)U\tag{4-90}$$

$$we_ue_m(1+d\delta)R+e_m(1+d\delta)R>(1-d\gamma_m)c_me_m>e_m(1+d\delta)R\tag{4-91}$$

第二，系统 D′Jacobian 矩阵构建：

$$J'=\begin{bmatrix}\dfrac{\partial F(x)'}{\partial x}&\dfrac{\partial F(x)'}{\partial y}\\\dfrac{\partial F(y)'}{\partial x}&\dfrac{\partial F(y)'}{\partial y}\end{bmatrix}\tag{4-92}$$

其中，$\frac{\partial F(x)'}{\partial x}=(1-2x)[ywe_ue_m(1+d\delta)U+e_u(1+d\delta)U-(1-d\gamma_u)c_ue_u]$，$\frac{\partial F(x)'}{\partial y}=x(1-x)we_ue_m(1+d\delta)U$，$\frac{\partial F(y)'}{\partial x}=y(1-y)we_ue_m(1+d\delta)R$，$\frac{\partial F(y)'}{\partial y}=(1-2y)[xwe_me_u(1+d\delta)R+e_m(1+d\delta)R-(1-d\gamma_m)c_me_m]$。

第三，基于 Jacobian 矩阵，可求解系统 D′不同均衡点的特征值。由于均衡稳定点（ESS）仅存于纯策略中（Friedman，1998），混合策略 $N_5'((x^*)',(y^*)')$ 不讨论。

第四，根据间接法可得系统 D′均衡点稳定性分析结果（Boccaletti et al.，2000），如表 4-6 所示。

表 4-6　　系统 D′均衡点稳定性分析结果

均衡点	Jacobian 矩阵特征值 $(\lambda_1,\ \lambda_2)$	实部符号	稳定性结论
$N_1(0,\ 0)$	$(1+d\delta)e_uU-(1-d\gamma_u)c_ue_u$, $(1+d\delta)e_mR-(1-d\gamma_m)c_me_m$	(-，-)	ESS
$N_2(1,\ 0)$	$(1-d\gamma_u)c_ue_u-(1+d\delta)e_uU$, $(1+d\delta)we_ue_mR+(1+d\delta)e_mR-(1-d\gamma_m)c_me_m$	(+，+)	不稳定点
$N_3(0,\ 1)$	$(1-d\gamma_m)c_me_m-(1+d\delta)e_mR$, $we_ue_mU+(1+d\delta)e_uU-(1-d\gamma_u)c_ue_u$	(+，+)	不稳定点
$N_4(1,\ 1)$	$(1-d\gamma_u)c_ue_u-(1+d\delta)e_uU-(1+d\delta)we_ue_mU$, $(1-d\gamma_m)c_me_m-(1+d\delta)e_mR-(1+d\delta)we_ue_mR$	(-，-)	ESS

分析表 4-6，可知 $N_1'(0,\ 0)$、$N_4'(1,\ 1)$ 为系统 D′的均衡稳定点。大数据情境下，系统 D′的演化相位图见图 4-4。

令面积 S_1' 为 $N_3'N_1'N_2'N_5'$ 区域，表达式为：

$$S_1'=\frac{1}{2}\left[\frac{(1-d\gamma_u)c_ue_u-(1+d\delta)e_uU}{we_ue_m(1+d\delta)U}+\frac{(1-d\gamma_m)c_me_m-e_m(1+d\delta)R}{we_ue_m(1+d\delta)R}\right] \tag{4-93}$$

令面积 S_2' 为 $N_3'N_4'N_2'N_5'$ 区域，表达式为：

$$S_2'=1-\frac{1}{2}\left[\frac{(1-d\gamma_u)c_ue_u-(1+d\delta)e_uU}{we_ue_m(1+d\delta)U}+\frac{(1-d\gamma_m)c_me_m-e_m(1+d\delta)R}{we_ue_m(1+d\delta)R}\right] \tag{4-94}$$

大数据情境下，S_1' 为用户和企业价值共创意愿和行为由强向弱演化的概率，S_2' 为大数据情境下用户和企业价值共创意愿和行为由弱向强演化的概率。

3. 比较分析

（1）关键影响因素。

命题 4-10：S_2 随 c_u 降低而增大，S_2 随 c_m 降低而增大；S_2' 随 c_u 降低而增大，S_2' 随 c_m 降低而增大。

证明：由于 $\frac{\partial S_2}{\partial c_u}=-\frac{1}{2we_mU}$，且 $\frac{1}{2we_mU}>0$，所以 $\frac{\partial S_2}{\partial c_u}<0$，因此 S_2 随 c_u 降低而增大。同理可证，$\frac{\partial S_2}{\partial c_m}<0$，因此 S_2 随 c_m 降低而增大。又由于 $\frac{\partial S_2'}{\partial c_u}=$

$-\frac{1-d\gamma_u}{2we_m(1+d\delta)U}$，且$\frac{1-d\gamma_u}{2we_m(1+d\delta)U}>0$，所以$\frac{\partial S_2'}{\partial c_u}<0$，因此 S_2'随 c_u 降低而增大。同理，$\frac{\partial S_2'}{\partial c_m}<0$ 因此 S_2'随 c_m 降低而增大。证毕。

命题 4－10 表明：在非大数据与大数据两种情境下，随着单位价值共创成本的降低，用户和企业价值共创意愿和行为由弱向强演化的概率增大。所以，单位价值共创成本能够影响用户和企业价值共创意愿和行为。

命题 4－11：S_2 随 U 增加而增大，S_2'随 U 增加而增大。

证明：由于$\frac{\partial S_2}{\partial U}=\frac{c_u e_u}{2we_u e_m U^2}$，且$\frac{c_u e_u}{2we_u e_m U^2}>0$，所以$\frac{\partial S_2}{\partial U}>0$，因此 S_2 随 U 增加而增大。同理，由于$\frac{\partial S_2'}{\partial U}=\frac{(1-d\gamma_u)c_u e_u}{2we_u e_m(1+d\delta)U^2}$且$\frac{(1-d\gamma_u)c_u e_u}{2we_u e_m(1+d\delta)U^2}>0$，所以$\frac{\partial S_2'}{\partial U}>0$，因此 S_2'随 U 增加而增大。证毕。

命题 4－11 表明：在非大数据与大数据两种情境下，随着单位价值共创成本的增加，用户和企业价值共创意愿和行为由弱向强演化的概率增大。所以，单位价值共创的用户个性化定制效用能够影响用户和企业价值共创意愿和行为。

命题 4－12：S_2 随 R 提升而增大，S_2'随 R 提升而增大。

证明：由于$\frac{\partial S_2}{\partial R}=\frac{c_m e_m}{2we_m e_u R^2}$，且$\frac{c_m e_m}{2we_m e_u R^2}>0$，所以$\frac{\partial S_2}{\partial R}>0$，因此 S_2 随 R 提升而增大。同理，由于$\frac{\partial S_2'}{\partial R}=\frac{(1-d\gamma_m)c_m e_m}{2we_m e_u(1+d\delta)R^2}$，且$\frac{(1-d\gamma_m)c_m e_m}{2we_m e_u(1+d\delta)R^2}>0$，所以$\frac{\partial S_2'}{\partial R}>0$，因此 S_2'随 R 提升而增大。证毕。

命题 4－12 表明：在非大数据与大数据两种情境下，随着单位价值共创的企业个性化定制收益的提升，用户和企业价值共创意愿和行为由弱向强演化的概率增大。所以，单位价值共创的企业个性化定制收益能够影响用户和企业价值共创意愿和行为。

分析命题 4－10、命题 4－11 和命题 4－12，可得出结论 4－1。

结论 4－1：影响用户和企业价值共创意愿和行为的关键因素有：单位价值共创成本、单位价值共创用户个性化定制效用、单位价值共创企业个性化定制收益。

（2）大数据作用机理。

命题 4－13：当 $d\gamma_u>0$ 时，$c_u'<c_u$，$S_2'>S_2$；当 $d\gamma_m>0$ 时，$c_m'<c_m$，$S_2'>S_2$。

证明：由：

$$S_2' - S_2 = \frac{1}{2}\left(\frac{c_u e_u - e_u U}{we_u e_m U} + \frac{c_m e_m - e_m R}{we_m e_u R}\right) - \frac{1}{2}\left[\frac{c_u' e_u - e_u(1 + d\delta)U}{we_u e_m(1 + d\delta)U} + \frac{(1 - d\gamma_m)c_m e_m - e_m(1 + d\delta)R}{we_m e_u(1 + d\delta)R}\right]$$

可知，当 $c_u' < c_u$ 时，$S_2' - S_2 > 0$。又因为 $c_u' = (1 - d\gamma_u)c_u$，$c_u - c_u' = d\gamma_u c_u$。所以，当 $d\gamma_u > 0$ 时，$c_u' < c_u$，$S_2' - S_2 > 0$，故 $S_2' > S_2$。

同理，由：

$$S_2' - S_2 = \frac{1}{2}\left(\frac{c_u e_u - e_u U}{we_u e_m U} + \frac{c_m e_m - e_m R}{we_m e_u R}\right) - \frac{1}{2}\left[\frac{c_u' e_u - e_u(1 + d\delta)U}{we_u e_m(1 + d\delta)U} + \frac{(1 - d\gamma_m)c_m e_m - e_m(1 + d\delta)R}{we_m e_u(1 + d\delta)R}\right]$$

可知，当 $c_m' < c_m$ 时，$S_2' - S_2 > 0$。又因为 $c_m' = (1 - d\gamma_m)c_m$，$c_m - c_m' = d\gamma_m c_m$，所以，当 $d\gamma_m > 0$ 时，$c_m' < c_m$，$S_2' - S_2 > 0$，故 $S_2' > S_2$。证毕。

命题 4 - 13 表明：与非大数据情境相比，大数据情境下用户和企业价值共创意愿和行为由弱向强演化的概率更大，单位用户价值共创成本、单位企业价值共创成本更低。因此，大数据赋能可降低价值共创成本，促进用户和企业价值共创意愿和行为由弱向强高效率演化。

命题 4 - 14：当 $d\delta > 0$ 时，$U' > U$，$S_2' > S_2$。

证明：由：

$$S_2' - S_2 = \frac{1}{2}\left(\frac{c_u e_u - e_u U}{we_u e_m U} + \frac{c_m e_m - e_m R}{we_m e_u R}\right) - \frac{1}{2}\left[\frac{c_u' e_u - e_u(1 + d\delta)U}{we_u e_m(1 + d\delta)U} + \frac{(1 - d\gamma_m)c_m e_m - e_m(1 + d\delta)R}{we_m e_u(1 + d\delta)R}\right]$$

可知，当 $U' > U$ 时，$S_2' - S_2 > 0$。又因为 $U = pu_1$，$U' = (1 + d\delta)pu_1$，$U' - U = d\delta pu_1$。因此，如果 $d\delta > 0$，那么 $U' > U$，$S_2' - S_2 > 0$，因此 $S_2' > S_2$。证毕。

命题 4 - 14 表明：相较于非大数据情境下，大数据情境下单位价值共创个性化定制水平更高，用户和企业价值共创意愿和行为由弱向强演化的概率更大，单位价值共创用户个性化定制效用更多。所以，大数据提升了单位价值共创的用户个性化定制效用，推动了用户和企业价值共创意愿和行为由弱向强高效率演化。

命题 4 - 15：如果 $d\delta > 0$，那么 $R' > R$，$S_2' > S_2$。

证明：由：

$$S_2' - S_2 = \frac{1}{2}\left(\frac{c_u e_u - e_u U}{we_u e_m U} + \frac{c_m e_m - e_m R}{we_m e_u R}\right)$$

$$-\frac{1}{2}\left[\frac{c_u' e_u - e_u(1+d\delta)U}{we_u e_m(1+d\delta)U} + \frac{(1-d\gamma_m)c_m e_m - e_m(1+d\delta)R}{we_m e_u(1+d\delta)R}\right]$$

可知，当 $R'>R$ 时，$S_2'-S_2>0$。又因为 $R=pr_1$，$R'=(1+d\delta)pr_1$，$R'-R=d\delta pr_1$。因此，如果 $d\delta>0$，那么 $R'>R$，$S_2'-S_2>0$，因此 $S_2'>S_2$。证毕。

命题4－15表明：与非大数据情境相比，大数据提升了单位价值共创个性化定制水平，增加了单位价值共创企业个性化定制收益，加大了用户和企业价值共创意愿和行为由弱向强演化的概率。

分析命题4－13、命题4－14和命题4－15，可得出结论4－2。

结论4－2：与非大数据情境相比，大数据赋能降低了单位价值共创成本，提升了单位价值共创用户个性化定制效用与企业个性化定制收益，促进用户和企业价值共创意愿和行为由弱向强高效率演化。

（3）数字化转型动机。

命题4－16：$(\bar{E}_u^*)'>\bar{E}_u^*$，$\bar{E}_u^*>\bar{E}_u$。

证明：非大数据情境下，将 $x=1-x^*$ 和 $y=1-y^*$ 代入式（4－75），可得用户参与价值共创的整体效用：

$$\bar{E}_u^* = \frac{(we_u e_m + e_u)U - c_u e_u}{we_u} + u_0 + \frac{(we_m e_u + e_m)R - c_m e_m}{we_m e_u R}\{[(we_u e_m + e_u)U - c_u e_u] - (c_u e_u - e_u U\}$$

同理可得用户参与价值共创的整体效用：

$$(\bar{E}_u^*)' = \frac{(we_u e_m + e_u)(1+d\delta)U - (1-d\gamma_u)c_u e_u}{we_u} + u_0 + \frac{(we_m e_u + e_m)(1+d\delta)R - (1-d\gamma_m)c_m e_m}{we_m e_u(1+d\delta)R}$$
$$\{[(we_u e_m + e_u)(1+d\delta)U - (1-d\gamma_u)c_u e_u] - [(1-d\gamma_u)c_u e_u - e_u(1+d\delta)U\}$$

而 $1-d\gamma_u \leqslant 1$，$1+d\delta \geqslant 1$，因此 $(\bar{E}_u^*)'>\bar{E}_u^*$。

同理，$(\bar{E}_m^*)'>\bar{E}_m^*$。证毕。

命题4－16表明：与非大数据情境相比，大数据情境下，用户和企业参与价值共创获得的整体效用更高。

由命题4－16可得出结论4－3。

结论4－3：企业向大数据驱动的C2B个性化定制转型，促进价值共创意愿和行为由弱向强高效率演化，既可提升企业整体收益，又能提高用户整体效用，用户和企业实现双赢。

综上所述，本书应用演化博弈方法，对大数据赋能的 C2B 个性化定制价值共创策略进行了研究。研究结论给出了影响 C2B 个性化定制价值共创行为演化的关键因素，揭示了大数据作用于 C2B 个性化定制价值共创行为的演化机理，洞察了企业向大数据赋能的 C2B 个性化定制模式转型的动机。具体而言，研究结论可表述为以下三个方面：第一，单位价值共创成本、单位价值共创的用户个性化定制效用、单位价值共创的企业个性化定制收益是影响用户和企业价值共创意愿和行为的关键因素。这一结论是在王发明等、胡友林和韩庆兰研究价值共创行为演化的基础上，进一步挖掘了 C2B 个性化定制价值共创行为演化的关键影响因素，丰富了价值共创管理理论。第二，相较于非大数据情境，大数据赋能降低了单位价值共创成本，增加了单位价值共创的用户个性化定制效用，提升了单位价值共创的企业个性化定制收益，从而可促进用户和企业价值共创意愿和行为由弱向强高效率演化。该结论是在张明超等、肖静华等研究大数据赋能对价值共创积极影响的基础上，进一步揭示了大数据作用于 C2B 个性化定制价值共创行为演化机理，深化了大数据管理理论。第三，用户和企业价值共创意愿和行为由弱向强高效率演化，放大了大数据赋能效应，提升了用户整体效用和企业整体收益，强化了制造企业进一步持续深化数字化转型的动机。该结论是在陈剑等、周文辉等研究大数据赋能的 C2B 个性化定制实现机制的基础上，进一步洞察了企业向大数据赋能的 C2B 个性化定制模式转型的动机，完善了个性化定制管理理论。

4.4　本章小结

本书给出了大数据驱动的 C2B 个性化定制管理模型的优化策略：通过探索产品竞争市场分离下的 C2B 个性化定制策略，分析了市场分离均衡情境下的消费者策略，透视了产品个性化竞争下的企业与消费者的行为动机；通过探索竞争状态下在线 C2B 个性化定制互动博弈，提出了克服企业与顾客间信息不对称问题的具体方案，给出了产品市场基于顾客让渡价值的顾客购买策略，揭示了资本市场中基于产品个性化信念的顾客投资决策；通过探索大数据赋能的 C2B 个性化定制价值共创策略，给出了影响 C2B 个性化定制价值共创行为演化的关键因素，揭示了大数据驱动 C2B 个性化定制价值共创行为演化规律，洞察了企业向 C2B 个性化定制转型的动机。

第5章　实证应用研究

在第2章，通过探索大数据赋能的C2B个性化定制决策范式、C2B个性化定制价值共创的大数据赋能机制创新两个问题，揭示了C2B个性化定制的大数据驱动原理。在第3章，通过探索基于价值共创的C2B个性化定制运营模式创新、数智化技术驱动的C2B个性化定制平台运营机制创新、大数据赋能C2B个性化定制价值共创协同机制创新三个问题，提出了大数据驱动的C2B个性化定制管理模型。在第4章，通过探索产品竞争市场分离下的C2B个性化定制策略、竞争状态下在线C2B个性化定制互动博弈、大数据赋能的C2B个性化定制价值共创策略三个问题，给出大数据驱动的C2B个性化定制管理模型的优化策略。在第5章，本书将基于理论研究得出的结论，针对大数据赋能的C2B个性化定制机制创新、3D打印C2B数智化定制模式创新两个话题，展开实证应用研究。

5.1　大数据赋能的C2B个性化定制机制创新

我国制造业正面临个性化需求大于供给的结构性矛盾。党的十九大指出，要促进大数据与制造业充分融合，借助大数据推动传统制造模式创新，以化解这一结构性矛盾（吴义爽等，2016；周文辉等，2018；吕文晶等，2019）。基于这一决策部署，红领集团和尚品宅配等制造企业纷纷朝C2B个性化定制方向发展，利用大数据获取竞争优势。其中红领集团尤为突出，该企业将海量数据转化为资产，并依托大数据对组织管理流程进行智能化改造，提高了企业与消费者合作创造价值的效率，成为从B2C大众化制造向C2B个性化定制转型升级的典范（孟炯，2019）。C2B个性化定制是指制造企业基于价值共创思想，整合和吸收消费者创新知识较为充分，向消费者提供个性化产品；B2C大众化制造是指制造企业基于价值提供思想，整合和吸收消费者创新知识尚不充分，向消费者提供大众化产品（Hippel and Katz，2002；Kahin and Foray，2005；Hippel，2006；孟炯，2019）。从B2C大众化制造向C2B个性化定制转型升级绝非易事，一些关键性障碍尚需突破（吴义爽等，2016）。第一，在产品供求路径上，产品标准化提供与个性化需求难以匹配，基于运营视角构建需求与供给路径贯通机制，是从B2C大众化制造向C2B个性化定制转型升级需要解决的首要问题。第二，在产品制造上，满足个性化需求的高效用与大规模制造的低成本难以同时实现，基于大数据赋能视角构建成本与效用的兼容机制，是从B2C大众化制造向C2B个性化定制转型升级需要解决的核心问题。第三，在企业生产上，大规模生产的规模经济与个性化生产的范围经济之间存在冲突，基于价值共创视角构建范围经济与规模经济之间的冲突协调机制，是从B2C大众化制造向C2B个性化定制转型升级需要解决的根本问题。因此，迫切需要研究大数据赋能的C2B个性化定制机制创新，为克服上述难题提供支持。

本书将C2B运营、大数据赋能与价值共创纳入统一研究框架，以B2C大众化制造为竞争环境，构建C2B个性化定制博弈模型，并引入红领集团案例对博弈分析得出的理论命题展开实证分析，最终提出大数据赋能的C2B个性化定制机制创新的理论框架。

5.1.1　理论构建

1. 基本假设

在B2C大众化制造模式下，消费者难以充分参与企业价值创造（Hippel and Katz，2002）。但企业整合消费者资源、吸收消费者创新能显著促进价值增长（Normann and Ramírez，1993；Nikolaus and Frank，2004；Kahin and Foray，2005）。价值共创理论的发展、制造业与大数据的融合，驱动着B2C大众化制造向C2B个性化定制变革（Prahalad and Ramaswamy，2004；Kao et al.，2016；吴瑶等，2017）。然而，C2B个性化定制解决方案较为复杂，需要耗费较高的创新与迭代试错成本。因此，大量制造企业尚不具备转型升级的能力，只能基于价值提供思想，采用模块化半定制手段来部分满足消费者的个性化需求，从事B2C大众化制造（吴义爽等，2016）。因此，C2B个性化定制只能局限在有限范围，个性化产品与大众化产品将长期共存于同一市场，并处于竞争状态。基于上述描述，可刻画出个性化产品与大众化产品的市场竞争模型，如图5-1所示。

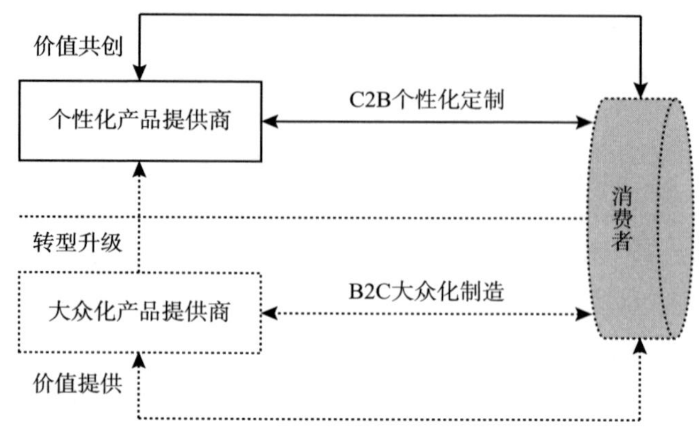

图 5-1　个性化产品与大众化产品的市场竞争模型

基于图 5-1 进行如下基本假设。消费者对产品具有个性化偏好，这种偏好取决于产品个性化水平的高低，决定着消费者剩余价值的大小（龚本刚等，2019）；每一位消费者都对某一类产品有需求，个性化产品带给消费者的价值高于大众化产品；在大数据情境下，普通消费者可数字化参与企业价值共创（肖静华等，2018）。基于上述假设，可构建个性化产品与大众化产品的市场竞争博弈模型，模型中涉及的变量含义如下。

G：制造企业从事 C2B 个性化定制，向市场提供个性化水平相对高的个性化产品；

D：制造企业从事 B2C 大众化制造，向市场提供个性化水平相对低的大众化产品。

ρ_i：单位产品个性化水平带给消费者的价值，$i=G$，D，$\rho_G>\rho_D$。

λ：消费者在 G，D 两种产品中的选择变量，$\lambda\in\{0,1\}$。

σ：消费者的产品个性化偏好。

σ^*：消费者在 G，D 两种产品中的选择购买的界线。

$\bar{\sigma}$：消费者的最大产品个性化偏好。

x：具有个性化定制意愿的消费者比例，$x>0$。

$\bar{x}$：当两类制造企业利润相等时，具有个性化定制意愿的消费者比例，$\bar{x}>0$。

p_i：单位产品售价，$i=G$，D。

c_i：单位产品的制造成本，$i=G$，D，$c_G>c_D$。

E_i：制造企业的期望收益，$i=G$，D。

Φ_i：制造企业的市场份额，$i=G$，D。

β：消费者购买产品的基本效用。

Ω：消费者购买产品的总价值。

$\Omega_i(\sigma)$：消费者购买产品所得的剩余价值，$i=G$，D。

$H(\sigma)$：消费者的产品个性化偏好分布函数。

2. 模型与均衡

消费者购买产品所获得的总价值为 $\Omega=\beta+\sigma\rho$，所获得的消费者剩余价值为 $\Omega(\sigma)=\beta+\sigma\rho-p$。当 $\Omega(\sigma)>0$ 时，消费者就购买产品。在个性化产品与大众化产品中，消费者的选择购买行为可表示为：

$$\Omega(\sigma, \lambda)=\beta+\lambda(\sigma\rho_D-p_D)+(1-\lambda)(\sigma\rho_G-p_G)\lambda\in\{0, 1\} \quad (5-1)$$

那么，消费者在两类产品中选择购买的界线为 $\sigma^*=(p_G-p_D)/(\rho_G-\rho_D)$。令消费者整体为 1，则消费者的产品个性化偏好分布函数可表示为 $H(\sigma)=1-x+x\sigma/\bar{\sigma}$，$\sigma\in[0, \bar{\sigma}]$。那么，个性化产品提供商的期望收益可表示为 $E_G=\int_{\sigma^*}^{\bar{\sigma}}(p_G-c_G)dH(\sigma)$，大众化产品提供商的期望收益可表示为 $E_D=\int_0^{\sigma^*}(p_D-c_D)dH(\sigma)$。

那么，单位个性化产品的均衡价格为：

$$p_G^*=\frac{1}{3}[2c_G+c_D+2(\rho_G-\rho_D)\bar{\sigma}] \quad (5-2)$$

同理，单位大众化产品的均衡价格为：

$$p_D^*=\frac{1}{3}[c_G+2c_D+(\rho_G-\rho_D)\bar{\sigma}] \quad (5-3)$$

于是，消费者选择购买的均衡界线为：

$$\sigma^*=\frac{1}{3}[(c_G-c_D)/(\rho_G-\rho_D)+\bar{\sigma}]$$

那么，个性化产品提供商的均衡市场份额为：

$$\Phi_G^*=\frac{x}{3}[2-(c_G-c_D)/(\rho_G-\rho_D)\bar{\sigma}] \quad (5-4)$$

大众化产品提供商的均衡市场份额为：

$$\Phi_D^*=\frac{x}{3}[1+(c_G-c_D)/(\rho_G-\rho_D)\bar{\sigma}]-x+1 \quad (5-5)$$

进一步，个性化产品提供商的均衡期望收益为：

$$E_G^*=x[c_D-c_G+2(\rho_G-\rho_D)\bar{\sigma}]^2/9(\rho_G-\rho_D)\bar{\sigma} \quad (5-6)$$

大众化产品提供商的均衡期望收益为：

$$E_D^*=\frac{x[c_G-c_D+(\rho_G-\rho_D)\bar{\sigma}]^2}{9(\rho_G-\rho_D)\bar{\sigma}}+\frac{1}{3}(1-x)[c_G-c_D+(\rho_G-\rho_D)\bar{\sigma}] \quad (5-7)$$

3. 比较分析

（1）需求与供给匹配。假设 $\rho_D=0$，那么消费者购买两类产品所得剩余价值差为 $\Omega_G(\sigma)-\Omega_D(\sigma)=\frac{1}{3}(c_D-c_G-\rho_G\bar{\sigma})+\sigma\rho_G$，$\sigma\in[\sigma^*, \bar{\sigma}]$。这意味着随着消费者个性化偏好增大，个性化产品与大众化产品带给消费者的剩余价值差也增大，具有较大个性化偏好的消费者应当选择购买个性化产品；传统制造企业可采用差异化策略，向 C2B 个性化定制转型升级，提高产品的个性化水平与消费者的剩余价值，吸引和培养忠诚顾客。因此，C2B 个性化定制蕴含需求与供给匹配机理，个性化产品提供商以个性化需求与供给匹配为目标实施机制创新，可提升消费者的个性化定制意愿。

（2）成本与效用兼容。第一，分析产品制造成本与均衡市场份额的兼容性。由式（5-4）可知，个性化产品提供商的均衡市场份额为 $\Phi_G^*=\frac{x}{3}[2-(c_G-c_D)/(\rho_G-\rho_D)\bar{\sigma}]$。那么，若 c_G-c_D 较小，Φ_G^* 随 $\rho_G-\rho_D$ 的增大而增大。同理，由式（5-6）可知，大众化产品提供商的均衡市场份额为 $\Phi_D^*=\frac{x}{3}[1+(c_G-c_D)/(\rho_G-\rho_D)\bar{\sigma}]-x+1$。那么，若 c_G-c_D 较小，Φ_D^* 随 $\rho_G-\rho_D$ 增大而减小。这意味着当两类产品个性化水平差异较大时，消费者将更愿意选择购买个性化产品，个性化产品提供商的均衡市场份额大于大众化产品提供商；个性化产品提供商要扩大市场份额，必须控制产品制造成本。第二，分析产品制造成本与均衡期望收益的兼容性。由式（5-6）可知 $\frac{\partial E_G^*}{\partial \rho_G}=\frac{[2(\rho_G-\rho_D)\bar{\sigma}-c_G+c_D][2(\rho_G-\rho_D)\bar{\sigma}+c_G-c_D]x}{9(\rho_G-\rho_D)^2\bar{\sigma}}$。

那么，当 $c_G-c_D<2(\rho_G-\rho_D)\bar{\sigma}$ 时，$\frac{\partial E_G^*}{\partial \rho_G}>0$。同理，由式（5-7）可知 $\frac{\partial E_D^*}{\partial \rho_D}=\frac{[(\rho_G-\rho_D)\bar{\sigma}+c_G-c_D][c_G-c_D-(\rho_G-\rho_D)\bar{\sigma}]x}{9(\rho_G-\rho_D)^2\bar{\sigma}}-\frac{(1-x)\bar{\sigma}}{3}$。

那么，当 $c_G-c_D>(\rho_G-\rho_D)[4-3/x]^{\frac{1}{2}}\bar{\sigma}$ 时，$\frac{\partial E_D^*}{\partial \rho_D}<0$。这意味着个性化产品提供商的均衡期望收益随两类产品个性化差异的增加而增加；个性化产品提供商要提升期望收益，必须控制产品制造成本。因此，C2B 个性化定制蕴含成本与效用兼容机理，个性化产品提供商以产品制造成本与效用兼容为目标实

施机制创新，可提升产品竞争优势。

（3）范围经济与规模经济协调。第一，分析企业生产的范围经济。在个性化产品与大众化产品的市场竞争中，随着两类产品个性化水平差异的降低，个性化产品与大众化产品将展开价格战。如果 $\rho_G \to \rho_D$，则 $p_G^* - p_D^* = p_D^* - c_D \geqslant 0$。从企业生产的范围经济角度来理解，C2B 个性化定制可提升消费者的支付意愿。第二，分析企业生产的规模经济。令 $E_G^* = E_D^*$，则 $\bar{x} = [\bar{\sigma}(\rho_G - \rho_D) + c_G - c_D]/[2\bar{\sigma}(\rho_G - \rho_D) - c_G + c_D]$。那么，当且仅当 $x > \bar{x}$ 时，$E_G^* > E_D^*$。从企业生产的规模经济的角度来理解，只有当整个市场中具有个性化定制意愿的消费者数量达到一定规模时，个性化产品提供商才能获取更高的期望收益。因此，C2B 个性化定制蕴含范围经济与规模经济协调机理，个性化产品提供商以范围经济与规模经济协调为目标实施机制创新，可提升企业的盈利能力。

综上，可以得出一个有待验证的理论命题：C2B 个性化定制蕴含三个机理：需求与供给匹配、成本与效用兼容、范围经济与规模经济协调；个性化产品提供商以需求与供给匹配、成本与效用兼容、范围经济与规模经济协调为目标，实施大数据赋能的 C2B 个性化定制机制创新，可提升消费者的个性化定制意愿、产品竞争优势与企业盈利能力。

5.1.2　实证案例分析

1. 案例背景①

红领集团成立于 1995 年，是一家具有知名度的服装企业，专注于高档西装、衬衣等产品定制。选择红领集团作为案例进行实证研究的原因主要有以下几个方面：首先，红领集团经过十余年的迭代、试错与创新，从 B2C 大众化制造变革为 C2B 个性化定制（孟炯，2019），形成了成熟模式，累积了丰富经验，选择红领集团作为实证研究案例，较容易收集可信的系统研究资料，从而保证研究结论的可靠性；其次，红领集团通过对传统制造的大数据智能化改造构建“酷特智能”定制平台，经过十余年的持续创新，成功探索出集“产品设计—订单控制—拆单排产”于一体的产品个性化定制解决方案，构建了大数据赋能的 C2B 个性化定制模式，推动了大数据与传统制造业深度融合，红领

① 本部分“红领集团”的相关资料，来自搜狐新闻和中国政府网等官方网站，相关网址如下：https：//www.sohu.com/a/241439303_286727，https：//www.sohu.com/a/209375752_774407，https：//www.gov.cn/zhengce/2016-06/22/content_5084255.htm。

集团的案例与本书的研究对象和研究目的完全吻合；最后，红领集团是中国企业，在制造业领域具有很强的代表性。本书从消费者的个性化需求入手，将C2B运营、大数据赋能与价值共创协同纳入一个统一框架，探索大数据赋能的C2B个性化定制机制创新的理论框架，能够为传统制造企业向C2B个性化定制转型升级提供重要参考。红领集团大数据赋能的C2B个性化定制机制创新典型证据和基本构架见表5－1和图5－2。

表5－1　红领集团大数据赋能的C2B个性化定制机制创新典型证据

构念	维度	典型证据援引
C2B运营机制创新	解决方案	以源点论为指导创新C2B运营模式，让规模生产和个性化定制完美融合，形成了大规模定制解决方案。（B1）
		创建C2B定制框架，这是源点论思想的充分呈现，C端发出个性化定制需求，B端提供解决方案。（A1）
		红领集团魔幻工厂生产线上，几乎可以涵盖所有个性化需求，“低成本－高效率”地实现了大规模个性化定制。（B3）
	业务流程	传统业务流程是先做后卖，而红领集团的业务流程是先卖后做，红领集团生产线上出现的所有产品全部被消费者购买，全球各地的客户可以直接通过红领集团的“酷特智能”平台参与服装设计、下单，实现了零库存与个性化。（A2）
		为匹配个性化需求与标准化生产，红领集团通过个性化需求的同质化解构、同质化需求的标准化生产、标准化部件的个性化加总，无缝衔接了个性化需求和大规模生产，可在同一生产线实现个性化定制。（B1）
		在红领集团的产品设计系统，顾客可借助大数据系统自动匹配，也可自主设计；在红领集团的订单控制系统，订单先后被传送到大数据平台实现配型，生产部门完成加工；在红领集团的拆单排产系统，工人可扫描服装的电子标签实现生产。（B2）
	组织结构	红领集团C2B模式将设计、制造和销售整合在一起，消费者与企业直接沟通，是一个完整的价值链再造。（B3）
		通过去中间商、去库存、去科层打造了极致扁平的工商一体化的C2B运营组织体系，实现了高效协同。（A1）
		红领集团通过数据替代模具，自组织替代从组织，从产品订购到产品制造，整个流程都是大数据驱动，消费者需求可以直接驱动节点员工按需生产，实现零库存，驱动服务商提供服务。（B2）

续表

构念	维度	典型证据援引
大数据赋能机制创新	赋能消费者	消费者通过“酷特智能”平台可选择款式、颜色、LOGO 等 100 多个细节，也可对上述部件进行“自定义”设计。(A2)
		消费者（C）的订单通过大数据处理后，数字化订单直接到达个性化制造工厂（B）生产，满足消费者个性化要求。(B2)
		依托大数据，CAD 部门针对消费者个性化需求进行制版和工艺数据分解，工艺数据在工序间的流转有助于实现布料配给、个性化裁剪、服装个性化加工。(B3)
	赋能员工	依托大数据赋能，红领集团员工经过简单的短期培训，便可熟练应用“三点一线”量体法采集人体各部位的数据。(B1)
		红领集团依托大数据，在排单、裁剪、版型整合等环节实现自动化，一个低学历的工人一秒就能处理 20 多个订单，输入顾客身体测量数据和细节要求后 1 分钟就可以自动生成符合相应顾客的版型，降低了成本、提高了效率。(B1)
		制版大数据信息在生产流程里自由流动，有助于员工按照订单要求进行备料和裁剪。工人通过扫描裁剪后的布片佩戴的射频识别电子标签完成不同工序。(A2)
	赋能组织管理流程	红领集团利用大数据驱动流水线作业，把消费者需求转换成业务模型，在系统里再转换成计算机可识别的语言，到员工、供应商和服务商的界面上转换成他们可识别的技术性指令，实现 C 驱动 B 来满足 C。(A2)
		红领集团将过去的经验、技术、文件数据化并在组织管理流程里自由流动，组织管理流程便可高效率低成本自动运行。(A2)
		客户订单经过大数据系统处理后进入组织管理流程自由流动，有助于个性化产品在产品制造流水线上生产定制。(B1)
价值共创协同机制创新	资源整合	红领集团整合全社会的人力资源做研发，利用“酷特智能”平台，把消费者纳入整个生态体系创造价值，极大提升了产品制造效率，中间商的加价空间被压缩了，企业和消费者的收益都得到了提高。(A2)
		量体数据在客户下单后几秒便可获取并通过信息系统同步传输到工厂，促进了工厂各生产部门和关联企业实时数据共享，实现低成本高效率协同生产。(B3)
		利用大数据的实时传输共享，建立消费者与企业协同创造、关联企业协同生产的价值共创协同机制，使红领集团可以突破组织、时空和资源限制，对消费者需求变化迅速响应，保证其生产具有竞争力。(A2)

续表

构念	维度	典型证据援引
价值共创协同机制创新	主体互动	将线上线下连接互通，实现C2B的全移动实时交互、高效协同，以消费者（C）个性化需求持续牵引企业（B）实施技术和管理创新，企业（B）不仅可获得较大利润，消费者（C）也可直接参与价值共创的全过程，获得更大的客户让渡价值（B2）
		消费者变成了企业的"合伙人"，满足消费者提出的个性化需求，一起创造价值和分享价值。（A2）
		将过去的文件与经验进行数据化、标准化处理，在酷特智能平台自动协同，全员可获取信息、数据和指令，并实时交互。（B1）
	用户体验	采用3D激光量体仪，在7秒内自动完成采集人体22个数据，能够满足各种体型特征消费者的个性化定制。（A2）
		消费者可进入"魔幻大巴"体验数字化量体，也可借助PC、手机登录"酷特智能"定制平台，对服装定制进行体验、下单，实现C2B的全移动最佳体验。（A3）
		红领集团可满足每一位消费者的个性化定制需求，产品制造周期极大缩短，在不断与消费者互动中改进提升产品与服务，带给消费者更好的个性化定制体验，提升了性价比，实现了量产，使更多人能享受高级定制。（B3）

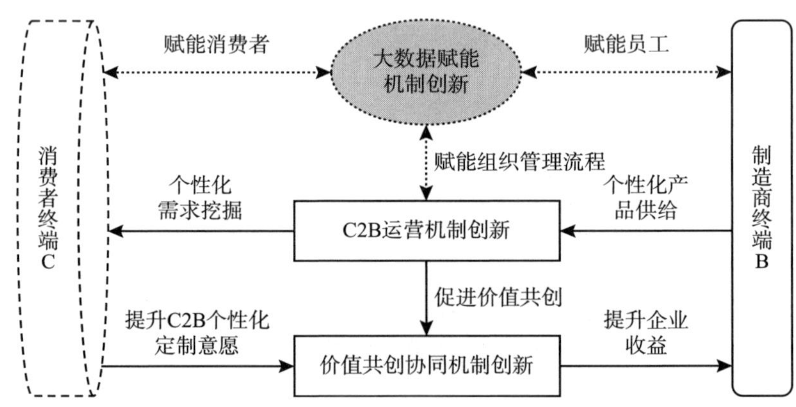

图5-2 大数据赋能的C2B个性化定制机制创新构架

在收集资料方面，本书将内部资料收集和外部资料收集相结合，主要包含文献资料、档案记录、深度访谈等方法（Yin，2009）。一手资料主要来源有：深度访谈（编码为A1），针对研究问题所需资料或者需要确认的资料拟定好访谈提纲，对红领集团的中高层管理者进行了访谈；聆听演讲（编码为A2），现场聆听红领集团高层演讲，并对演讲内容进行详细记录；现场参与式观察（编码为A3），实地调研了公司总部，进入移动定制中心体验数字化量体，并做观察记录。二手资料主要来源有：关于红领集团的正式文献（编码为B1），通过中国知网数据库、服装协会主办刊物、相关统计报告、相关报刊资料库等检索与红领集团相关的文献；官方网站、企业官方微博与微信公众号等互联网上各类媒体披露的信息（编码为B2），通过百度等搜索引擎搜索有关红领集团的资料；正式出版涉及红领集团的书籍（编码为B3），通过查阅红领集团公司内部各类存档文件资料，如合作协议、宣传资料、出版刊物等。另外，对二手资料进行三角验证，降低了信息失真。

2. 机制创新

（1）C2B运营机制创新。红领集团创立初期，采用B2C大众化制造这一制造模式面对消费者的个性化需求呈现出以下主要不足（孟炯等，2019）。第一，该制造模式是大规模生产，难以针对每一位消费者的个性化需求提供理想的解决方案。第二，B2C大众化制造的理念是“先造后售”，与C2B个性化定制“先售后造”的理念无法有效匹配。第三，C2B个性化定制的组织结构呈扁平化特征，B2C大众化制造的组织结构层级较多，且制造与销售分离，距离较远，难以为消费者提供优质的服务。因此，B2C大众化制造的组织管理流程无法与消费者的个性化需求相匹配，迫切需要创新。基于此，红领集团以源点论思想为指导，对传统服装制造流程进行智能化改造，开发出“酷特智能”定制平台，实现了C2B运营机制创新，如图5－3所示。

C2B运营机制可作如下描述。第一，客户可以借助手机、电脑登录“酷特智能”定制平台，对服装定制进行互动体验，上传个性化需求数据，或通过实体店为顾客量尺寸下单。利用在线设计系统，完成服装定制方案。第二，在大数据流的驱动下，签约订单进入订单过程控制系统，该系统的主要业务包含下单交易、数据处理和发布数字化生产指令。第三，订单在大数据流的驱动下进入拆单排产系统，该系统的主要业务包含数字化电子订单受理、材料选择与打版绘图、个性化需求解构、标准化部件生产、个性化产品加总、产品组装仓储和配送。

（2）大数据赋能机制创新。红领集团从B2C大众化制造向C2B个性化定制转型升级的过程中，利用大数据在物联网中的自由流动，为消费者、员工和组织管理流程“赋能”，实现了大数据赋能机制创新，如图5－4所示。

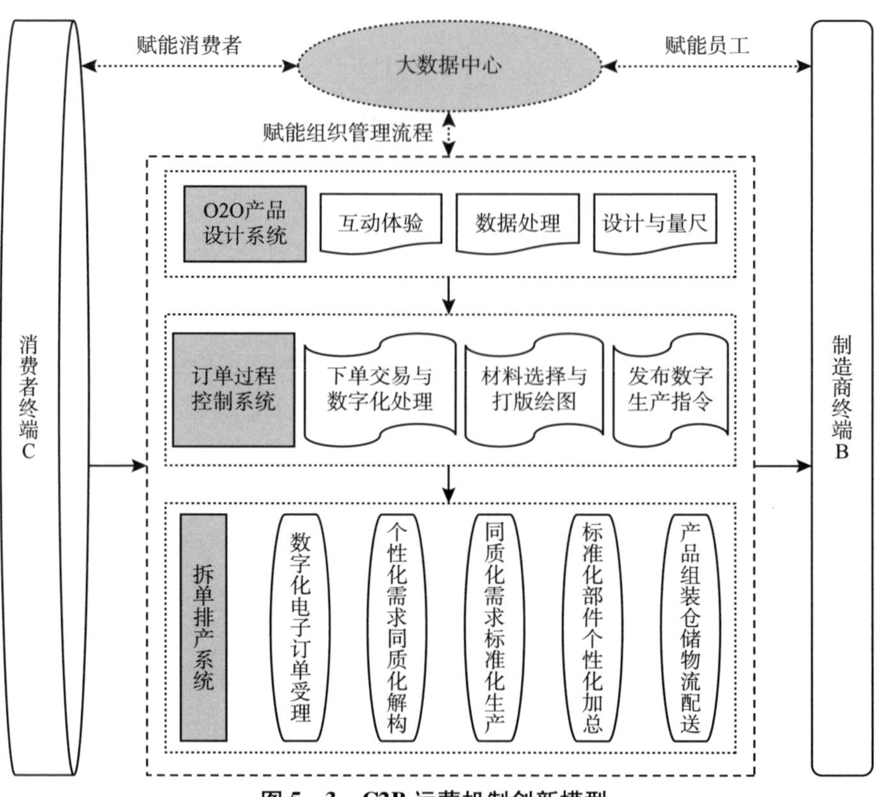

图 5-3 C2B 运营机制创新模型

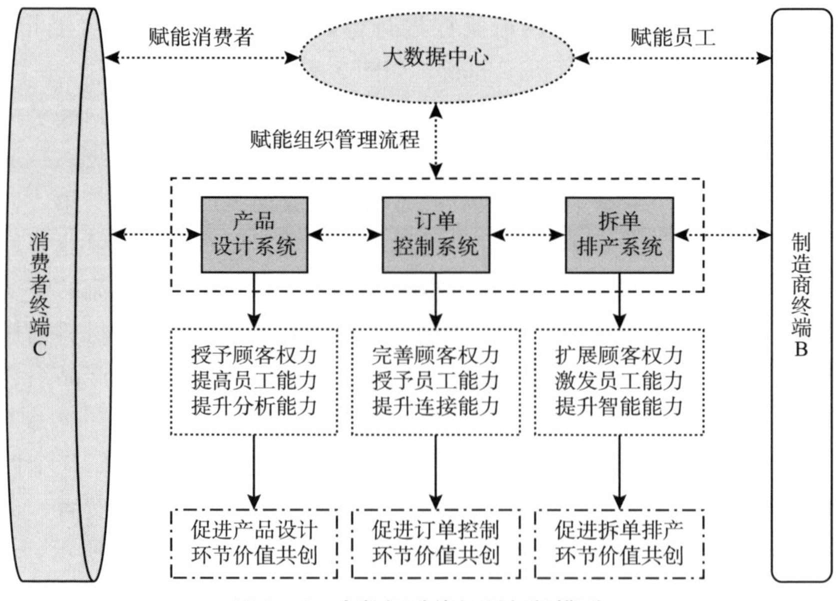

图 5-4 大数据赋能机制创新模型

对大数据赋能机制有如下描述。第一，大数据赋能消费者。在产品设计系统，大数据授予消费者表达个性化需求的权利。消费者数据化参与整个服装设计流程，提升了消费者在服装设计中的自主决定权和个性化需求的充分表达权。在订单控制系统，大数据提升了消费者的信息获取能力，完善了消费者的知情权。通过网络终端，消费者可主动查询订单数据，发现问题及时反馈，而不是被动等待企业答复。在拆单排产系统，大数据扩展了消费者的产品制造参与权。消费者数据化参与个性化需求解构、标准化部件生产、个性化产品加总等定制环节，贯通了需求与供给路径。第二，大数据赋能员工。在产品设计系统，大数据提高了设计师的产品设计能力。依托大数据，设计师只需输入个性化需求关键词，就可以自动生成初步设计方案，进一步在与消费者互动中进行部分微调便可获得最终解决方案，交易成功的订单数据进入大数据库为后续设计赋能。在订单控制系统，大数据授予员工知情权和决定权。借助大数据，后台管理人员可实时监控服装制造进度，员工可实时获知工作信息；合作企业可依据消费者订单大数据优化资源配置和调整生产进度；依托大数据，采购人员不需要请示上级便可自主做出原材料采购决策。在拆单排产系统，大数据激发了员工决策潜能。借助大数据，员工由经验决策向智能化决策变革，激发了员工潜力，员工的工作效率、员工决策的正确性和科学性都得到了提高，确保员工可以正确地做事和做正确的事。第三，赋能组织管理流程。需求大数据在产品设计系统自由流动，促进了传统产品设计向基于大数据的智能化产品设计转变，提升了产品设计系统对消费者个性化需求的分析能力。订单大数据在订单控制系统自由流动，促进了传统订单处理向基于大数据的智能化订单控制转变，提升了订单控制系统对前端个性化需求和后端产品供给的供需连接能力。生产大数据在拆单排产系统自由流动，促进了照单生产模式向大数据赋能的C2B个性化定制转变，提升了拆单排产系统的智能制造能力。

（3）价值共创协同机制创新。红领集团实施C2B运营机制创新，提供了与个性化需求相匹配的组织管理流程。在此基础上，红领集团实施了大数据赋能机制创新，利用大数据为消费者、员工和组织管理流程赋能，提升了资源整合和配置效率，消费者体验在消费者与企业互动中实现了共创，消费者与企业获得了价值增长，价值共创协同机制逐步形成，如图5-5所示。

对价值共创协同机制进行如下描述。第一，资源整合。在产品设计系统，整合了设计师和消费者的资源，优化了产品设计系统资源配置效率，促进了产品设计的价值共创协同。在订单控制系统，整合了消费者、后台管理人员、原材料采购人员和合作企业的资源，优化了订单控制系统资源配置效率，促进了

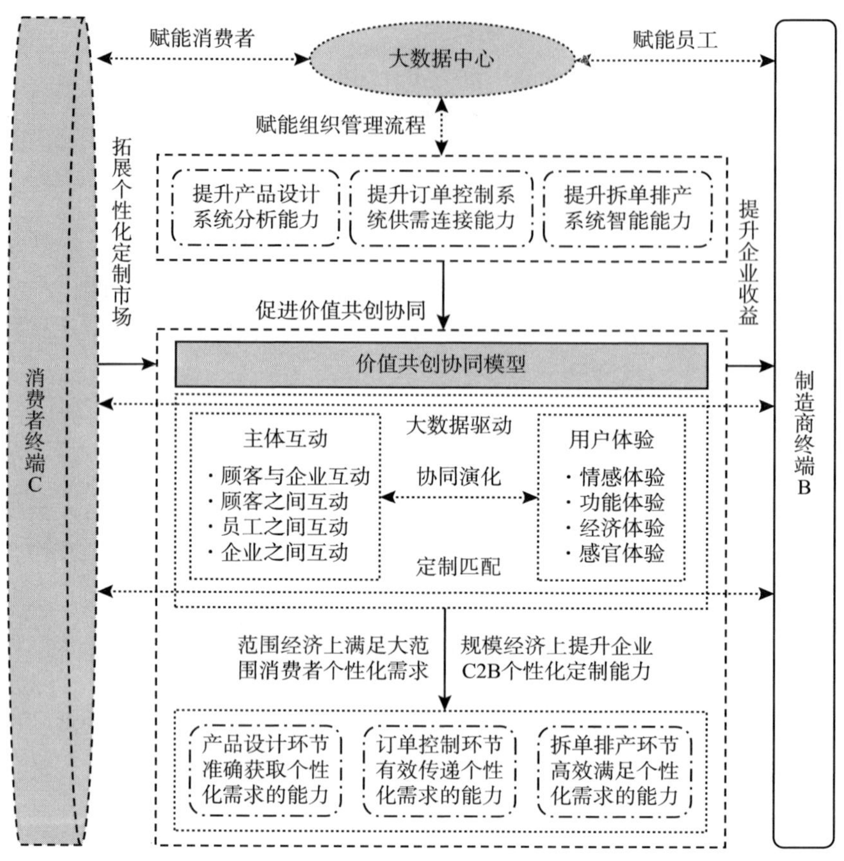

图 5－5　价值共创协同机制创新模型

订单管理的价值共创协同。在拆单排产系统，整合了消费者、生产人员、物流与配送人员、合作企业的资源，优化了拆单排产系统资源配置效率，促进了拆单排产的价值共创协同。第二，主体互动。在产品设计系统，消费者利用“酷特智能”设计平台，自己量尺、提交方案，与大数据中心匹配的方案进行比较，满意后自动下单、付款，实现了产品自主设计；设计师只需掌握基本知识，输入客户个性化需求关键词，便可自动获取 C2B 个性化定制解决方案，拓展了员工发展空间。在订单控制系统，通过网络终端，消费者可以对订单进度信息进行实时追踪，发现问题及时反馈；员工可自主决定原材料采购，员工可通过数字化生产指令了解工作内容，对生产进度进行管理，对质量进行控制。在拆单排产系统，消费者数据化参与个性化需求解构、标准化部件生产、个性化产品加总等个性化产品定制环节，贯通了需求与供给路径；员工只需扫描射频芯片卡，便可按照终端屏幕的数字化生产指令自主做出不同工序的生产决策，极大提升了制造效率和对顾客需求的响应速度。第三，用户体验。在产品设计系统，消费者可免费享受红领集团提供的设计服务，亲身参与产品设计，观察每一个设计细节及最终设计效果，消费者在这一阶段获得了经济体验和感官体验。在订单控制系统，合作企业和企业员工高效处理订单并为消费者提供贴心服务，消费者也可实时自主查询订单数据信息，消费者在这一阶段获得了经济体验、情感体验和感官体验。在拆单排产系统，红领集团实现了服装大规模个性化定制，消费者的产品个性化需求被充分满足，消费者在感官、功能与经济等方面获得较好体验。

3. 创新效用分析

（1）提升消费者 C2B 个性化定制意愿。B2C 大众化制造的组织管理流程无法化解个性化需求和标准化生产之间矛盾。因此，以快速响应个性化定制需求为目标，构建与消费者个性化需求相匹配的组织运营机制，是红领集团转型过程中需要关注的重点。基于此，红领集团通过实施 C2B 运营机制创新贯通了供求路径，实现了供求匹配。第一，红领集团构建了“酷特智能定制平台 + 自组织”的组织管理模式，根据消费者的个性化需求自动组建作战单元，调整运行机制和优化资源配置，从而可针对每一位消费者的个性化需求自动配以最优解决方案。第二，红领集团通过去中间商、去库存、去科层，构建了集产品设计、订单控制和拆单排产于一体、从 C 到 B“先售后制”极致扁平的工商一体化组织流程，库存被消灭，价值创造与传递环节得到了优化，实现了全员对应目标的高效协同。第三，红领集团以获取消费者的个性化需求为起点，通过个性化需求解构、标准化部件生产、个性化产品加总，贯通了供求路径，实现了 C2B 个性化定制。因此，红领集团实施 C2B 运营机制创新，化解了个性化需求与标准化生产的矛盾，贯通了供求路径，实现了需求与供给的高效匹配，提升了消费者 C2B 个性化定制意愿。

（2）提升产品竞争优势。C2B 个性化定制非常复杂，制造过程每一个环节的不确定性大幅提高。个性化定制虽然效用高，但产品个性化定制成本也高。大规模标准化生产虽然成本低，但在满足消费者个性化需求方面效用较低。基于此，红领集团通过实施大数据赋能机制创新，实现了个性化定制成本与效用兼容。第一，在产品设计系统，大数据赋予消费者表达个性化需求的权利，赋予员工获取个性化解决方案的权利，赋予企业获得需求分析能力，化解了互动体验、提交方案、数据处理、设计量尺等流程的复杂性和不确定性，优化了产品设计环节的资源配置效用，降低了产品设计成本。第二，在订单控制系统，大数据赋予消费者信息获取权和知情权，赋予员工获取决定权和知情权，赋予企业获得供需连接能力，化解了下单交易与数字化处理、材料选择与打版绘图、数字化生产指令发布等流程的复杂性和不确定性，优化了订单控制环节的资源配置效用，降低了订单管理的成本。第三，在拆单排产系统，大数据赋予消费者产品制造参与权，赋予员工获取智能决策权，赋予企业获得智能制造能力，化解了数字化电子订单受理、个性化需求解构、标准化部件生产、个性化产品加总、产品组装仓储物流配送等流程的复杂性和不确定性，优化了拆单排产环节的资源配置效用，降低了产品生产的成本。因此，红领集团实施大数据赋能机制创新，利用大数据在组织管理流程中的自由流动，化解了C2B个性化定制复杂系统的不确定性，优化了资源配置效率，解决了个性化定制生产的“成本—效用”难以兼容的问题，提升了产品竞争优势。

（3）提升企业盈利能力。B2C大众化制造属于规模经济范畴，而C2B个性化定制属于范围经济范畴。B2C大众化制造能够控制产品的制造成本，但由于个性化需求难以被满足，客户满意度和忠诚度较低，从而影响企业收益。个性化定制能够满足消费者的个性化需求，但难以实现规模化，这将导致产品制造成本上升，从而影响企业收益。因此，满足个性化需求的范围经济与降低制造成本的规模经济之间存在冲突。基于此，红领集团通过实施价值共创协同机制创新，实现了企业生产上范围经济与规模经济间的冲突协调。第一，在产品设计系统，价值共创协同强化了产品设计系统对个性化需求的适应性和应变性，消费者个性化需求的挖掘和获取能力得以提升。第二，在订单控制系统，价值共创协同极大降低了订单控制决策的出错率，提升了消费者个性化需求的传递能力，为实现个性化需求提供了基础。第三，在拆单排产系统，价值共创协同促进了产品大规模个性化制造得以实现，提升了高效满足消费者个性化需求的能力，促成了产品个性化定制实现。因此，红领集团实施价值共创协同机制创新，平衡了企业与消费者之间的信息，既可满足大范围消费者的个性化需求，又能实现个性化产品大规模定制，协调了范围经济与规模经济之间的冲突，提升了企业收益。

综上所述：需求与供给的高效匹配，是C2B个性化定制的前提条件，红领集团实施C2B运营机制创新，化解了个性化需求与标准化生产的矛盾，贯通了供求路径，实现了需求与供给的高效匹配，提高了消费者个性化定制意愿；成本与效用兼容，是C2B个性化定制的核心动能，红领集团实施大数据赋能机制创新，利用大数据在组织流程中的自由流动，化解了复杂C2B个性化定制系统的不确定性，优化了资源配置效率，解决了“成本—效用”难以兼容的问题，提升了产品竞争优势；范围经济与规模经济间的冲突协调，是C2B 个性化定制的根本保障，红领集团实施价值共创协同机制创新，平衡了企业与消费者之间的信息，既可满足大范围消费者的个性化需求，又能实现 C2B 个性化定制，协调了范围经济与规模经济之间的冲突，提升了企业盈利能力。据此，前文提出的理论命题得到了验证。

综上所述，在大数据时代，消费者可参与产品设计和制造，厂商也可整合消费者的创新知识，这将促进个性化定制产业的快速发展。供求路径上个性化需求与标准化生产的矛盾、产品制造上成本与效用难以兼容的问题、企业生产上范围经济与规模经济之间的冲突，是从 B2C 大众化制造向 C2B 个性化定制转型面临的三个关键性问题。本部分将 C2B 运营、大数据赋能与价值共创协同纳入统一研究框架，采用理论与实证相结合的研究方法，探究大数据赋能的 C2B 个性化定制机制创新的理论框架，以期解决上述三个关键性问题。第一，文献回顾表明，在制造业与大数据深度融合的时代背景下，正面探索大数据赋能的 C2B 个性化定制机制创新的学术研究尚滞后于实践，这为本书的相关研究指明了方向。第二，应用博弈论的基本思想，以 B2C 大众化制造为竞争环境，构建大数据赋能的 C2B 个性化定制博弈模型，通过对博弈均衡的比较分析，提出了有待检验的理论命题。第三，引入国内红领集团案例，采用单案例法对提出的理论命题进行实证分析。具体而言，本书结论可以表述为以下几个方面：第一，大数据赋能的 C2B 个性化定制蕴含三个机理：需求与供给匹配、成本与效用兼容、范围经济与规模经济协调；第二，个性化产品提供商实施 C2B 运营机制创新，可化解个性化需求与标准化生产之间的矛盾，在组织管理流程上实现需求与供给高效匹配；第三，个性化产品提供商实施大数据赋能机制创新，利用大数据的自由流动为消费者、员工和组织管理流程赋能，优化资源配置效率，可解决成本与效用难以兼容的问题，以较低的成本高效满足客户个性化需求；第四，个性化产品提供商实施价值共创协同机制创新，可平衡企业与消费者之间的信息，协调范围经济与规模经济之间的冲突，既可满足大范围消费者的个性化需求，又能实现 C2B 个性化定制；第五，个性化产品提供商从 C2B 运营、大数据赋能和价值共创协同等方面入手，实施大数据赋能的 C2B 个性化定制机制创新，可提升消费者个性化定制意愿、产品竞争优势与企业盈利能力。

通过构建 C2B 个性化定制博弈模型提出理论命题，并引入红领集团的案例对理论命题展开实证分析，进而提出大数据赋能的 C2B 个性化定制机制创新的理论构架，对于化解个性化需求大于供给的结构性矛盾、促进传统制造业转型具有重要理论意义和实践价值。

理论贡献。第一，在 C2B 运营机制创新方面。现有研究明确了 C2B 个性化定制是制造企业转型的重要方向（吴义爽等，2016；吴瑶等，2017；周文辉等，2018；吕文晶等，2019），但现有研究尚未涉及可实现需求与供给高效匹配的 C2B 运营机制构建。基于此，本书通过构建和分析博弈模型揭示需求与供给匹配机理，并以实现供求路径上需求与供给匹配为目标，构建 C2B 运营机制创新模型，分析并给出 C2B 运营机制创新效用，深化了个性化定制理论。第二，在大数据赋能机制创新方面。现有研究聚焦于大数据对消费者与企业员工的赋能（Spreitzer，1995；周文辉等，2018），却忽略了大数据对组织管理流程赋能的研究。同时，现有研究虽然揭示了大数据赋能对价值共创的作用机理（Hilbert，2016），但是大数据赋能对 C2B 个性化定制作用机理的研究却少有涉及。基于此，本书通过构建和分析博弈模型揭示成本与效用兼容机理，并以实现产品定制上成本与效用兼容为目标，构建大数据赋能机制创新模型、分析并给出大数据赋能机制创新效用，丰富了基于大数据的创新管理理论。第三，在价值共创协同机制创新方面。现有研究揭示了价值共创协同是 C2B 个性化定制的核心功能（Thierry et al.，2015），但尚未明确价值共创协同对 C2B 个性化定制的作用机理。基于此，本书通过构建和分析博弈模型揭示范围经济与规模经济协调机理，并以实现企业生产上范围经济与规模经济协调为目标，构建价值共创协同机制创新模型，分析并给出价值共创协同机制创新效用，拓展了价值共创理论。第四，在研究思路与研究方法方面。现有研究侧重于探索 C2B 运营、大数据赋能、价值共创协同等单个机制创新，且综合运用博弈模型构建和实证案例分析的文献较为罕见。基于此，本书针对中国现实案例，将 C2B 运营、大数据赋能与价值共创协同纳入统一研究框架，采用理论与实证相结合的研究方法，探究大数据赋能的 C2B 个性化定制机制创新，延伸了现有研究。

管理启示。研究大数据赋能的 C2B 个性化定制机制创新对于促进我国制造业与大数据融合、推动制造业转型升级具有如下启示。第一，针对个性化需求大于供给的结构性矛盾，如何从组织管理流程上解决供需不匹配的问题成为传统制造企业转型的首要任务。个性化产品提供商实施 C2B 运营机制创新，可有效化解供求路径上个性化需求与标准化生产的矛盾，实现个性化需求与供给的高效匹配，在 C2B 运营机制创新方面可为传统制造企业转型升级提供指导。第二，从 B2C 大众化制造向 C2B 个性化定制转型，是由简单的机械系统向复杂的智能系统转变，本质上包含工具革命和决策革命。工具革命对传统生产工具实施智能化升级改造，提高了生产效率。决策革命用大数据智能化决策替代传统的经验决策，确保了管理决策的精准、高效和科学。个性化产品提供商实施大数据赋能机制创新，利用大数据的自由流动为消费者、员工和组织管理流程赋能，可化解个性化定制系统的复杂性与不确定性，资源配置效率和决策效率得以优化，解决了成本与效率不可兼容的问题，从而实现工具革命和决策革命，在大数据赋能机制创新方面为传统制造企业转型升级提供了参考。第三，C2B 运营、大数据赋能和价值共创协同三者有机统一于 C2B 个性化定制这一复杂系统。在 C2B 运营机制创新和大数据赋能机制创新的促进下，个性化产品提供商实施价值共创协同机制创新，可平衡企业与消费者之间的信息，既可满足大范围消费者的个性化需求，又能实现大规模个性化定制，从而提升消费者的定制意愿，强化个性化产品提供能力，实现价值增值，为传统制造企业转型升级提供了借鉴。

5.2　3D 打印 C2B 个性化数智定制模式创新

3D 打印（3D Printing）作为第三次工业革命的重要标志，成为社会各界关注的焦点。为促进 3D 打印这一新兴战略性产业发展，早在 2015 年，我国政府就出台了《国家增材制造产业发展推进计划（2015 ~ 2016 年）》这一重要文件。3D 打印制造具有充分满足消费者个性化需求、消费者可参与产品设计、能够小批量甚至单件定制等特征（卢秉恒和李涤尘，2013）。充分满足消费者个性化需求、消费者可参与产品设计这两个特征将促进传统“以企业为中心”的产品大众化设计向“以消费者为中心”的产品个性化设计转变（韩清池和赵国杰，2016）。小批量甚至单件定制这一特征将推动传统“B2C 大众化制造”向“C2B 个性化数智定制”变革。因此，大数据、物联网、人工智能等数智化技术与 3D 打印制造深度融合，能够推动 3D 打印个性化数智定制模式创新，引领我国高端制造业发展，从而加快我国现代化产业体系建设（应怀樵等，2014）。3D 打印个性化数智定制模式具有三个优势：可纳入消费者的创新知识与创新能力，促进产品的设计水平与研发能力提升；3D 打印技术具有一体化的成形技术，且与大数据、物联网、人工智能等数智化技术深度融合，能够数智化定制个性化、复杂的产品（李涤尘等，2013）；3D 打印个性化数智定制模式的应用和推广，能够形成新的经济增长点，提供新的就业机会（卢秉恒和李涤尘，2013）。

由于管理学领域学者相关知识相对缺乏，缺少可参考的文献和数据，缺乏应对挑战性问题的勇气等原因，现有文献对“3D 打印个性化数智定制模式”的研究尚滞后于社会实践。因此，本书将探索 3D 打印 C2B 个性化数智定制模式创新。

5.2.1 构成要素

数智化制造依托数智化技术和产品制造管理服务平台，为消费者提供各种按需制造和服务的个性化智能制造新模式（李伯虎等，2012）。基于此，对 3D 打印 C2B 个性化数智定制模式定义如下：为满足消费者的个性化需求，借助大数据、物联网、人工智能等数智化技术与产品制造管理服务平台，联结处于不同地域、具有不同生产规模和能力的 3D 打印制造企业，高效率、低成本提供个性化产品的制造模式。3D 打印 C2B 个性化数智定制模式的关键构成要素可描述如下。

1. 3D 打印制造

作为增材制造的一种先进制造技术，3D 打印制造技术被广泛应用于消费领域和工业领域，典型应用案例如表 5 - 2 所示。

表 5 - 2 3D 打印制造技术的典型应用案例

领域	产品	案例企业	运营模式
供应链	产品服务	3D Systems	打造线上平台，提供供应链解决方案，
生态	平台服务	Shapeways	为“Cube”和“CubeX”用户提供线上到线下交流模式
灯饰	灯罩	Freedom of Creation	通过 Web 网站销售，采用设计师对用户的设计模式
食品	巧克力	FabCafe	“肖像巧克力”体验，推动 3D 打印机进入食品加工领域
生态	平台服务	Quirky	产品理念的提出、产品设计与产品评价的众包模式
航空	基地构建	Monolite UK	以月球岩石作为建筑材料，利用 3D 打印机构建月球基地
医疗	肝脏组织	Organovo	初期用于毒理预测学和疾病建模，计划进一步正式商用
服装	T 恤	Threadless. com	依托网络社区设计符合个性化需求的众包设计模式

据统计，1988 ~ 2010 年，全球 3D 打印产业年均增长速度达 26%，2020 年全球规模达 108 亿美元。然而，缺乏与 3D 打印相适应的制造模式，影响了 3D 打印制造技术的主流应用市场的拓展。表 5 - 2 显示，随着大数据、物联

网、人工智能等数智化技术的发展，可以创新 3D 打印 C2B 个性化数智定制模式，克服传统大众化制造模式存在的无法满足消费者个性化需求和消费者无法参与产品设计与制造等缺陷。

2. 数智化平台

数智化平台由数智化技术中枢与产品制造管理服务平台组成，数智化技术中枢依据产品制造管理服务平台提出的数智化服务请求，提供相应的数智化赋能。例如，借助大数据、物联网、人工智能等数智化技术，Ponoko 公司与 Shapeways 公司建设了产品 3D 打印交流服务平台。第一，数智化技术中枢。数智化技术中枢融合大数据、物联网、人工智能等数智化技术，为产品制造管理服务平台提供数智化赋能。物联网可实时采集各种需要的数据信息，大数据对物联网采集的海量数据进行挖掘和分析，人工智能可赋能企业决策（李伯虎等，2012）。第二，产品制造管理服务平台。产品制造管理服务平台借助数智化技术中枢的数智化赋能，实现与社会大众的动态交流互动，促进企业制造能力与消费者个性化需求对接与匹配。数智化技术中枢的数智化赋能，为产品制造管理服务平台提供了考察各类问题的智能化手段，可以实时把握消费者的需求。产品制造管理服务平台的关键手段是搜索与众包，消费者应用搜索手段可以寻求能够实现个性化需求的 3D 打印定制企业，定制企业采用众包手段可以有效完成产品的提出、设计与制造任务（王飞跃，2012）。

3. C2B 个性化定制

C2B 个性化定制是制造企业为响应顾客个性化需求，在大数据的驱动下实现个性化定制的一种智能生产模式（张明超等，2018），其核心逻辑是消费者与企业共同参与完成产品的研发、设计、生产等流程（Thierry et al.，2015）。C2B 个性化定制的思想与 3D 打印所具有的充分满足消费者个性化需求、消费者可参与产品设计、能够小批量甚至单件定制、产品制造地点分布等特征相吻合，能够解决当前 3D 打印产业发展面临的问题。例如，3D Systems 公司采用 C2B 个性化定制，整合了资源，提高了定制效率，取得了良好的经营绩效。

5.2.2　基本特征

在广泛调研的基础上，可总结出传统 B2C 大众化制造模式与 3D 打印 C2B 个性化数智定制模式的主要差异，如表 5 - 3 所示。在表 5 - 3 的基础上，可挖掘 3D 打印 C2B 个性化数智定制模式的基本特征。

表 5-3 传统制造模式与 3D 打印 C2B 个性化数智定制模式的差异

模式	传统 B2C 大众化制造模式	3D 打印 C2B 个性化数智定制模式
产品设计	周期长、资源垄断、消费者参与度低、个性化需求受压制、由设计师主导	周期短、资源开放、消费者参与度高、多样化及个性化的需求受鼓励、由社会大众主导
生产方式	大规模集中制造、共性技术支持、密集型制造、模具制造、硬件制造等	社会制造、个性化技术支持、智能化制造、分布式制造、无模具制造、软件制造等
价值链	系统的物流与仓储设施、社会大众无法参与创新、市场调研获取需求信息	“最后一公里”产品物流、精确地点打印、零库存、社会大众创新、大数据分析获取需求
商业模式	各具特色、个性化和难复制的商业模式提供产品或服务满足消费者需求	线上平台+线下体验店、3D 打印整体解决方案模式、提供 3D 打印平台服务模式等

1. 以消费者为中心的产品设计

传统 B2C 大众化制造模式下，消费者多样化、差异化、个性化的需求被抑制，企业设计师主导产品设计，这种产品设计模式以企业为中心，消费者参与度低，资源垄断，产品设计周期较长。3D 打印 C2B 个性化数智定制模式借助由数智化技术中枢与产品制造管理服务平台组成的数智化平台，网络社会大众中的创新者与专业设计师共同设计出符合消费者个性化需求的产品，形成一种以消费者为中心的产品设计。例如，Quirky 公司就采用了以消费者为中心的产品设计，社会大众参加这一过程可获得高额回报。

2. 社会大众参与产品制造

传统 B2C 大众化制造模式下，社会大众无法参与产品制造。随着 3D 打印制造技术的不断发展，大数据、物联网、人工智能等数智化技术的不断进步，社会大众参与产品制造的 3D 打印 C2B 个性化数智定制时代即将来临。3D 打印 C2B 个性化数智定制模式下，制造企业可依托数智化平台，实施技术和管理创新，快速满足消费者的个性化需求。基本流程可描述如下：应用大数据分析获取需求信息—制造企业采用搜索和众包手段吸纳社会大众参与价值共创—消费者采用搜索和众包手段选择产品提供商—消费者采用众包方式外包产品定制业务—定制工厂把产品打印出来配送给消费者。例如，Shapeways 公司就采用了社会大众参与产品制造的 3D 打印 C2B 个性化数智定制模式。

3. C2B 数智定制全价值链体系

传统价值链模式无法有效支持社会大众参与产品制造，是传统 B2C 大众化制造模式的主要缺陷。因此，需要重构 3D 打印 C2B 个性化数智定制模式的价值链体系，以支持和促进社会大众参与产品制造全过程。也就是说，3D 打印 C2B 个性化数智定制全价值链解决方案，依托数智化平台的数智化技术赋能功能与产品制造管理服务平台的服务功能，高效匹配和衔接消费者个性化定制需求与 3D 打印制造能力，社会大众采用搜索和众包手段充分参与产品设计、评价、制造的全过程，实时实现高效个性化消费与生产，达成企业盈利最大化与消费者利益最大化目标。例如，3D Systems 积极构建 C2B 数智定制全价值链体系，向客户提供供应链整体解决方案，着力推动社会大众参与产品制造全过程。

4. O2O 的商业模式

3D 打印技术依托商业模式创新，才能确保价值获取（Teece，2010；Ji and Jin，2014），即 3D 打印制造技术要不断获取竞争优势、获得满意的利润，必须通过商业模式创新实现商业化（Chesbrough，2010；Zott and Amit，2011）。因此，创新和开发与 3D 打印 C2B 个性化数智定制模式相匹配的商业模式是 3D 打印产业面临的紧迫任务。在现实实践中，3D 打印企业普遍采用 O2O 的商业模式（Online to Offline，O2O），该模式有机融合数智化平台与实体体验店，为消费者提供产品个性化定制服务。例如，FabCafe 采用的商业模式就是 O2O 模式。

5.2.3　制造模式创新

在提出传统 B2C 大众化产品智能制造模式的基础上，依据 3D 打印 C2B 个性化数智定制模式的构成要素和基本特征，依次提出供应链整体解决方案下 3D 打印 C2B 个性化数智定制模式和产业生态系统下 3D 打印 C2B 个性化数智定制模式。

1. 传统 B2C 大众化产品智能制造模式

在传统 B2C 大众化制造模式中嵌入数智化平台，能够创新传统 B2C 大众化产品智能制造模式，如图 5-6 所示。

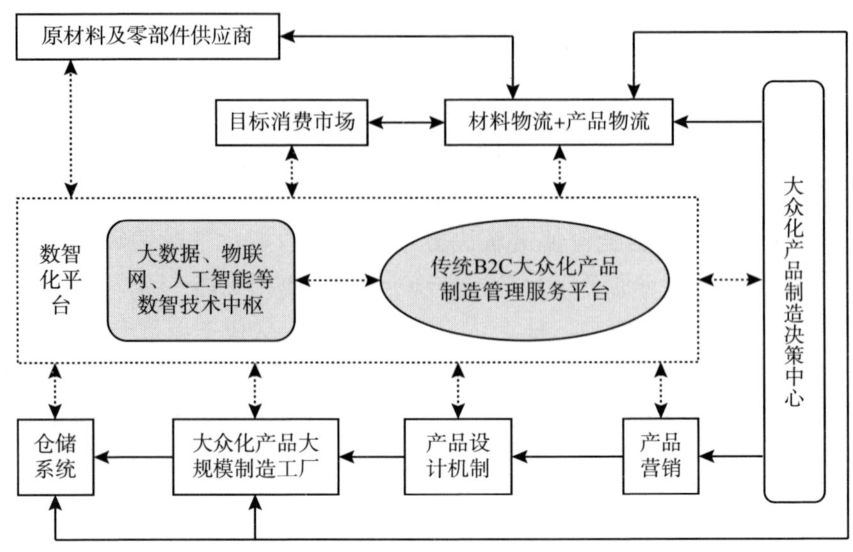

图 5-6 传统 B2C 产品大众化智能制造模式

传统 B2C 大众化产品智能制造模式的主要创新之处在于：利用大数据、物联网、人工智能等数智化技术对传统制造模式进行数智化改造，有利于制造企业高效整合关联资源，针对目标市场共性需求生产大众化产品，促进企业运营效率和核心竞争能力提升。例如，中国制造业重镇广东省东莞市针对产业集群内制造企业间制造设施重复建设、关联度缺乏、资源整合利用率不高等问题，构建可支持中小制造企业协作的传统大众化产品智能制造集群模式，促进了产业集群内的资源整合，优化了集群产业结构（李伯虎等，2010）。又如，为解决产品研发周期长、企业资源配置低效等问题，航天科工集团采用传统大众化产品智能制造集群模式，高效整合制造资源与制造能力，实现降本增效，提升了企业竞争力。

传统 B2C 大众化产品智能制造模式的缺点如下：企业设计师主导的以企业为中心的产品设计模式，难以获取、把握、满足消费者的个性化需求；机械化加工、模具铸造等硬件制造的方法造型能力有限，对于复杂结构制造与一体化制造难度较大（李涤尘，2013）；产品大规模集中制造，在产品设计、制造、生产、消费等环节消费者与制造企业缺乏交流互动，消费者被动接受产品，没有更多选择，消费者的个性化需求无法充分满足；产品物流与仓储设施集中，产品大规模集中制造后需要发送到各地市场，物流与仓储成本较高。

2. 供应链整体解决方案下 3D 打印 C2B 个性化数智定制模式

针对传统大众化产品智能制造模式的缺陷进行改进，可以创新开发出供应链整体解决方案下 3D 打印 C2B 个性化数智定制模式，如图 5 -7 所示。

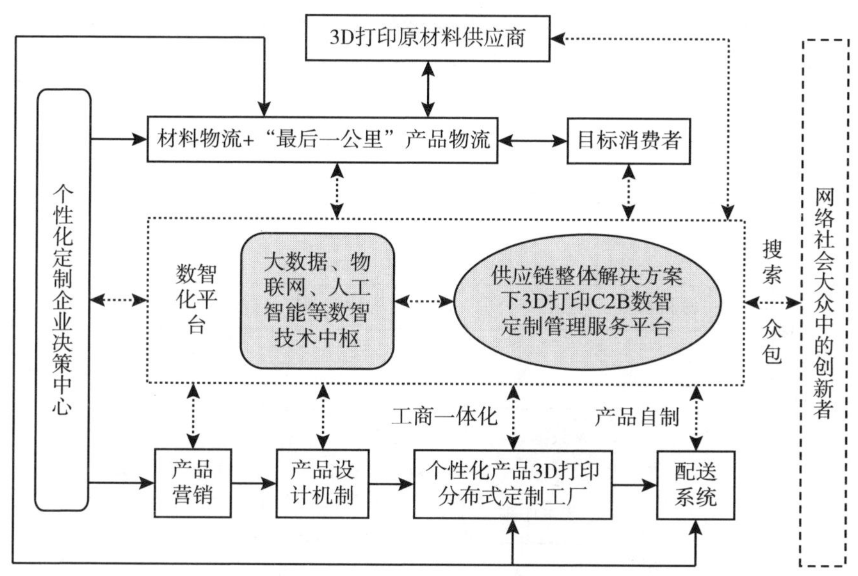

图 5 -7　供应链整体解决方案下 3D 打印 C2B 个性化数智定制模式

与传统 B2C 大众化产品智能制造模式相比，供应链整体解决方案下 3D 打印 C2B 个性化数智定制模式具有如下优势：网络社会大众中的创新者采用搜索和众包手段，可充分参与制造企业价值共创；3D 打印个性化定制代替了大规模大众化制造；去除产品库存与零部件供应商；产品物流系统着重于“最后一公里”。

由图 5 -7 可知，供应链整体解决方案下 3D 打印 C2B 个性化数智定制模式的主要优势体现在：供应链整体解决方案下，社会大众参与产品制造的全过程，促进了消费者的个性化需求与企业制造能力的有效匹配与衔接；产品设计以消费者为中心，采用搜索与众包手段，共同设计个性化产品；3D 打印分布式制造可有效克服难以批量制造、制造速度较慢等问题；3D 打印制造技术有效降低了复杂结构、小批量或单件产品的制造成本。例如，3D Systems 公司就采用了供应链整体解决方案下 3D 打印 C2B 个性化数智定制模式。

3. 产业生态系统下 3D 打印 C2B 个性化数智定制模式

大数据、物联网、人工智能等数智化技术不断发展并与制造业深度融合，制造企业边界越来越模糊，将促进制造模式变革和创新（Andrew and Erik，2012），产业生态系统下跨界协同创新机会被管理者发现（罗珉和李亮宇，2015）。基于此，进一步改进供应链整体解决方案下 3D 打印 C2B 个性化数智定制模式，可挖掘出产业生态系统下 3D 打印 C2B 个性化数智定制模式，如图 5-8 所示。

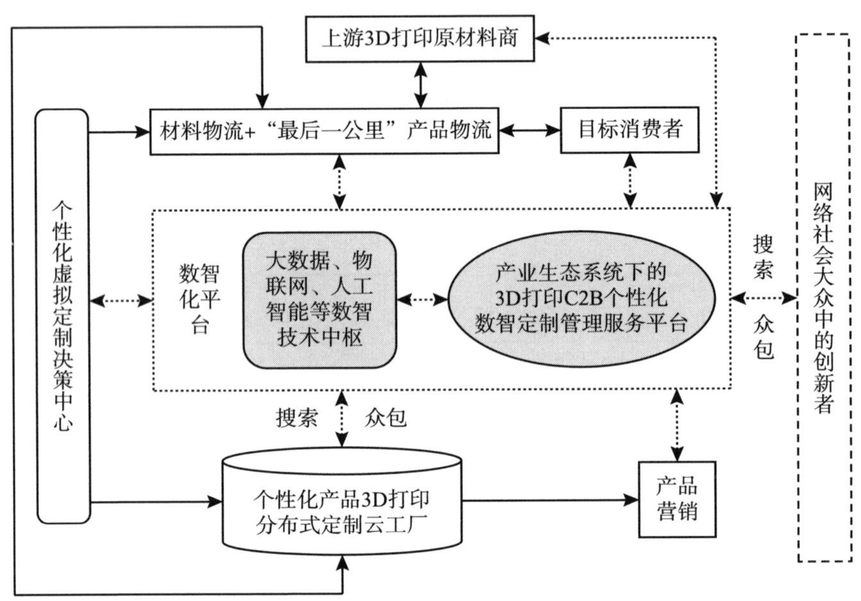

图 5-8 产业生态系统下 3D 打印 C2B 个性化数智定制模式

与供应链整体解决方案下 3D 打印 C2B 个性化数智定制模式相比，产业生态系统下 3D 打印 C2B 个性化数智定制模式变化如下：企业管理决策中心被虚拟定制决策中心代替；产品制造业务外包代替了工商一体化的产品自制；由供应链整体解决方案发展为产业生态系统解决方案。为防止难以准确找到自己的竞争对手和目标消费者而出现经营困难，实力雄厚的大企业采用产业生态系统下 3D 打印 C2B 个性化数智定制模式，转变为平台型虚拟企业实现跨行业混合经营。小企业则可借助开放的数智化平台，利用大企业不具备的灵活性优势开展经营活动，降低与大企业竞争的门槛。例如，Shapeways 公司就采用了生态系统下 3D 打印 C2B 个性化数智定制模式。

综上所述，采用文献分析与大量现实案例总结相结合的研究方法，本书识别了3D打印C2B个性化数智定制模式的三个构成要素，揭示了3D打印C2B个性化数智定制模式的基本特征，在构建传统B2C大众化产品智能制造模式的基础上，依次提出供应链整体解决方案下3D打印C2B个性化数智定制模式、产业生态系统部分3D打印C2B个性化数智定制模式。研究可促进我国传统制造业转型升级，推动我国先进制造业的发展。

发展3D打印C2B个性化数智定制模式，需要官产学研用协同创新。基于此，本书提出如下建议。第一，加大科研投入。发展3D打印C2B个性化数智定制模式，技术和管理创新是关键。我国政府应对关键领域的研发加大资金投入力度，如组织和管理创新领域、3D打印装备领域、数智化技术领域、软件技术领域、新材料技术领域等，着重支持3D打印制造技术与大数据、物联网、人工智能等数智化技术交叉融合领域的研究，鼓励学者探索3D打印C2B个性化数智定制模式创新。第二，强化产业规划。3D打印C2B个性化数智定制模式创新要求新的产业链形态与之相适应，需要完善包含知识产权保护、金融支持、3D打印数字化技术提供商、3D打印设备经销商、3D打印机及耗材提供商、3D打印服务商、第三方检测验证支持、工业设计机构等在内的产业体系建设。制定3D打印产业规划，推进3D打印产业联盟和行业协会建设，是我国政府的当务之急。第三，加快平台建设。数智化平台是3D打印C2B个性化数智定制模式的关键构成要素，是一种面向3D打印行业、服务个性化定制企业、整合社会离散资源的效益与公益相结合、服务面广、公信度高的管理服务平台。我国政府应主导3D打印数智化平台的建设，思路是政府引导但不主导、投资主体多元化、建设和运营靠企业。第四，重视人才培养。3D打印C2B个性化数智定制领域的相关从业人员需要具备服务、组织、管理、艺术、技术等多方面的创新知识和能力，与不同领域科技人才协同创新的能力和素质也很必要。发展3D打印C2B个性化数智定制模式，需要采用自由灵活的人才培养模式，如可采用产学研对接、O2O互动、理论与实战训练相结合的3D打印产业创新人才培养新模式，以满足3D打印产业未来对专业人才的需求。

5.3　本章小结

本书在理论研究的基础上，选择红领集团（酷特智能）案例进行实证研究，选择3D打印产业进行应用研究：通过探索大数据赋能的C2B个性化定制机制创新，揭示了 C2B 个性化定制机理，提出了 C2B 运营机制创新模型、大数据赋能机制创新模型、价值共创协同机制创新模型，为个性化产品提供商提供 C2B 个性化定制机制创新策略；通过探索 3D 打印 C2B 数智化定制模式创新，识别了 3D 打印 C2B 个性化数智定制模式的三个构成要素，揭示了 3D 打印 C2B 个性化数智定制模式的基本特征，在构建传统 B2C 大众化产品智能制造模式的基础上，提出供应链整体解决方案下 3D 打印 C2B 个性化数智定制模式、产业生态系统下 3D 打印 C2B 个性化数智定制模式，给出了推进我国 3D 打印 C2B 个性化数智定制模式发展的政策建议。

第 6 章　结论与展望

党的二十大报告强调，要加快发展数字经济，促进数字经济与实体经济深度融合。酷特智能、尚品宅配等领军企业率先探索了这一领域，实现了 C2B 个性化定制转型。然而，实践中成功实现 C2B 个性化定制转型的制造企业非常少见，大数据驱动的 C2B 个性化定制管理理论与方法的缺位，是 C2B 个性化定制转型受挫、个性化定制行业迟迟不火的主要原因。探索大数据驱动的 C2B 个性化定制管理理论与方法，推动我国数字经济与实体经济深度融合，加快我国现代化产业体系建设，具有重要的理论意义和实践价值。本书以 C2B 个性化定制模式为研究对象，既涵盖 C2B 个性化定制的大数据驱动原理、大数据驱动的 C2B 个性化定制管理模型构建与优化，也涉及针对相关产业的实证应用研究，还包括微观层面的对策、宏观层面的政策研究。

6.1　研究结论

1. C2B 个性化定制的大数据驱动原理研究

分析 C2B 个性化定制的大数据驱动原理，可为构建大数据驱动的 C2B 个性化定制管理模型提供理论支撑，是本书需要解决的重点问题，本书采用了问卷法、访谈法、案例研究法、博弈分析法解决这一问题。本书在该部分探索了大数据赋能的 C2B 个性化定制决策范式、C2B 个性化定制价值共创的大数据赋能机制创新两个问题。结论如下。第一，消费者个性化偏好是大数据赋能的 C2B 个性化定制的决策源点；随着个性化偏好的增大，消费者选择定制个性化产品，既能充分满足自身的个性化需求，获得较高的顾客让渡价值，又可有效牵引个性化产品提供商实施大数据赋能的 C2B 个性化定制模式创新；个性化产品提供商实施大数据赋能的 C2B 个性化定制模式创新、提升个性化产品与大众化产品的个性化差异，既可提高消费者的支付意愿，获取竞争优势，又能实现整个产品竞争系统帕累托改进。第二，大数据赋予C2B个性化定制动态能力驱动价值共创，价值共创包括价值形成、价值传递、价值实现三个阶段：积淀产品大数据资源赋予C2B个性化定制供需对接的动态能力，驱动C2B个性化定制价值形成；联结订单大数据资源赋予C2B个性化定制资源协奏动态能力，驱动C2B个性化定制价值传递；聚合生产大数据资源赋予C2B个性化定制协同制造动态能力，驱动C2B个性化定制价值实现。本书在该部分洞察了企业向大数据赋能C2B个性化定制转型的战略动机，刻画了C2B个性化定制价值共创的大数据赋能机制，揭示了C2B个性化定制的大数据驱动原理。本书在该部分的研究结论为进一步构建大数据驱动的C2B个性化定制管理模型奠定了理论基础。

2. 大数据驱动的C2B个性化定制管理模型构建

构建大数据驱动的C2B个性化定制管理模型是本书研究的难点。本书在该部分基于C2B个性化定制的大数据驱动原理，采用案例研究法、博弈分析法克服这一难题。本书在该部分探索了基于价值共创的C2B个性化定制运营模式创新、数智化技术赋能C2B个性化定制平台运营机制创新、大数据赋能C2B个性化定制价值共创协同机制创新三个问题。结论如下。第一，与B2B2C供应链运营模式相比，C2B平台运营模式与C2B个性化定制更加匹配，该模式便于更好满足消费者的个性化需求，提升企业创新收益与产品提供系统总收益，进而增强企业竞争力；与B2C大众化制造相比，C2B个性化定制能显著提升产品市场需求、企业创新收益与产品提供系统的总收益，且产品市场需求、企业创新收益、产品提供系统总收益、“C2B平台”与“B2B2C供应链”间的均衡差都随价值共创强度的增加而增大；B2B2C供应链运营模式下，适当的批发价格激励措施能够提升产品市场需求、企业创新收益和产品提供系统的总收益，且C2B个性化定制下激励因子取值变化对供应链均衡结果的影响更加显著。第二，数智化技术赋能O2O产品设计机制创新可提升需求资源连接效率、产品设计数据挖掘效率和产品智能设计决策效率，促进产品数智化设计；数智化技术赋能订单管理机制创新可提升拆单流程连接效率、订单管理数据联通效率和订单智能管理决策效率，促进订单数智化管理；数智化技术赋能数智生产机制创新可提升生产资源连接效率、产品生产数据分析效率和产品智能生产决策效率，促进产品数智化生产；以产品数智化设计、订单数智化管理、产品数智化生产为目标，实施C2B个性化定制平台运营机制创新，可推动产品C2B个性化定制。第三，制造企业利用大数据分析能力，赋能C2B个性化定制内容协同治理机制创新，推动制造工厂内容贯通协同治理，可调节需求与供给的内容失衡，从而协同顾客、制造企业实现价值共建；制造企业利用大数据连接能力，赋能 C2B 个性化定制关系协同治理机制创新，推动供应链关系交互协同治理，可化解竞争与合作的关系对立，从而协同顾客、制造企业、伙伴商实现价值共享；制造企业利用大数据智能能力，赋能 C2B 个性化定制观念协同治理机制创新，推动产业生态观念重构协同治理，可化解单赢与多赢的观念冲突，从而协同顾客、制造企业、伙伴商、改造企业实现价值共赢；制造企业利用大数据赋能实施价值共创协同治理机制创新，可化解 C2B 个性化定制转型痛点，协同关联主体实现价值共创，从而驱动 C2B 个性化定制。本书在该部分提出了 C2B 平台运营模式与 C2B 个性化定制更加匹配的观点，创新了数智化技术驱动的 C2B 个性化定制平台运营机制，给出了大数据赋能 C2B 个性化定制价值共创协同机制，从而提出了大数据驱动的 C2B 个性化定制管理模型。本书这一部分的研究结论，为进一步优化大数据驱动的 C2B 个性化定制管理模型提供了架构。

3. 大数据驱动的 C2B 个性化定制管理模型优化

本书在该部分应用博弈论的方法，对大数据驱动的 C2B 个性化定制管理模型进行优化。本部分探索了产品竞争市场分离下的 C2B 个性化定制策略、竞争状态下在线 C2B 个性化定制互动博弈、大数据赋能的 C2B 个性化定制价值共创策略三个问题。结论如下。第一，个性化产品提供商采取积极的产品个性化信息传递策略，发出强度令大众化产品提供商难以模仿的信息，市场可出现理想的分离均衡，这有利于强化消费者的产品个性化信念，确保消费者做出正确的投资与购买决策；高产品个性化满意度的消费者选择购买个性化产品提供商的股票，支持领先用户与厂商价值共创，低产品个性化满意度的消费者选择个人捐赠大学、科研院所、NGO 等机构以推进 C2B 个性化定制行业发展；如果个性化产品提供商具有显著的产品个性化优势，对个性化有较大偏好的消费者选择购买个性化产品，可获得更大的顾客让渡价值。第二，在与传统 B2C 大众化制造企业的竞争中，在线 C2B 个性化定制企业采用强价值共创策略，加大与竞争产品的个性化差异，可有效解决企业与顾客间信息不对称问题，促进顾客优先选择在线 C2B 个性化定制产品；在产品竞争市场，如果在线 C2B 个性化定制产品与传统 B2C 大众化制造产品的个性化差异较大，具有较大个性化偏好的顾客选择在线 C2B 个性化定制产品可获得较大的顾客让渡价值，这有利于强化其产品个性化信念。第三，单位价值共创成本、单位价值共创的用户个性化定制效用、单位价值共创的企业个性化定制收益是影响用户和企业价值共创意愿和行为的关键因素；相较于非大数据情境，大数据赋能降低了单位价值共创成本，增加了单位价值共创的用户个性化定制效用，提升了单位价值共创的企业个性化定制收益，从而可促进用户和企业价值共创意愿和行为由弱向强高效率演化；用户和企业价值共创意愿和行为由弱向强高效率演化，放大了大数据赋能效应，提升了用户整体效用和企业整体收益，强化了制造企业进一步持续深化数字化转型的动机。

4. 实证应用研究

在理论研究的基础上，本书在该部分选择红领集团（酷特智能）案例进行实证研究，选择 3D 打印产业进行应用研究。本部分探索了大数据赋能的 C2B 个性化定制机制创新、3D 打印 C2B 数智化定制模式创新等问题。结论如下。第一，C2B 个性化定制蕴含三个机理：需求与供给匹配、成本与效用兼容、范围经济与规模经济协调；个性化产品提供商实施 C2B 运营机制创新，可化解个性化需求与标准化生产之间的矛盾，实现需求与供给高效匹配；个性化产品提供商实施大数据赋能机制创新，可破解成本与效用难以兼容的难题，低成本地满足消费者的个性化需求；个性化产品提供商实施价值共创协同机制创新，可协调范围经济和规模经济之间的冲突，实现 C2B 个性化定制；个性化产品提供商从 C2B 运营、大数据赋能与价值共创协同出发，实施大数据赋能的 C2B 个性化定制机制创新，可提升消费者的 C2B 个性化定制意愿、产品竞争优势与企业盈利能力。第二，通过对大量现实案例的总结，识别了 3D 打印 C2B 个性化数智定制模式的三个构成要素，揭示了 3D 打印 C2B 个性化数智定制模式的基本特征，在构建传统 B2C 大众化产品智能制造模式的基础上，提出供应链整体解决方案下 3D 打印 C2B 个性化数智定制模式和产业生态系统下 3D 打印 C2B 个性化数智定制模式。最后，给出推进我国 3D 打印 C2B 个性化数智定制模式发展的政策建议。

6.2 研究展望

尽管本书对大数据驱动的 C2B 个性化定制管理理论与方法这一挑战性的课题进行了较全面、深入的研究，并取得了一些研究成果。但本书尚存在一些不足之处，主要体现在以下几个方面。

第一，在案例研究方面，本书主要选择了服装领域的红领集团（酷特智能）、家装领域的尚品宅配这两家企业进行探索性单案例研究，这两家案例企业分别位于青岛、佛山。因此，案例研究在行业领域、地域分布、普适性等方面尚存在局限性。

第二，在大数据驱动的 C2B 个性化定制管理模型的优化方面，本书对几个关键问题进行了探索，但在大数据驱动的 C2B 个性化定制管理模型的优化领域，仍有较多的问题有待进一步挖掘和探索，本书未能穷尽。

第三，本书成果的产业化对策与政策研究略显不足。特别是专门针对我国西部地区制造企业的对策与政策研究较为缺乏。

针对本书存在的不足，未来研究应重点关注以下问题。

第一，针对本书主要采用单案例研究的不足，未来可以采用双案例研究、多案例研究，或者双案例比较研究，更全面地探究大数据驱动的 C2B 个性化定制管理理论与方法，剖析其适用范围，提出更为完善的分析框架。

第二，在大数据驱动的 C2B 个性化定制管理模型的优化研究领域，持续深入地挖掘研究问题，给出更为丰富的优化策略。

第三，针对本书成果的产业化对策与政策进行深入研究。特别地，可针对我国西部地区制造业的转型需求，选择典型案例，将研究结论进行推广应用，深入探索特殊的后发追赶策略和促进我国西部地区制造企业后发追赶的共性政策建议，以及针对不同产业的个性化政策建议等话题。

参考文献

[1] 白景坤，张雅，李思晗．平台型企业知识治理与价值共创关系研究[J]．科学学研究，2020，38（12）：2193－2201．

[2] 陈国青，吴刚，顾远东，等．管理决策情境下大数据驱动的研究和应用挑战——范式转变与研究方向[J]．管理科学学报，2018，21（7）：1－10．

[3] 陈菊红，王昊，张雅琪．服务生态系统环境下利益相关者价值共创的演化博弈分析[J]．运筹与管理，2019，28（11）：44－53．

[4] 迟铭，毕新华，徐永顺．治理机制对顾客参与价值共创行为的影响——虚拟品牌社区的实证研究[J]．经济管理，2020，42（2）：144－159．

[5] 陈冬梅，王俐珍，陈安霓．数字化与战略管理理论——回顾、挑战与展望[J]．管理世界，2020，36（5）：220－236，20．

[6] 陈国青，曾大军，卫强，等．大数据环境下的决策范式转变与使能创新[J]．管理世界，2020，36（2）：95－105，220．

[7] 陈剑，黄朔，刘运辉．从赋能到使能——数字化环境下的企业运营管理[J]．管理世界，2020，36（2）：117－128，222．

[8] 陈国青，任明，卫强，等．数智赋能：信息系统研究的新跃迁[J]．管理世界，2022，38（1）：180－196．

[9] [德]乌尔里希·森德勒．工业4.0：即将来袭的第四次工业革命[M]．邓敏，等译．北京：机械工业出版社，2014．

[10] 丁纯，李君扬．德国“工业4.0”：内容、动因与前景及其启示[J]．德国研究，2014，29（4）：49－66，126．

[11] 邓春平，宋琦，毛基业，等．发起与感知：协同创新中议题营销的作用[J]．管理世界，2018，34（12）：95－110．

[12] 杜勇，曹磊，谭畅．平台化如何助力制造企业跨越转型升级的数字鸿沟？——基于宗申集团的探索性案例研究[J]．管理世界，2022，38（6）：117－139．

[13] 高良谋，胡国栋．模块化生产网络中的劳资关系嬗变：层级分化与协同治理［J］．中国工业经济，2012（10）：96－108.

[14] 高举红，李梦梦，霍帧．市场细分下考虑消费者支付意愿差异的闭环供应链定价决策［J］．系统工程理论与实践，2018，38（12）：3071－3084.

[15] 龚本刚，汤家骏，程晋石，等．产能约束下考虑消费者偏好的双渠道供应链决策与协调［J］．中国管理科学，2019，27（4）：79－90.

[16] 广州尚品宅配家居股份有限公司．尚品宅配：2019 年年度报告［R］．广州：广州尚品宅配家居股份有限公司，2020.

[17] 广州尚品宅配家居股份有限公司．尚品宅配：2020 年年度报告［R］．广州：广州尚品宅配家居股份有限公司，2021.

[18] 黄江明，李亮，王伟．案例研究：从好的故事到好的理论——中国企业管理案例与理论构建研究论坛（2010）综述［J］．管理世界，2011（2）：118－126.

[19] 黄群慧，贺俊．"第三次工业革命"与中国经济发展战略调整——技术经济范式转变的视角［J］．中国工业经济，2013（1）：5－18.

[20] 韩清池，赵国杰．国外消费者创新研究现状与展望［J］．科技管理研究，2016，36（5）：76－81，96.

[21] 黄阳华．德国"工业 4.0"计划及其对我国产业创新的启示［J］．经济社会体制比较，2015（2）：1－10.

[22] 胡海波，卢海涛．企业商业生态系统演化中价值共创研究——数字化赋能视角［J］．经济管理，2018，40（8）：55－71.

[23] 胡艳玲，高长元，翟丽丽，等．服务主导逻辑下大数据联盟数据服务创新价值共创机理［J］．情报理论与实践，2019，42（3）：60－64.

[24] 郝淑玲，米子川，姜天英．大数据指数的再定义与新进展［J］．统计学报，2020，1（4）：1－13.

[25] 胡有林，韩庆兰．产品服务系统价值共创演化博弈分析［J］．管理评论，2021，33（6）：242－254.

[26] 黄丽华，朱海林，刘伟华，等．企业数字化转型和管理：研究框架与展望［J］．管理科学学报，2021，24（8）：26－35.

[27] 简兆权，令狐克睿，李雷．价值共创研究的演进与展望——从"顾客体验"到"服务生态系统"视角［J］．外国经济与管理，2016，38（9）：3－20.

[28] 江积海，李琴．平台型商业模式创新中连接属性影响价值共创的内

在机理——Airbnb的案例研究[J]. 管理评论，2016，28（7）：252-260.

[29] 李伯虎，张霖，王时龙，等. 云制造——面向服务的网络化制造新模式[J]. 计算机集成制造系统，2010，16（1）：1-7，16.

[30] 李伯虎，张霖，任磊，等. 云制造典型特征、关键技术与应用[J]. 计算机集成制造系统，2012，18（7）：1345-1356.

[31] 李国杰，程学旗. 大数据研究：未来科技及经济社会发展的重大战略领域——大数据的研究现状与科学思考[J]. 中国科学院院刊，2012，27（6）：647-657.

[32] 李文莲，夏健明. 基于"大数据"的商业模式创新[J]. 中国工业经济，2013（5）：83-95.

[33] 李涤尘，贺健康，田小永，等. 增材制造：实现宏微结构一体化制造[J]. 机械工程学报，2013，49（6）：129-135.

[34] 卢秉恒，李涤尘. 增材制造（3D打印）技术发展[J]. 机械制造与自动化，2013，42（4）：1-4.

[35] 李海舰，田跃新，李文杰. 互联网思维与传统企业再造[J]. 中国工业经济，2014（10）：135-146.

[36] 罗珉，李亮宇. 互联网时代的商业模式创新：价值创造视角[J]. 中国工业经济，2015（1）：95-107.

[37] 刘颖，胡珑瑛，王钢. 分布式协同创新网络中任务冲突机理研究[J]. 管理世界，2017，33（7）：180-181.

[38] 林舒进，庄贵军，黄缘缘. 关系质量、信息分享与企业间合作行为：IT能力的调节作用[J]. 系统工程理论与实践，2018，38（3）：643-654.

[39] 李廉水，石喜爱，刘军. 中国制造业40年：智能化进程与展望[J]. 中国软科学，2019（1）：1-9，30.

[40] 吕文晶，陈劲，刘进. 工业互联网的智能制造模式与企业平台建设——基于海尔集团的案例研究[J]. 中国软科学，2019（7）：1-13.

[41] 刘静，聂佳佳，袁红平. 消费者公平偏好对制造商开通直销渠道的影响研究[J]. 运筹与管理，2020，29（6）：220-227.

[42] 刘业政，孙见山，姜元春，等. 大数据的价值发现：4C模型[J]. 管理世界，2020，36（2）：129-138，223.

[43] 李东红，陈昱蓉，周平录. 破解颠覆性技术创新的跨界网络治理路径——基于百度Apollo自动驾驶开放平台的案例研究[J]. 管理世界，2021，

37 (4): 130 - 159.

[44] 刘平峰，张旺．数字技术如何赋能制造业全要素生产率？[J]. 科学学研究，2021，39 (8): 1396 - 1406.

[45] 刘汕，张凡，惠康欣，等．数字平台商业模式创新：综述与展望 [J]. 系统管理学报，2022，31 (6): 1109 - 1122.

[46] 毛基业，李高勇．案例研究的“术”与“道”的反思：中国企业管理案例与质性研究论坛（2013）综述 [J]. 管理世界，2014 (2): 111 - 117.

[47] 毛基业，苏芳．案例研究的理论贡献——中国企业管理案例与质性研究论坛（2015）综述 [J]. 管理世界，2016 (2): 128 - 132.

[48] 孟炯，郭春霞．3D 打印云智能——直接制造下的商业模式创新 [J]. 技术经济，2016，35 (11): 57 - 61，112.

[49] 孟炯．满足个性化需求的 3D 打印定制模式创新——兼论实现个性化定制模式的商业化策略 [J]. 科技进步与对策，2016，33 (15): 22 - 29.

[50] 孟炯，郭春霞．3D 打印分布式智能制造模式创新 [J]. 软科学，2017，31 (1): 39 - 43.

[51] 孟炯，唐小我，倪得兵．基于产品安全责任的供应链激励与竞争策略 [J]. 中国管理科学，2018，26 (3): 84 - 93.

[52] 孟炯．基于价值共创的民主制造运营创新：红领案例 [J]. 科研管理，2019，40 (12): 301 - 311.

[53] 孟炯，张杨，曾波．基于个性化需求的产品竞争供应链结构选择 [J]. 中国管理科学，2019，27 (12): 67 - 76.

[54] 毛基业．运用结构化的数据分析方法做严谨的质性研究——中国企业管理案例与质性研究论坛（2019）综述 [J]. 管理世界，2020，36 (3): 221 - 227.

[55] 孟炯．大数据赋能的 C2B 民主制造机制创新 [J]. 科学学研究，2021，39 (4): 725 - 737.

[56] 孟炯，王潇，杜明月．大数据赋能的 C2B 个性化定制价值共创机制创新 [J]. 科技管理研究，2022，42 (20): 180 - 188.

[57] 孟炯，郭春霞．大数据赋能的 C2B 个性化定制决策范式 [J]. 创新科技，2021，21 (8): 67 - 78.

[58] 孟凡生，宋鹏．智能制造生态系统对制造企业智能化转型的影响机理 [J]. 科研管理，2022，43 (4): 37 - 45.

[59] 潘绵臻，毛基业．再探案例研究的规范性问题——中国企业管理案

例论坛（2008）综述与范文分析［J］. 管理世界，2009（2）：92－100，169.

［60］朴庆秀，孙新波，苏钟海，等. 制造企业智能制造平台化转型过程机理研究［J］. 管理学报，2020，17（6）：814－823.

［61］戚聿东，肖旭. 数字经济时代的企业管理变革［J］. 管理世界，2020，36（6）：135－152，250.

［62］任宗强，赵向华. 个性化定制模式下制造型企业知识管理与动态优化机制［J］. 中国管理科学，2014，22（S1）：539－543.

［63］森德勒. 工业4.0：即将来袭的第四次工业革命［M］. 邓敏，李现民译. 北京：机械工业出版社，2014.

［64］苏楠，吴贵生. 用户主导创新理论探源［J］. 技术经济，2016，35（5）：1－5，68.

［65］沈蕾，何佳婧. 平台品牌价值共创：概念框架与研究展望［J］. 经济管理，2018，40（7）：193－208.

［66］寿柯炎，魏江. 后发企业如何构建创新网络——基于知识架构的视角［J］. 管理科学学报，2018，21（9）：23－37.

［67］孙琦，戢守峰，董明. 数据驱动下收货方质量偏好与电商配送服务质量优化［J］. 中国管理科学，2019，27（6）：41－52.

［68］孙新波，钱雨，张明超，等. 大数据驱动企业供应链敏捷性的实现机理研究［J］. 管理世界，2019，35（9）：133－151，200.

［69］尚晏莹，蒋军锋，王修来. 数据赋能驱动制造企业服务化的机理——基于探索性多案例扎根分析［J］. 系统管理学报，2022，31（4）：722－736.

［70］孙新波，张明超，王永霞. 工业互联网平台赋能促进数据化商业生态系统构建机理案例研究［J］. 管理评论，2022，34（1）：322－337.

［71］涂新莉，刘波，林伟伟. 大数据研究综述［J］. 计算机应用研究，2014，31（6）：1612－1616，1623.

［72］武文珍，陈启杰. 价值共创理论形成路径探析与未来研究展望［J］. 外国经济与管理，2012，34（6）：66－73，81.

［73］王飞跃. 从社会计算到社会制造：一场即将来临的产业革命［J］. 中国科学院院刊，2012，27（6）：658－669.

［74］王峰. 互联网个性化定制分析［J］. 互联网天地，2016（4）：26－28.

［75］吴义爽，盛亚，蔡宁. 基于互联网＋的大规模智能定制研究——青

岛红领服饰与佛山维尚家具案例 [J]. 中国工业经济, 2016 (4): 127-143.

[76] 武文珍, 陈启杰. 基于共创价值视角的顾客参与行为对其满意和行为意向的影响 [J]. 管理评论, 2017, 29 (9): 167-180.

[77] 汪旭晖, 张其林. 平台型电商声誉的构建: 平台企业和平台卖家价值共创视角 [J]. 中国工业经济, 2017 (11): 174-192.

[78] 汪旭晖, 张其林. 平台型网络市场中的"柠檬问题"形成机理与治理机制——基于阿里巴巴的案例研究 [J]. 中国软科学, 2017 (10): 31-52.

[79] 吴瑶, 肖静华, 谢康, 等. 从价值提供到价值共创的营销转型——企业与消费者协同演化视角的双案例研究 [J]. 管理世界, 2017 (4): 138-157.

[80] 王伟, 于吉萍, 张善良. "互联网+"情境下商业模式研究演进及C2M模型构建 [J]. 当代经济管理, 2018, 40 (8): 19-24.

[81] 王发明, 朱美娟. 创新生态系统价值共创行为协调机制研究 [J]. 科研管理, 2019, 40 (5): 71-79.

[82] 王夏阳, 张斌. 消费者选择行为下的电商战略性缺货问题研究 [J]. 管理科学学报, 2019, 22 (10): 9-23.

[83] 文悦, 王勇, 士明军. 网络平台销售模式中的需求信息共享策略与博弈结构决策研究 [J]. 系统工程理论与实践, 2019, 39 (6): 1449-1468.

[84] 王永贵, 洪傲然. 千篇一律还是产品定制——"一带一路"背景下中国企业跨国渠道经营研究 [J]. 管理世界, 2020, 36 (12): 110-127.

[85] 吴宇琦. C2M电商模式下制造商与电商平台演化博弈与仿真研究 [D]. 北京邮电大学, 2021.

[86] 王烽权, 江积海. 互联网短视频商业模式如何实现价值创造?——抖音和快手的双案例研究 [J]. 外国经济与管理, 2021, 43 (2): 3-19.

[87] 王立夏, 程子琦, 王沅芝. 共情视角下大数据赋能商业模式创新的研究 [J]. 科学学研究, 2022, 40 (3): 525-533.

[88] 吴晓波, 房珂一, 刘潭飞, 等. 数字情境下制造服务化的治理机制: 契约治理与关系治理研究 [J]. 科学学研究, 2022, 40 (2): 269-277, 308.

[89] 肖静华, 谢康, 吴瑶, 等. 企业与消费者协同演化动态能力构建: B2C电商梦芭莎案例研究 [J]. 管理世界, 2014 (8): 134-151, 179.

[90] 肖静华, 谢康, 吴瑶, 等. 从面向合作伙伴到面向消费者的供应链转型——电商企业供应链双案例研究 [J]. 管理世界, 2015 (4): 137-154,

188.

[91] 谢莉娟. 互联网时代的流通组织重构——供应链逆向整合视角 [J]. 中国工业经济, 2015 (4): 44-56.

[92] 肖迪, 侯书勤. C2B 情景下基于承诺契约的供应链产能协调机制 [J]. 中国管理科学, 2017, 25 (4): 86-94.

[93] 肖静华, 吴瑶, 刘意, 等. 消费者数据化参与的研发创新——企业与消费者协同演化视角的双案例研究 [J]. 管理世界, 2018, 34 (8): 154-173, 192.

[94] 忻榕, 陈威如, 侯正宇. 平台化管理: 数字时代企业转型升维之道 [M]. 北京: 机械工业出版社, 2019.

[95] 肖静华, 吴小龙, 谢康, 等. 信息技术驱动中国制造转型升级——美的智能制造跨越式战略变革纵向案例研究 [J]. 管理世界, 2021, 37 (3): 161-179, 225.

[96] 徐婧. 电子商务平台从 C2B 向 C2M 模式变革的机遇与挑战 [J]. 企业改革与管理, 2017 (4): 58.

[97] 应怀樵, 沈松, 李旭杰. 第三次工业革命与"软件制造"及"云智慧科技" [J]. 计算机测量与控制, 2014, 22 (3): 646-649, 673.

[98] 袁平, 刘艳彬, 李兴森. 互动导向、顾客参与创新与创新绩效的关系研究 [J]. 科研管理, 2015, 36 (8): 52-59.

[99] 袁亚忠, 胡观景. 价值共创研究述评: 内涵、演进与形成机制 [J]. 服务科学和管理, 2016, 5 (1): 1-10.

[100] 严建援, 甄杰, 谢宗晓, 等. 基于消费者创新的在线个性化产品定制模式研究 [J]. 中国科技论坛, 2016 (10): 109-114.

[101] 杨学成, 涂科. 出行共享中的用户价值共创机理——基于优步的案例研究 [J]. 管理世界, 2017 (8): 154-169.

[102] 张婧, 邓卉. 品牌价值共创的关键维度及其对顾客认知与品牌绩效的影响: 产业服务情境的实证研究 [J]. 南开管理评论, 2013, 16 (2): 104-115, 160.

[103] 张曙. 工业 4.0 和智能制造 [J]. 机械设计与制造工程, 2014, 43 (8): 1-5.

[104] 张曙. 中国制造企业如何迈向工业 4.0 [J]. 机械设计与制造工程, 2014, 43 (12): 1-5.

[105] 周文辉, 曹裕, 周依芳. 共识、共生与共赢: 价值共创的过程模

型［J］. 科研管理，2015，36（8）：129－135.

［106］周文辉，林华，陈晓红．价值共创视角下的创新瓶颈突破案例研究［J］. 管理学报，2016，13（6）：863－870.

［107］张凯，李华琛，刘维奇．双边市场中用户满意度与平台战略的选择［J］. 管理科学学报，2017，20（6）：42－63.

［108］张明超，孙新波，钱雨，等．供应链双元性视角下数据驱动大规模智能定制实现机理的案例研究［J］. 管理学报，2018，15（12）：1750－1760.

［109］周建亨，赵瑞娟．考虑引入渠道竞争的双渠道信号传递策略［J］. 系统工程理论与实践，2018，38（2）：414－428.

［110］周文辉，邓伟，陈凌子．基于滴滴出行的平台企业数据赋能促进价值共创过程研究［J］. 管理学报，2018，15（8）：1110－1119.

［111］周文辉，王鹏程，杨苗．数字化赋能促进大规模定制技术创新［J］. 科学学研究，2018，36（8）：1516－1523.

［112］张希，黄登仕，董占奎．社会关系网络中信息不对称对信任行为影响的实验研究［J］. 系统管理学报，2019，28（2）：269－276.

［113］周礼南，周根贵，綦方中，等．考虑消费者有机产品偏好的生鲜农产品供应链均衡研究［J］. 系统工程理论与实践，2019，39（2）：360－371.

［114］周文辉，陈凌子，邓伟，等．创业平台、创业者与消费者价值共创过程模型：以小米为例［J］. 管理评论，2019，31（4）：283－294.

［115］周振红，黄深泽．随机需求下考虑顾客策略行为的预售和退货策略［J］. 系统管理学报，2019，28（2）：277－28.

［116］张新民，陈德球．移动互联网时代企业商业模式、价值共创与治理风险——基于瑞幸咖啡财务造假的案例分析［J］. 管理世界，2020，36（5）：74－86，11.

［117］张化尧，薛珂，徐敏赛，等．商业孵化型平台生态系统的价值共创机制：小米案例［J］. 科研管理，2021，42（3）：71－79.

［118］张路娜，胡贝贝，王胜光．数字经济演进机理及特征研究［J］. 科学学研究，2021，39（3）：406－414.

［119］张明超，孙新波，钱雨．数据赋能驱动智能制造企业 C2M 反向定制模式创新实现机理［J］. 管理学报，2021，18（8）：1175－1186.

［120］张振刚，许亚敏，罗泰晔．大数据时代企业动态能力对价值链重

构路径的影响——基于格力电器的案例研究［J］. 管理评论，2021，33（3）：339－352.

［121］钟琦，杨雪帆，吴志樵. 平台生态系统价值共创的研究述评［J］. 系统工程理论与实践，2021，41（2）：421－430.

［122］周文辉，何奇松. 创业孵化平台赋能对资源配置优化的影响——基于机制设计视角的案例研究［J］. 研究与发展管理，2021，33（1）：162－174.

［123］Akerlof G. The Market for Lemons［J］. Quality Uncertainty and the Market Mechanism QJE，1970，84（3）：488－500.

［124］Andrew M，Erik B. Big Data：The Management Revolution［J］. Harvard Business Review，2012，90（10）：60－68，128.

［125］Adams J U. Genetics：Big Hopes for Big Data［J］. Nature，2015，527（7578）：S108－S109.

［126］Amsler L B. Collaborative Governance：Integrating Management，Politics，and Law［J］. Public Administration Review，2016，76（5）：700－711.

［127］Athey S. Beyond Prediction：Using Big Data for Policy Problems［J］. Science，2017，355（6324）：483－485.

［128］Ahuett G H，Kurfess T. A Brief Discussion on the Trends of Habilitating Technologies for Industry 4.0 and Smart Manufacturing［J］. Manufacturing Letters，2018，15（1）：60－63.

［129］Archana H N. Transformative Role of Data Mining in Digital Marketing［J］. Journal of Commerce and Management Thought，2021，12（2－3）：97－104.

［130］Barner R. Enablement：The Key to Empowerment［J］. Training and Development Journal，1994，48（6）：33－37.

［131］Boccaletti S，Grebogi C，Lai Y C，et al. The Control of Chaos：Theory and Applications［J］. Physics Reports，2000，329（3）：103－197.

［132］Buxton B，Goldston D，Doctorow C，et al. Big Data：Science in the Petabyte Era［J］. Nature，2008，455（7209）：8－9.

［133］Barari S，Agarwal G，Zhang W J C，et al. A Decision Framework for the Analysis of Green Supply Chain Contracts：An Evolutionary Game Approach［J］. Expert Systems with Applications，2012，39（3）：2965－2976.

［134］Baines T，W. Lightfoot H. Servitization of the Manufacturing Firm：Exploring the Operations Practices and Technologies That Deliver Advanced Services [J]. International Journal of Operations & Production Management, 2013, 34 (1): 2 -35.

[135] Bouncken R B, Fredrich V. Learning in Coopetition: Alliance Orientation, networkSize, and Firm Types [J], Business Research, 2016, 69 (5): 1753 -1758.

[136] Ban G Y, Rudin C. The Big Data Newsvendor: Practical Insights from Machine Learning [J], Operations Research, 2019, 67 (1): 90 -108.

[137] Chesbrough H W. Business Model Innovation: Opportunities and Barriers [J]. Long Range Planning, 2010, 43 (2): 354 -363.

[138] Carmen L M, Pan S L, Ractham P, et al. ICT - Enabled Community Empowerment in Crisis Response: Social Media in Thailand Flooding 2011 [J]. Journal of the Association for Information Systems, 2015, 16 (3): 174 -212.

[139] Cheema A S. Digital Empowerment of Citizens in Rural India: Issues and Challenges [J]. Asian Journal of Multidisciplinary Studies, 2015, 3 (9): 25 -29.

[140] Chan H K, Wang X, Lacka E, et al. A Mixed-method Approach to Extracting the Value of Social Media Data [J]. Production and Operations Management, 2016, 25 (3): 568 -583.

[141] Cui A S, Wu F. Utilizing Customer Knowledge in Innovation: Antecedents and Impact of Customer Involvement on New Product Performance [J]. Journal of the Academy of Marketing Science, 2016, 44 (4): 516 -538.

[142] Chen Y, Chen Y, Guo Y, et al. Research on the Coordination Mechanism of Value Cocreation of Innovation Ecosystems: Evidence from a Chinese Artificial Intelligence Enterprise [J]. Complexity, 2021, 20 (2): 12 -16.

[143] Chen Y, Visnjic I, ParidaV, et al. On the Road to Digital Servitization: The (dis) Continuous Interplay Between Business Model and Digital Technology [J]. International Journal of Operations & Production Management, 2021, 41 (5): 694 -722.

[144] Ciampi F, Demi S, Magrini A, et al. Exploring the Impact of Big Data Analytics Capabilities on Business Model Innovation: The Mediating Role of Entrepreneurial Orientation [J]. Journal of Business Research, 2021, 123 (2): 1 - 13.

[145] DU S M. Effect of Digital Enablement of Business-to – Business Exchange on Customer Outcomes: The Role of Information Systems Quality and Relationship Characteristics [D]. Atlanta: Georgia State University, 2010.

[146] Davenport T H. How Strategists Use 'Big Data' to Support Internal Bus-iness Decisions, Discovery and Production [J], Strategy & Leadership, 2014, 42 (4): 45 –50.

[147] Daniel T D, Oliveiramarcelo, Nogueiracortimiglia. Value Co – Creation in Web – Based Multisided Platforms: A Conceptual Framework and Implications for Business Model Design [J]. Business Horizons, 2017, 60 (6): 747 –758.

[148] Doi T. Value-centered Design Process for User Experience Enhancement: A Case Study in the Development of a Notebook PC [J]. Ergonomics in Design, 2021, 29 (3): 26 –31.

[149] Ding L, Yan N, Zhang S, et al. Low – Cost Mass Manufacturing Technique for the Shutdown – Functionalized Lithium – Ion Battery Separator Based on Al_2O_3 Coating Online Construction during the β-iPP Cavitation Process [J]. ACS Applied Materials & Interfaces, 2022, 14 (5): 6714 –6728.

[150] Eric V H, Ralph K. Shifting Innovation to Users via Toolkits [J], Management Science, 2002, 48 (7): 821 –833.

[151] Eisenhardt K M, Graebner M E. Theory Building From Cases: Opportunities and Challenges [J]. Academy of Management Journal, 2007, 50 (1): 25 –32.

[152] Einav L, Levin J. Economics in the Age of Big Data [J]. Science, 2014, 346 (6210): 715 –715.

[153] Erevelles S, Fukawa N, Swayne L. Big Data Consumer Analytics and the Transformation of Marketing [J]. Journal of Business Research, 2016, 69 (2): 897 –904.

[154] Friedman D. On Economic Applications of Evolutionary Game Theory [J]. Journal of Evolutionary Economics, 1998, 8 (1): 15 –43.

[155] Franke N, Keinz P, Steger C J. Testing the Value of Customization: When do Customers Really Prefer Products Tailored to Their Preferences? [J]. Journal of Marketing, 2009, 73 (5): 103 –121.

[156] Franke N, Schreier M, Kaiser U. The "I Designed it Myself" Effect in Mass Customization [J]. Management Science, 2010, 56 (1): 125 –140.

[157] Fregnac Y. Big Data and the Industrialization of Neuroscience: A Safe Roadmap for Understanding The Brain? [J]. Science, 2017, 358 (6362): 470 - 477.

[158] Gilje P A. Expanding the Industrial Revolution: Meyer, D. R. (2003). The Roots of American Industrialization. Baltimore [J]. Journal of Urban History, 2010, 36 (2): 263 - 268.

[159] Gummesson E, Mele C. Marketing as Value Co-creation Through Network Interaction and Resource Integration [J]. Journal of Business Marketing Management, 2010, 4 (1): 181 - 198.

[160] George G, Osinga E C, Lavie D, et al. Big Data and Data Science Methods for Management Research [J]. Academy of Management Journal, 2016, 59 (5): 1493 - 1507.

[161] Gueler M S, Schneider S. The Resource - Based View in Business Ecosystems: A Perspective on the Determinants of a Valuable Resource and Capability [J]. Journal of Business Research, 2021, 133 (9): 158 - 169.

[162] Haken H. Can Synergetics Be of Use to Management Theory? [M]. Springer Berlin Heidelberg, 1984.

[163] Hippel E V, Katz R. Shifting Innovation to Users via Toolkits [J]. Management Science, 2002, 48 (7): 821 - 833.

[164] Hippel E V. Democratizing Innovation [M]. The MIT Press, 2006.

[165] Henkel, J. Selective Revealing in Open Innovation Processes: The Case of Embedded Linux [J]. Research Policy, 2006, 35 (7): 953 - 969.

[166] Hippel E V. Democratizing Innovation: The Evolving Phenomenon of User Innovation [J]. International Journal of Innovation Science, 2009, 55 (1): 63 - 78.

[167] Hilbert M, Lopez P. The World's Technological Capacity to Store, Communicate and Compute Information [J]. Science, 2011, 332 (6025): 60 - 65.

[168] Hunt D M, Radford S T, Evans K R. Individual Differences in Consumer Value for Mass Customized Products [J]. Journal of Consumer Behavior, 2013, 12 (4): 327 - 336.

[169] Hilbert M. Big Data for Development: A Review of Promises and Challenges [J]. Development Policy Review, 2016, 34 (1): 135 - 174.

[170] Hinings B, Gegenhuber T, Greenwood R. Digital Innovation and Transformation: An Institutional Perspective [J]. Information and Organization, 2018, 28 (1): 52-61.

[171] Hayes J L, Brinson N H, Bott G J, et al. The Influence of Consumer - Brand Relationship on the Personalized Advertising Privacy Calculus in Social Media [J]. Journal of Interactive Marketing, 2021, 55 (6221): 16-30.

[172] Johnson J S, Friend S B, Lee H S. Big Data Facilitation, Utilization and Monetization: Exploring the 3Vs in a New Product Development Process [J]. Journal of Product Innovation Management, 2017, 34 (5): 640-658.

[173] Kahin B, Foray D. Democratizing Innovation: The Evolving Phenomenon of User Innovation [J]. Journal Für Betriebswirtschaft, 2005, 55 (1): 63-78.

[174] Kedar M S. Digital India New Way of Innovating India Digitally [J]. International Research Journal of Multidisciplinary Studies, 2015, 1 (4): 34-49.

[175] Kao T Y, Yang M H, Wu J T B, et al. Co-creating Value with Consumers Through Social Media [J]. Journal of Services Marketing, 2016, 30 (2): 141-151.

[176] Kozjek D, Vrabič R, Rihtaršič B, et al. Advancing Manufacturing Systems with Big Data Analytics: A Conceptual Framework [J]. International Journal of Computer Integrated Manufacturing, 2020, 33 (2): 169-188.

[177] Koyamparambath A, Adibi N, Szablewski C, et al. Implementing Artificial Intelligence Techniques to Predict Environmental Impacts: Case of Construction Products [J]. Sustainability, 2022, 14 (6): 1-12.

[178] Laney D. 3D Data Management: Controlling Data Volume, Velocity and Variety [J]. META Group Research Note, 2001, 6 (70): 10-20.

[179] Lipson H, Kurman M. Fabricated: The New World of 3D Printing [M]. John Wiley & Sons, 2013.

[180] Labrecque L I, Esche J, Mathwick C, et al. The Evolution of Consumer Empowerment in the Social Media ERA: A Critical Review [C]. Ideas in Marketing: Finding the New and Polishing the Old: Proceedings of the 2013 Academy of Marketing Science (AMS) Annual Conference. Springer International Publishing, 2015.

[181] Lenka S, Parida V, Wincent J. Digitalization Capabilities as Enablers

of Value Co-creation in Servitizing Firms [J]. Psychology and Marketing, 2017, 34 (1): 92 - 100.

[182] Lee J, Suh T, Roy D, et al. Emerging Technology and Business Model Innovation: The Case of Artificial Intelligence [J]. JOItmC, 2019, 5 (3): 1 - 13.

[183] Lee H J, Oh H. A Study on the Deduction and Diffusion of Promising Artificial Intelligence Technology for Sustainable Industrial Development [J]. Sustainability, 2020, 12 (14): 1 - 15.

[184] Michael S. Job Market Signaling [J]. Quarterly Journal of Economics, 1973 (87): 55 - 74.

[185] Moon J, Chadee D, Tikoo S. Culture, Product Type and Price Influences on Consumer Purchase Intention to Buy Personalized Products Online [J]. Journal of Business Research, 2008, 61 (1): 31 - 39.

[186] Morgan L, Feller J, Finnegan P. Exploring Value Networks: Theorising the Creation and Capture of Value with Open Source Software, European Journal of Information Systems, 2013, 22 (5): 569 - 588.

[187] Moller K, Halinen A. Managing Business and Innovation Networks From Strategic Nets to Business Fields and Ecosystems, Industrial Marketing Management, 2017, 67 (11): 5 - 22.

[188] Moghaddam M, Deshmukh A. Resilience of Cyber-physical Manufacturing Control Systems [J]. Manufacturing Letters, 2019, 20 (4): 40 - 44.

[189] Malik A I, Sarkar B. Coordination Supply Chain Management Under Flexible Manufacturing, Stochastic Leadtime Demand, and Mixture of Inventory [J]. Mathematics, 2020, 8 (6): 9 - 11.

[190] Malik P K, Sharma R, Singh R, et al. Industrial Internet of Things and Its Applications in Industry 4.0: State of the Art [J]. Computer Communications, 2021, 166 (1): 125 - 139.

[191] Mazurek Ł K. Open Innovations as a Form of Customer Value Co-creation [J]. Marketing Instytucji Naukowychi Badawczych, 2021, 39 (1): 93 - 118.

[192] Me S S. Digital Technology Utilisation Decisions for Facilitating the Implementation of Industry 4.0 Technologies [J]. Construction Innovation, 2021, 21 (3): 476 - 489.

[193] Normann R, Ramirez R. From Value Chain to Value Constellation: De-

signing Interactive Strategy [J]. Harvard Business Review, 1993, 71 (4): 65 - 77.

[194] Nikolaus F, Frank P. Value Creation By Toolkits for User Innovation And Design: The Case of the Watch Market [J]. Journal of Product Innovation Management, 2004, 21 (6): 401 - 415.

[195] Novikov S V, Milovanov P D. Management of High - Tech Enterprises on the Basis of Innovative Digital Technologies [J]. Russian Engineering Research, 2020, 40 (12): 1109 - 1111.

[196] Ozalp H, Cennamo C, Gawer A. Disruption in Platform - Based Ecosystems, Journal of Management Studies, 2018, 55 (7): 1203 - 1241.

[197] Prahalad C K, Ramaswamy V. Co-opting Customer Competence [J]. Harvard Business Review, 2000, 78 (1): 79 - 90.

[198] Porter M E. Strategy and the Internet [J]. Harvard Business Review, 2001, 79 (3): 63 - 82.

[199] Prahalad C K, Hamel G. The Core Competence of the Corporation [J]. Harvard Business Review, 2010, 68 (3): 275 - 292.

[200] Pan S L, Tan B. Demystifying Case Research A Structured-pragmatic-situational (SPA) Approach to Conducting Case Studies [J]. Information and Organization, 2011, 21 (3): 161 - 176.

[201] Paavo R. Coopetition Strategy: When is it Successful? Empirical Evidence on Innovation and Market Performance [J]. British Journal of Management, 2012, 23 (3): 307 - 324.

[202] Pinochet L H C, Amorim G C B, Lucas Junior D, et al. Consequential Factors of Big Data's Analytics Capability: How Firms Use Data in the Competitive Scenario [J]. Journal of Enterprise Information Management, 2021, 34 (5): 1406 - 1428.

[203] Perez A T E, Rossit D A, Tohme F, et al. Mass Customized Personalized Manufacturing in Industry 4.0 and Blockchain: Research Challenges, Main Problems, and the Design of An Information Architecture [J]. Information Fusion, 2022, 79 (3): 44 - 57.

[204] Ramaswamy V, Gouillart F. Build the Co-creative Enterprise [J]. Harvard Business Review, 2010, 88 (10): 100 - 109.

[205] Spreitzer G M. Psychological Empowerment in the Work-place: Dimen-

sions, Measurement, and Validation [J]. Academy of Management Journal, 1995, 38 (5): 1442 – 1465.

[206] Salaff J. Book Review: Basics of Qualitative Research: Techniques and Procedures for Developing Grounded Theory [J]. Field Methods, 2009, 12 (3): 253 – 255.

[207] Salvador F, Holan P M, Piller F. Cracking the code of mass customization [J]. MIT Sloan Management Review, 2009, 50 (3): 71 – 78.

[208] Sara H. Hsieh, Aihwa Chang. The Psychological Mechanism of Brand Co – Creation Engagement [J]. Journal of Interactive Marketing, 2016, 33 (2): 13 – 26.

[209] Schweisfurth T. G. Comparing Internal and External Lead Users as Sources of Innovation [J]. Research Policy, 2017, 46 (1): 238 – 248.

[210] Sena V, Bhaumik S, Sengupta A, et al. Big Data and Performance: What Can Management Research Tell us? [J]. British Journal of Management, 2019, 30 (2): 219 – 228.

[211] She A, Zhang S, Shian S, et al. Large Area Metalenses: Design, Characterization, and Mass Manufacturing [J]. Optics Express, 2018, 26 (2): 1573 – 1585.

[212] Sandberg J, Holmstrom J, Lyytinen K. Digitization and Phase Transitions in Platform Organizing Logics: Evidence From the Process Automation Industry [J]. MIS Quarterly, 2020, 44 (1): 129 – 153.

[213] Schuh G, Gutzlaff A, Schmitz S, et al. Data-based Description of Process Performancein End-to – End Order Processing [J]. CIRP Annals, 2020, 69 (1): 381 – 384.

[214] Thirumalai S, Sinha K K. Customization Strategies in Electronic Retailing: Implications of Customer Purchase Behavior [J]. Decision Sciences, 2009, 40 (1): 5 – 36.

[215] Teece D J. Business Models, Business Strategy and Innovation [J]. Long Range Planning, 2010, 43 (2): 172 – 194.

[216] Tiwana A, Konsynski B, Bush A A. Platform Evolution: Coevolution of Platform Architecture, Governance, and Environmental Dynamics [J]. Information Systems Research, 2010, 21 (4): 675 – 687.

[217] Tseng M M, Jiao R J, Wang C. Design for Mass Personalization [J].

CIRP Annals, 2010, 59 (1): 175 – 178.

[218] Theilmann C, Hukauf M. Customer Integration in Mass Customisation: A Key to Corporate Success [J]. International Journal of Innovation Management, 2014, 18 (3): 1 – 23.

[219] Tseng M M, Hu S J. Mass Customization [M]. CIRP Encyclopedia of Production Engineering, Springer, 2014.

[220] Thierry R, Ludmila S, John D. Cocreation and User Innovation: The Role of Online 3D Printing Platforms [J]. Journal of Engineering and Technology Management, 2015, (37): 90 – 102.

[221] Thirumalai C, Senthilkumar M. An Assessment Framework of Intuitionistic Fuzzy Network for C2B Decision Making [C]. 2017 4th International Conference on Electronics and Communication Systems (ICECS) . IEEE, 2017.

[222] Tiihonen J, Felfernig A. An Introduction to Personalization and Mass Customization [J]. Journal of Intelligent Information Systems, 2017, 49 (1): 1 – 7.

[223] Teece D J. Business Models and Dynamic Capabilities [J]. Long Range Planning, 2018, 51 (1): 40 – 49.

[224] Ulrich Sendler. Industry 4. 0: the Forthcoming Fourth Industrial Revolution [M]. Translated by Deng Min et al. Beijing: Machinery Industry Press, 2014.

[225] Vargo S L, Lush R F. Evolving to a New Dominant Logic for Marketing [J]. Journal of Marketing, 2004, 68 (1): 1 – 17.

[226] Vargo S L, Lusch R F. Service – Dominant Logic: What it is, What it is Not, What it Might be. [M]. M. E. Sharpe, 2006.

[227] Vargo S L, Lusch R F. From Repeat Patronage to Value Co-creation in Service Ecosystems: A Transcending Conceptualization of Relationship [J]. Journal of Business Market Management, 2010, 4 (4): 169 – 179.

[228] Vargo, S. L. , Wieland, H. and Akaka, M. Institutions in Innovation: A Service Ecosystems Perspective [J]. Industrial Marketing Management, 2015, 44 (1): 63 – 72.

[229] Wang Y, Tseng M. Incorporating Tolerances of Customers' Requirements for Customized Products [J]. CIRP Annals – Manufacturing Technology, 2014, 63 (1): 129 – 132.

[230] Wang G, Gunasekaran A, Ngai E W T, Papadopoulos T. Big Data Analytics in Logistics and Supply Chain Management: Certain Investigations for Resea-

rch and Applications [J]. International Journal of Production Economics, 2016, 100 (176): 98 - 110.

[231] Wang Y, Ma H S, Yang J H, et al. Industry 4.0: A Way from Mass Customization to Mass Personalization Production [J]. Advances in Manufacturing, 2017, 5 (4): 311 - 320.

[232] Wells A R, Chiang K. Monetizing Your Data: A Guide to Turning Data into Profit-driving Strategies and Solutions [M]. New York: John Wiley and Sons, 2017.

[233] Wiener M, Saunders C, Marabelli M. Big-data Business Models: A Critical Literature Review and Multi-perspective Research Framework [J]. Journal of Information Technology, 2020, 35 (1): 66 - 91.

[234] Weber T A. How to Market Smart Products: Design and Pricing for Sharing Markets [J]. Journal of Management Information Systems, 2020, 37 (3): 631 - 667.

[235] Yin R K. Case Study Research: Design and Methods [M]. London: Sage Publications, 2009.

[236] Ylijoki O, Porras J. Perspectives to Definition of Big Data: A Mapping Study and Discussion [J]. Journal of Innovation Management, 2016, 4 (1): 69 - 91.

[237] Yan W J, Chiou S C. Dimensions of Customer Value for the Development of Digital Customization in the Clothing Industry [J]. Sustainability, 2020, 12 (11): 1 - 27.

[238] Yerpude S, Singhal T K. Digital Customer Order Management Enabled By the Internet of Things An Empirical Validation [J]. International Journal, 2022, 9 (1 - 2): 71 - 89.

[239] Zhu F, Furr N. Products to Platforms: Making the Leap [J]. Harvard Business Review, 2016, 94 (4): 74 - 78.

[240] Zhong R Y, Lan S, Xu C. Visualization of RFID-enabled Shopfloor Logistics Big Data in Cloud Manufacturing [J]. The International Journal of Advanced Manufacturing Technology, 2016, 84 (4): 5 - 16.

[241] Zhan Y, Tan K H, Li Y, et al. Unlocking the Power of Big Data in new Product Development [J]. Annals of Operations Research, 2018, 270 (1): 577 - 595.

[242] Zheng P, Xu X, Chen C. A Data – Driven Cyber – Physical Approach for Personalised Smart, Connected Product Co – Development in a Cloud – Based Environment [J]. Journal of Intelligent Manufacturing, 2020, 31 (5): 3 – 18.

[243] Zhang F, Li C, Cao C, et al. Random or Preferential? Evolutionary Mechanism of User Behavior in Co-creation Community [J]. Computational and Mathematical Organization Theory, 2022, 28 (2): 141 – 177.